ARC. 31.2.2

Consultable sur microfilm m- 1678

Lb 43
9.

Par A. C. Thibaudeau. Voy. Quérard et le verso du faux-titre.

MÉMOIRES
sur
LE CONSULAT.

On trouve chez les mêmes libraires,
MÉMOIRES SUR LA CONVENTION ET LE DIRECTOIRE
PAR A. C. THIBAUDEAU.

Deuxième édition. 2 vol. in-8º ; prix 12 fr.

PARIS, IMPRIMERIE DE GAULTIER-LAGUIONIE.

MÉMOIRES

SUR

LE CONSULAT.

1799 A 1804.

PAR UN ANCIEN CONSEILLER D'ÉTAT.

※

PARIS.

CHEZ PONTHIEU ET Cⁱᵉ, LIBRAIRES,
PALAIS-ROYAL, GALERIE DE BOIS.

1827.

AVERTISSEMENT
DE L'ÉDITEUR.

L'histoire la plus fidèle des gouvernements est écrite dans les registres de leurs délibérations. La collection de celles du conseil d'état, des conseils privés et des ministres, sous le consulat et l'empire, serait beaucoup plus instructive que tous les écrits qui ont paru sur cette époque. Mais si une main, pour ainsi dire invisible, à l'insu de Napoléon, de ses conseillers et de ses ministres, avait écrit, à mesure qu'ils parlaient, leurs opinions et leurs discours, ce serait un recueil bien plus utile encore que des procès-verbaux officiels. Tel est le caractère de l'ouvrage que nous offrons au public. Il se compose de conversations, de discours de Napoléon, prononcés sur des questions importantes au conseil d'état ou dans son cabinet, et de conversations de Joséphine, relatives à de grands événements politiques.

Liés par leurs opinions et leurs principes, quelques hommes, que leurs fonctions mettaient en situation d'entendre le premier Consul, s'étaient, à ce qu'il paraît, concertés pour recueillir ses discours et rapporter en commun leur travail. Peut-être existe-t-il dans son ensemble. Le fragment que nous en publions suffit pour faire vivement désirer que le recueil complet soit publié un jour.

MÉMOIRES
SUR
LE CONSULAT.
1799 A 1804.

CHAPITRE PREMIER.

LE PREMIER CONSUL AUX TUILERIES. — COUR. — REVUES. — ÉTIQUETTE.

Le palais des rois avait été occupé par les représentants du peuple, et le Directoire était établi au petit Luxembourg ; ce fut une sorte d'hommage rendu à la majesté de la nation. Le 19 brumaire[1], les Consuls, au sortir de St.-Cloud, avaient dormi dans les lits des Directeurs et occupé leur palais, qui fut trouvé désormais trop modeste. En effet, la constitution venait d'élever le pouvoir consulaire au-dessus des autres pouvoirs nationaux, et il se sentit trop à l'étroit pour la représentation du peuple français. Le Gouvernement vint donc, 30 pluviôse[2], après l'adoption de la constitution, s'installer au palais

[1] 10 novembre 1799.
[2] 19 février 1800.

des Tuileries, et le Premier Consul y établit sa demeure.

Le cortége partit du Luxembourg en voitures, en grand costume, avec de la musique et une escorte. Il n'était pas encore somptueux ; c'était en partie l'héritage mobilier laissé par les Directeurs. On y voyait peu de voitures de maître ; le reste du cortége se trouvait formé par des fiacres dont les numéros étaient recouverts de papier.

A peine arrivé aux Tuileries, le Premier Consul monta à cheval et passa une revue. Ensuite chaque Ministre lui fit la présentation des fonctionnaires dépendants de son département.

Voilà donc le premier magistrat de la République installé dans ce palais où respiraient encore de toutes parts les souvenirs de la monarchie.

On venait précisément de recevoir la nouvelle de la mort de Washington. Il était décédé modestement dans sa maison de campagne en Virginie, le 14 décembre, âgé de soixante-huit ans, conquérant pour la liberté de son pays, législateur pour sa sûreté et magistrat pour son bonheur.

Le Premier Consul déposa une couronne sur la tombe du héros de l'Amérique : sa mort fut annoncée à la garde des Consuls et à toutes les troupes de la République, par l'ordre du jour suivant.

« Washington est mort. Ce grand homme s'est battu contre la tyrannie ; il a consolidé la liberté de sa patrie. Sa mémoire sera toujours chère au peuple français, comme à tous les hommes libres des deux mondes et spécialement aux soldats français qui, comme lui et les soldats américains, se battent pour l'égalité et la liberté. En conséquence le Premier Consul ordonne que, pendant dix jours, des crêpes noirs seront suspendus à tous les drapeaux et guidons de la République. »

Le 2 ventôse eut lieu la première présentation du corps diplomatique. Le conseiller d'état Benezech, chargé de l'administration intérieure du palais, introduisit les ministres étrangers dans le cabinet des Consuls où étaient les ministres, les conseillers d'état, le secrétaire-d'état et le secrétaire-général des Consuls. Le ministre de l'intérieur les reçut à l'entrée du cabinet. Le ministre des relations extérieures les présenta au Premier Consul. Le corps diplomatique se composait des ambassadeurs d'Espagne et de Rome, des ministres de Prusse, de Danemarck, de Suède, de Bade, et de Hesse-Cassel, des ambassadeurs des Républiques cisalpine, batave, helvétique et ligurienne.

On avait alors une si grande idée de la dignité des magistratures civiles, et l'on regardait encore le service de cour comme si peu honorable, que les conseillers d'état furent scandalisés de voir un ancien ministre de l'intérieur, un de leurs collègues, la canne d'huissier à la main, faire le maître des cérémonies et même le maître d'hôtel du Premier Consul. Quoique Benezech fût souple et délié, il était obligeant, bon et honnête homme et plus propre aux affaires qu'au service d'antichambre.

Il n'y avait point encore de ces serviteurs titrés appelés chambellans; les aides de camp du Premier Consul en faisaient les fonctions; mais cela sentait trop le général pour être de longue durée. Les ministres et le conseil d'état entouraient seuls les Consuls dans les représentations; c'était le Gouvernement réuni. Il était clair qu'il faudrait bientôt aux Tuileries une cour montée et une étiquette, comme il faut dans un temple un culte et des desservants.

L'ordre des réceptions fut ainsi réglé. Les 2 et 17 de chaque mois, les ambassadeurs; les 2 de chaque décade, les sénateurs et les généraux; le 4, les députés au corps législatif; le 6 les tribuns et le tribunal de cassation.

Tous les quintidi à midi grande parade.

C'était un spectacle fort nouveau pour la plupart des spectateurs et des acteurs, que celui d'une cour qui commençait. Chaque Directeur avait eu sa société où régnait le ton simple et bourgeois de la ville; on n'y allait guère. Barras seul avait eu un salon; mais il n'avait qu'un cinquième du pouvoir et de la représentation; le

Premier Consul à lui seul les avait tout entiers. Il se montra sévère sur le choix de la société de Mme Bonaparte ; elle s'était composée, depuis le 18 brumaire, des femmes des fonctionnaires civils et militaires ; elles formèrent le premier noyau de la cour. Pour elles comme pour leurs maris, la transition avait été un peu brusque. La grace et la bienveillance de Mme Bonaparte apprivoisèrent celles qu'effarouchaient l'étiquette naissante d'un palais, et surtout le rang et la gloire du Premier Consul. La cour était alors ce qu'elle devait être, peu nombreuse, mais décente.

Le titre de *madame* fut généralement rendu aux femmes chez le Premier Consul et dans les billets d'invitation qu'il leur faisait adresser ; ce retour à l'ancien usage gagna bientôt le reste de la société.

Le Premier Consul une fois établi aux Tuileries, il lui fallait à la campagne un palais digne de celui de la ville. On crut que la Malmaison, ce modeste asile du général Bonaparte, ne pouvait plus convenir au chef d'une grande république. Parmi les anciennes résidences royales qui environnaient la capitale, St.-Cloud se trouvait la plus rapprochée. On fit présenter par les habitants de cette commune une pétition au Tribunat pour que l'habitation de ce château fût offerte au Premier Consul.

Il déclara à la commission chargée d'en faire le

rapport, « qu'il n'accepterait rien de la part du peuple pendant le temps de sa magistrature, ni un an après qu'il aurait cessé ses fonctions ; et que si plus tard on croyait devoir lui appliquer l'article de la constitution qui décerne des récompenses aux guerriers qui ont rendu des services signalés à la République, alors il accepterait avec reconnaissance les bienfaits du peuple ; que son projet était d'ailleurs de p oposer au Corps législatif de décerner des récompenses aux guerriers qui s'étaient distingués par leurs hauts faits, et leur désintéressement ; que c'était un moyen sûr d'étouffer tous les germes de corruption et de régénérer la morale publique. » La pétition fut donc simplement renvoyée au Gouvernement.

Les costumes et les insignes de l'autorité furent changés. Les formes grecques et romaines disparurent et furent remplacées par les formes militaires. Le Premier Consul ressemblait plus au général qu'au magistrat, mais avec les bottes et le sabre on portait l'habit *français*, et l'on voyait clairement que tout tendait à se *civiliser*.

En tête des actes du Gouvernement, une vignette avait d'abord représenté la République sous la forme d'une femme assise, drapée à l'antique, tenant un gouvernail d'une main, et de l'autre une couronne avec cette inscription : *République française, souveraineté du peuple, liberté*, *égalité*, *Bonaparte Premier Consul*. On y substitua ces mots : *Au nom du Peuple français, gouvernement français. La souveraineté du peuple, la liberté, l'égalité* avaient disparu.

Le premier acte de Bonaparte, en venant s'installer aux Tuileries, avait été une revue; la cour du palais devint le rendez-vous des troupes.

Ce n'était pas de vaines parades. Tantôt à pied, tantôt à cheval, le Premier Consul parcourait tous les rangs pour connaître les officiers et les soldats, et s'en faire connaître lui-même. Il entrait dans les détails les plus minutieux de l'équipement, de l'armement, de la manœuvre, de tous les besoins des hommes et de ceux du service. Général et magistrat, il distribuait, au nom de la nation, l'éloge et le blâme, les distinctions, les récompenses. Il faisait ainsi passer l'armée sous les yeux de la capitale, des habitants des départements, et des étrangers qui se trouvaient à Paris. Ce spectacle excitait une noble émulation parmi les corps et les soldats, et rehaussait à leurs propres yeux leur dignité et leur valeur. Dans ces pompes, la nation s'enorgueillissait de ses armées; l'étranger apprenait à les estimer et à les craindre; tout le monde leur accordait son admiration. Le Premier Consul s'y complaisait. On voyait qu'il était là dans son élément. Il prenait un grand plaisir à rester des heures entières environné de tout cet appareil militaire, autour duquel un peuple immense se pressait et faisait entendre ses acclamations, tandis que ses antichambres et ses salons étaient remplis de courtisans et de fonctionnaires français et étrangers, qui attendaient la faveur d'une de ses paroles, d'un de ses sourires, d'un de ses regards.

C'était pour le Premier Consul une brillante occasion d'exposer aux yeux du peuple et de l'armée son activité infatigable, sa supériorité dans l'art militaire, la source de sa gloire, sa gloire elle-même, et d'exercer sur toutes les ames cet empire, cet ascendant irrésistible du pouvoir, de la force, du génie, de la fortune réunis dans un seul homme. Le temps était-il pluvieux ou le ciel couvert de nuages ? souvent dès que le Premier Consul paraissait, la pluie cessait, les nuages se dissipaient, le soleil se montrait : la multitude, toujours avide du merveilleux, et les courtisans prodigues de flatteries s'écriaient que le Premier Consul commandait aux éléments, ou qu'il était spécialement favorisé par les dieux.

Dans moins d'un an il s'était fait une rapide métamorphose. Avant le 18 brumaire, tout portait les signes de la dissolution ; maintenant, tout était empreint de vigueur. Partout on voyait une noble émulation pour tout ce qui était bon, beau et grand. Il y avait un enthousiasme réel pour fonder le nouveau régime, comme au commencement de la révolution pour renverser l'ancien. On ne marchait plus au but par le tumulte et le désordre; une main ferme dirigeait le mouvement, lui traçait sa route et prévenait ses écarts.

Lorsque Bonaparte fut premier Consul à vie, sa cour se trouva comme son pouvoir sur le même pied que celle d'un roi. On y procéda pas à pas, mais sans relâche. Ce fut l'affaire de deux ans. On compulsa tous les codes de l'étiquette, on consulta les vieux courtisans et les anciens valets. Comment cela était-il ? Comment cela se faisait-il autrefois? Telle était la question à l'ordre du jour dans l'intérieur du palais, et l'on en revenait toujours aux *us* et coutumes du bon temps passé.

Ceux qui voulaient la monarchie, ou qui ne s'inquiétaient guère de ce que pouvait être le gouvernement, étaient dans l'admiration, et chez quelques-uns elle allait jusqu'à l'extase.

Le vulgaire croit que tout est parfait à la cour. De tout temps, et partout, on y vit des contenances gauches et des caricatures. Dans le commencement, elles devaient être plus remarquables, à la cour du Premier Consul; pour les personnes qui avaient les formes, les manières, le jargon et les traditions de l'ancienne cour; ces personnes-là s'égayaient donc sur la nouvelle. Cependant elle fit de rapides progrès, et fut bientôt en état de le disputer, sous tous les rapports, aux époques les plus brillantes de la monarchie. Pour y arriver on n'avait pas besoin de faire ses preuves. On y trouvait donc réuni ce qu'il y avait de plus distingué dans toutes les classes de la société, dans les arts, les sciences, le commerce et les professions libérales. On y voyait une foule de guerriers, de héros, tout resplendissant de la gloire de nos armes, fondateurs et soutiens inébranlables de l'indépendance de la patrie.

Si le plus grand nombre de ces personnages suivait avec complaisance le torrent, il ne manquait pourtant pas non plus d'hommes qui luttaient contre son cours, et qui avaient de la peine à se ployer aux courbettes. C'était à la fois pour eux un sujet d'étonnement et de douleur de voir l'importance qu'on mettait à de grandes niaiseries, les soins qu'on se donnait pour façonner à la servitude l'élite de tous les talents et de la nation, et pour lui faire reprendre, plus vite qu'elle ne s'en était affranchie, le joug honteux de formes surannées.

Quand ils comparaient le Premier Consul de l'an XI au Premier Consul de l'an VIII, au général de l'armée d'Égypte, à Bonaparte vainqueur du royalisme à Toulon, au 13 vendémiaire, au 18 fructidor, réveillant au bruit de ses victoires et aux accents de la liberté les peuples italiques de leur long esclavage, et fondant des républiques auxiliaires de la République française, ils ne pouvaient s'empêcher de s'écrier avec quelqu'amertume : « Voilà donc où ont abouti tant de beaux discours, tant de hautes pensées, tant de glorieux exploits ! Était-ce donc pour retourner sur ses pas que la nation s'était élancée dans une carrière nouvelle et l'avait arrosée du plus pur de son sang ! Que sont devenus tant de promesses, de serments, de vœux et d'espérances ! Nous ne sommes donc plus que des esclaves révoltés, à qui l'on fait reforger de leurs propres mains les chaînes qu'ils avaient brisées ! »

Le Premier Consul trouvait avec raison que le palais des Tuileries était un triste séjour, et qu'il n'y avait ni commodité, ni liberté. Il passait donc les beaux jours à la Malmaison. Grand par lui-même, dans cette modeste retraite, il paraissait plus grand encore ; mais elle devint trop petite pour tout l'attirail du pouvoir, l'étalage de l'étiquette, et la pompe de la représentation.

Il ne s'était pas écoulé un long temps depuis qu'il avait déclaré : « qu'il n'accepterait rien de la part du peuple pendant le temps de sa magistrature, ni un an après qu'il aurait cessé ses fonctions. » Il prit alors de sa propre autorité le château de Saint-Cloud, qu'il avait refusé quand on le lui avait offert.

Duroc fit savoir que tous les dimanches on y dirait la messe, et que le Premier Consul y donnerait audience ; qu'il n'y aurait plus de réception à Paris que le 15 de chaque mois; que les grands appartements des Tuileries seraient fermés ; et que les conseillers d'état, qui avaient coutume de s'y réunir avant les séances, iraient directement dans la salle du conseil.

Ces audiences de Saint-Cloud étaient très-nombreuses et duraient plusieurs heures. C'étaient des cardinaux, des évêques, des sénateurs, des conseillers d'état, des députés, des tribuns, des généraux, des ambassadeurs, des magistrats, des particuliers et des étrangers présentés, des royalistes et des républicains, des nobles et des roturiers ; ce qu'il y avait de plus considérable parmi les nationaux et les étrangers, tous confondus et sur le pied de l'égalité. Le Premier Consul parlait presqu'à tout le monde. On en profitait pour l'entretenir d'affaires particulières ; les plus adroits se bornaient là à lui faire leur cour.

De l'audience du Premier Consul, on allait chez madame Bonaparte. On lui présentait les dames étrangères ; on y remarquait déjà les Zamoïska, Potoska, Castel-Forte, Dorset, Gordon, Newcastle, Cholmondeley, Dolgorouki, Galitzin, etc. ; car les plus grands noms de l'Europe venaient s'incliner devant le Premier Consul et sa femme. Il y avait, les dimanches, les mercredi et vendredi, un dîner de 12 ou 15 personnes chez le Premier Consul, et le soir de ces jours-là, madame Bonaparte recevait. Les réunions, d'abord peu nombreuses, s'agrandirent dans la suite. Le Premier Consul y paraissait le plus souvent. Il y avait quelques tables de jeu pour la forme ; il y faisait quelquefois sa partie.

En général, il y régnait moins de liberté qu'à la Malmaison ; l'étiquette s'était augmentée en proportion de la grandeur de la résidence.

Du reste, le Premier Consul n'avait pas pris St-Cloud seulement pour remplacer la Malmaison, comme résidence d'été ; car il s'y établit à l'automne, et y resta une partie de l'hiver, jusqu'à ce que le séjour en étant devenu insupportable, il fut enfin forcé de revenir à Paris (15 pluviôse). Le but du Premier Consul était aussi d'être moins en vue, plus difficile à approcher, et de donner un peu plus de peine aux personnes que le devoir ou le service obligeait de venir près de lui. Le pouvoir imposait ses charlataneries au grand homme. Autour de lui tout devenait peu à peu une copie de Versailles, une copie de toutes les cours.

Ce qui répugnait le plus à un grand nombre de personnes, que le devoir amenait à la cour, c'était la messe qui précédait l'audience. Il y en avait beaucoup qui avaient perdu l'habitude de l'église, qui n'y étaient jamais allées, qui avaient contribué à renverser le culte. Quelques-uns même avaient vivement persécuté les prêtres. Au fond cette messe n'était qu'une momerie. Rien n'était plus mondain : les actrices de l'opéra y chantaient les louanges de Dieu. Les trois quarts des assistants pour lesquels il n'y avait pas de place aux croisées qui donnaient sur la chapelle, circulaient et causaient dans la galerie. Le Premier Consul ne pouvait se dissimuler la répugnance d'une grande partie de sa cour, ni ignorer les plaisanteries et les sarcasmes qu'on se permettait assez hautement. Un jour la messe ayant été célébrée une heure plus tôt qu'à l'ordinaire, il dit : « C'est pour en dispenser ceux qui n'en veulent pas. »

Le roi de Prusse, qui avait mis beaucoup de promptitude à reconnaître le gouvernement consulaire, de même qu'il pressa plus tard l'établissement du système héréditaire, chargea au mois d'octobre 1800 le marquis de Lucchesini d'une mission extraordinaire [1]. Quand M. de Lucchesini arriva, le Premier Consul était à la Malmaison, et c'est là qu'il reçut l'ambassadeur de Prusse. Le Premier Consul était à un balcon et regardait avec beaucoup d'attention la riche livrée des laquais,

[1] En 1802 le marquis de Lucchesini fut accrédité auprès de la République comme envoyé extraordinaire et ministre plénipotentiaire. En remettant ses lettres de créance au Premier Consul, il le harangua en italien. Cette flatterie était certainement une grande maladresse de la part d'un diplomate aussi consommé que le marquis italien.

et paraissait frappé de l'éclat des ordres dont M. de Lucchesini était décoré. L'impression que ces décorations firent sur le consul n'échappa point à ceux qui l'entouraient, et on l'entendit s'écrier : « Cela impose, il faut de ces choses-là pour le « peuple. »

Les costumes civils finirent par se civiliser tout-à-fait. L'épée et les bas de soie remplacèrent le sabre et les bottes.

Le Premier Consul, qui ne s'était jamais montré qu'en uniforme, avait déjà porté à la fête du 14 juillet an X un habit habillé de soie rouge brodé à Lyon, sans manchettes et avec une cravate noire. Cet accoutrement parut assez bizarre : on ne lui en fit pas moins compliment sur son bon goût, excepté pour la cravate. Il répondit en riant : « Il y a toujours quelque chose qui sent le militaire, il n'y a pas de mal à cela. »

Gaudin, ministre des finances, fut l'un des premiers qui, à l'audience à Saint-Cloud, porta la bourse à cheveux et des dentelles. On suivit peu à peu cet exemple, pour plaire au Premier Consul; mais ce retour aux anciens costumes fut pendant quelque temps une vraie mascarade. L'un avait une cravate avec un habit habillé, l'autre un col avec un frac, celui-ci la bourse, celui-là la queue; quelques-uns avaient les cheveux poudrés, le plus grand nombre était sans poudre;

il n'y manquait que les perruques. Toutes ces petites choses étaient devenues de grandes affaires. Les anciens perruquiers étaient aux prises avec les nouveaux. Chaque matin on regardait la tête du Premier Consul; si on l'eût vu une seule fois avec de la poudre, c'en était fait d'une des modes les plus saines et les plus commodes de la révolution; les cheveux au naturel eussent été proscrits. Cette grave matière fut agitée dans les conseils de Messieurs de la chambre; mais le Premier Consul ne put se résoudre pour son compte à cette réaction, et l'on conserva du moins la liberté de porter ses cheveux comme on le voulait. On fit entendre cependant que la poudre et la bourse étaient plus décentes et plus agréables au Premier Consul. La plupart des étrangers et des Anglais surtout, qui avaient les cheveux coupés et les portaient à la ville sans poudre, quand ils venaient aux audiences du Premier Consul, se saupoudraient la tête et attachaient une bourse au collet de leur habit.

Les femmes, qui poussaient à l'ancien régime par légèreté et par vanité, étaient cependant ennemies déclarées de la poudre; elles avaient de bonnes raisons pour cela. Elles tremblaient surtout que la réforme ne les atteignît, et qu'on ne finît par les grands paniers, après avoir commencé par les chignons et les toupets. Elles voyaient juste, car de vieilles matrones de la cour de Louis XV soutenaient que l'on n'avait point bon air avec les modes grecques et romaines, et que la corruption des mœurs datait des cheveux à la Titus, et des robes dessinant les formes.

Madame Bonaparte était à la tête de l'opposition; il appartenait de défendre la grace et le bon goût à la femme de la cour qui en avait le plus. Elle détestait la gêne et la représentation. Elle répétait souvent son mot favori : « Que tout ceci me fatigue et m'ennuie ! je n'ai pas un moment à moi. J'étais faite pour être la femme d'un laboureur. »

Outre les audiences, il y avait de brillantes réunions sous le nom de cercles et de spectacles. On ne pouvait ni applaudir, ni siffler au théâtre de la cour. Il fallait étouffer ses baillements et dormir les yeux ouverts. Quand, dans les cercles, le Premier Consul faisait sa partie, il n'y avait plus dans les salons le moindre intérêt pour personne. Il en excitait un bien vif lorsqu'il y circulait. Sa conversation, en public rarement gaie ou plaisante, jamais futile, avait un grand charme, et toujours de l'originalité et de la profondeur. On écoutait et l'on recueillait avec avidité ses moindres mots. Il recherchait de préférence les savants, comme pour se délasser avec eux des pensées et des soucis du pouvoir. A ce titre, Laplace, Monge, Berthollet, Lacépède, Chaptal, avaient souvent le privilége de ses conversations : avec eux, il passait alternativement de la science à la politique. Personne n'était jaloux d'un genre de faveur aussi bien motivée. Il s'émancipait par fois jusqu'à danser une contredanse dans de petits bals qu'on donnait le dimanche à la Malmaison. Il n'y était pas mal gauche, il embrouillait les figures, et demandait toujours la *Monaco* comme la plus facile et celle qu'il dansait le moins mal.

C'était surtout dans le commandement que le Premier Consul avait du naturel et de la dignité. Il était très-bien en uniforme, à la tête d'une troupe, à une revue; on voyait qu'il était là dans son véritable élément : à ses audiences, il ne laissait pas cependant que d'être imposant. Il savait très-bien rabaisser à sa petite taille un homme de cinq pieds huit pouces qui ne s'y rabaissait pas de lui-même, ou se grandir à la hauteur des tailles les plus élevées.

Il avait rarement de longues conversations avec les femmes. Un aussi grand caractère ne pouvait descendre à la galanterie. Il y en avait qu'il prenait en aversion, quelques-unes avec raison, d'autres sans aucun autre motif, sinon qu'elles lui déplaisaient. Il leur faisait quelquefois de mauvais compliments sur leur toilette ou sur leurs aventures; c'était sa manière de censurer les mœurs. On parlait de son goût pour quelques dames de sa cour; ce n'étaient que des caprices passagers; on en citait très-peu; mais celles mêmes qui passaient pour le fixer quelque temps n'avaient aucune influence sur lui, et encore moins dans les affaires. Il n'aimait véritablement que Joséphine, malgré la disproportion d'âge qui existait entre eux. Il était avec elle tantôt jaloux et sévère, tantôt tendre et confiant. Elle répondait de tout son cœur à la tendresse de son époux, elle supportait patiemment son humeur, mais elle ne pouvait se résigner à ses infidélités. En tout, c'était un très-bon ménage. Bonaparte était persuadé que sa femme lui portait bonheur; elle le croyait aussi. Elle était allée prendre les eaux à Plombières en messidor an X; il s'ennuya de son absence et lui écrivit les lettres les plus tendres. Lorsqu'elle revint, il alla au-devant d'elle, la combla de caresses et l'emmena à la Malmaison.

Dans les cours où règnent les femmes, le bon ton est d'être sémillant, fat et léger. On trouvait encore pis que cela dans l'histoire du passé.

La plus grande partie de ceux qui formaient la cour du Premier Consul, n'ayant pas été façonnés de longue main à cette grace frivole des manières, y apportaient leur naturel; il était moral: le Premier Consul voulait de la décence et une gravité tempérée par l'élégance, la politesse et la grace; madame Bonaparte en donnait l'exemple. On ne voyait donc point les hommes afficher le désordre et se donner, avec leurs vices, en spectacle comme les modèles du bel air et de la bonne compagnie. La révolution avait incontestablement amélioré les mœurs; mais quand même les esprits passionnés ou superficiels contesteraient ce résultat, du moins seraient-ils forcés de convenir qu'il y avait plus de respect pour l'opinion et de ménagement pour les apparences. Le Premier Consul avait plus d'une fois, sous ce rapport, montré de la sévérité.

Il servait de père aux enfants de sa femme, il en avait pour eux toute la tendresse. Ils la justifiaient par d'excellentes qualités et leur amour filial. Eugène était plein d'honneur, de loyauté, de bravoure; Hortense, douce, aimable et sensible; sa mère aurait voulu la marier pour la rendre heureuse. En l'unissant avec son frère Louis, le Premier Consul crut concilier avec sa politique le bonheur de sa fille. Au milieu des idées de stabilité et de dynastie qui dominaient dans ses conseils, dans sa famille et dans sa tête, il n'avait point d'espoir d'avoir des héritiers directs, et ce mariage lui en faisait du moins espérer de son sang. Ses frères Lucien et Joseph se montrèrent peu favorables à cette union. Hortense devint mère d'un fils. Des bruits sans fondement, et absurdes pour ceux qui la connaissaient, se répandirent à l'occasion de cet événement; cet enfant fut désigné dans le public comme l'héritier présomptif du Consulat.

Le Premier Consul n'avait pas la prétention d'être un parfait écuyer; mais il était à cheval hardi jusqu'à l'imprudence. On ne pouvait pas dire de lui :

« Il excelle à conduire un char dans la carrière. »

Un jour il voulut mener à toutes guides dans le parc de Saint-Cloud une calèche attelée de quatre chevaux, dans laquelle étaient madame Bonaparte, madame Louis, madame Duroc, Joseph et le consul Cambacérès. A la grille qui sépare le jardin du parc, il accroche une borne, perd l'équilibre et est renversé à plusieurs pas. Il veut se relever, retombe de suite et perd connaissance. Les chevaux pendant ce temps entraînent la voiture; on les arrête, et l'on fait descendre les dames presqu'évanouies. Après quelques soins donnés au Premier Consul, il reprend ses sens, et il continue la promenade, mais dans la voiture. Il fut légèrement écorché au menton, et eut le poignet droit un peu foulé. Rentré chez lui, il dit : « Je crois qu'il faut que chacun fasse son métier. » Il avait à dîner les sénateurs Laplace, Monge et Berthollet. Il causa toute la soirée avec eux comme s'il ne lui était rien arrivé. Cependant il avoua qu'il ne s'était jamais cru si près de la mort que dans ce moment. Madame Bonaparte, encore extrêmement émue, dit le soir dans son salon : « Dans le moment de sa chute, Bonaparte avait les yeux tournés et je l'ai cru mort. Il a bien protesté qu'on ne l'y reprendrait plus. Il y a long-temps qu'on lui reproche son extrême imprudence à cheval. Il fait trembler tous ceux qui l'accompagnent. Corvisart a été appelé, il n'a pas cru nécessaire de le saigner. Le Premier Consul ne veut pas que cet accident ait aucune publicité. »

Pareille chose était arrivée à Cromwel ; il avait reçu d'un prince allemand un attelage de six chevaux remarquables par leur vitesse et leur beauté. Étant allé seul avec Thurler faire une promenade à Hyde-parc, dans une voiture légère traînée par ces chevaux, il lui prit fantaisie de les mener lui-même. Il laissa Thurler dans la voiture et prit la place du cocher, ne croyant pas, dit Ludlow, qu'il fût plus difficile de conduire quelques chevaux que de mener trois nations. Mais les chevaux vifs et indociles, sous la main de leur nouveau conducteur, s'effarouchèrent et emportèrent la voiture qui fut bientôt renversée. Dans cette chute un pistolet que portait Cromwel fit feu sans le blesser lui-même. On releva le Protecteur étourdi et meurtri de sa chûte, mais moins maltraité que Thurler.

CHAPITRE II.

EXPLOSION DE LA MACHINE INFERNALE, 3 NIVOSE.

Le 3 nivôse an 9, le Premier Consul se rendait, à huit heures du soir, à l'Opéra, avec son piquet de garde, ayant avec lui dans sa voiture les généraux Berthier, Lannes et l'aide-de-camp Lauriston. Arrivé à la rue Saint-Nicaise, une mauvaise charrette attelée d'un petit cheval se trouvait placée de manière à embarrasser le passage. Le cocher eut l'adresse de l'éviter, quoiqu'il allât extrêmement vite. Peu d'instants après une explosion terrible cassa les glaces de la voiture, atteignit le cheval du dernier homme du piquet, tua huit personnes, en blessa plus ou moins grièvement vingt-huit, et fit à quarante-six maisons des dommages évalués à environ deux cent mille francs.

Le Premier Consul continua son chemin et arriva à l'Opéra. On y jouait la *création* d'Haydn. A peine en avait-on marqué les vingt premières mesures, que le bruit de l'explosion s'était fait entendre dans la salle. Lorsque le Premier Consul entra un moment après dans sa loge, tous les regards s'y portèrent, on y aperçut du mouvement et des figures frappées d'effroi. La nouvelle de l'événement se répandit bientôt dans toute la salle, l'agitation y fut d'abord extrême, mais l'attitude calme du Premier Consul tranquillisa tous les spectateurs et le spectacle continua.

Les premiers soupçons se portèrent sur les *Jacobins*, et l'autorité n'hésita pas à leur imputer cet attentat. On publia des rapports de la préfecture de police faits un mois et demi plus tôt, dans lesquels on nommait une douzaine de jacobins ou septembriseurs, et notamment un certain *Chevalier*, auteur d'une machine infernale saisie chez lui et destinée à être mise sur une petite voiture, avec laquelle on devait obstruer le passage, pour ensuite faire une explosion. Il n'en fallut pas davantage pour former l'opinion, et pour attirer l'indignation publique sur ces individus qui étaient cependant arrêtés depuis longtemps et détenus au Temple.

Le 4, des députations du conseil d'État, du sénat, du corps législatif et du tribunat accoururent aux Tuileries pour féliciter le premier Consul de ce qu'il avait échappé au danger, et pour l'inviter à sévir contre les auteurs de cet attentat, et à prendre des mesures pour en prévenir de semblables.

Boulay de la Meurthe, portant la parole au nom du conseil d'État, dit : « Il est temps enfin de satisfaire au vœu national et de prendre toutes les mesures nécessaires au maintien de l'ordre public. »

Le préfet de la Seine, à la tête des maires et du conseil général du département, vint aussi complimenter le Premier Consul : « On aime en vous, dit-il, le magistrat respectable que le pouvoir et les flatteurs n'ont point égaré. » Il rejeta le crime sur les septembriseurs.

Le Premier Consul répondit aux maires : « Tant que cette poignée de brigands m'a attaqué directement, j'ai dû laisser aux lois leur punition ; mais puisqu'ils viennent par un crime sans exemple de mettre en danger une partie de la population de la cité, le châtiment sera aussi prompt qu'exemplaire... Cette centaine de misérables, qui ont calomnié la liberté par les crimes qu'ils ont commis en son nom, seront désormais mis dans l'impossibilité absolue de faire aucun mal. »

Le Premier Consul conversa ensuite sur cet événement avec les conseillers d'État, en présence des ministres de l'intérieur et de la police. Celui-ci avait rejeté le complot sur les royalistes et l'Angleterre : « On ne me fera pas prendre le change, » dit le Premier Consul, « il n'y a là dedans ni nobles, ni chouans, ni prêtres. Ce sont des septembriseurs, des scélérats couverts de crimes, qui sont en conspiration permanente, en révolte ouverte, en bataillon carré contre tous les gouvernements qui se sont succédés. Ce sont des artisans renforcés, des peintres, etc., [1] qui ont l'imagination ardente, un peu plus d'instruction que le peuple, qui vivent avec le peuple et exercent de l'influence sur lui. Ce sont les instruments de Versailles, de septembre, du 31 mai, de prairial, de Grenelle, de tous les attentats contre les chefs des gouvernements..... »

Presque tous les conseillers d'État abondaient dans cette opinion, et attaquaient assez ouvertement Fouché.

Pendant toutes ces déclamations, il était dans l'embrasure d'une croisée, seul, pâle, défait, entendant tout, ne disant rien; on le regardait déjà comme condamné et perdu. Le conseiller d'État N... s'approcha de lui et lui dit : « Qu'est-ce que tout cela signifie ? Pourquoi ne parlez-vous pas ? » — « Laissez-les dire... je ne veux pas compromettre la sûreté de l'État... je parlerai quand il en sera temps... rira bien qui rira le dernier. »

Le Premier Consul dit qu'il fallait absolument trouver un moyen de faire prompte justice des auteurs et complices de l'attentat.

Les sections de législation et de l'intérieur se réunirent sur-le-champ pour délibérer. On s'occupait depuis plusieurs jours de l'établissement

---

(1) Allusion au complot Céracchi, Aréna, etc.

de *tribunaux spéciaux*. On fut d'avis qu'il suffirait d'ajouter un article au projet pour leur attribuer la connaissance de cette espèce de délit.

Le soir, quelques conseillers d'État étant allés voir le Premier Consul lui parlèrent de l'avis des sections. « Oui, dit-il, je pense comme vous, il ne faut point faire une loi dans cette circonstance, il vaut mieux tout fondre dans le projet sur les tribunaux spéciaux. Au surplus, je trouverai bien le moyen de faire juger les scélérats par une commission militaire... »

N... lui représentait que le matin il avait émis une opinion bien formelle sur les auteurs de l'attentat, en l'imputant aux terroristes, qu'on n'avait encore aucune preuve. Le Premier Consul persista dans son opinion, et répéta à peu près tout ce qu'il avait déjà dit.

Dubois, préfet de police, arriva; le Premier Consul lui dit : « Je serais bien malheureux si dans cette circonstance j'avais été préfet de police. »

Dubois répondit : « Une bonne police consiste à maintenir la sûreté et la tranquillité publique, à prévenir les séditions.... mais il est impossible de deviner ce qui se passe dans la tête d'un homme.... Il y a probablement très-peu de conjurés.... Ce n'est guère que par des révélations de quelques initiés qu'on peut découvrir les complots de cette espèce.... Cependant la police est en mouvement et j'espère....»

Rœderer, l'un des plus acharnés contre Fouché, disait à madame Bonaparte : « On ne peut pas laisser les jours du Premier Consul à la disposition d'un ministre de la police entouré de scélérats.... votre ministre de la police !...»

Elle répondit: « Les hommes les plus dangereux pour Bonaparte sont ceux qui veulent lui donner des idées d'hérédité et de dynastie, de divorce et de mariage avec une princesse. » Elle faisait allusion au voyage de Lucien qu'on disait en effet être allé en Espagne négocier un mariage. Elle justifia Fouché.

Le 5 au matin les sections de législation et de l'intérieur se réunirent. Elles arrêtèrent définitivement la rédaction de deux articles additionnels à la loi sur les tribunaux spéciaux. Le premier leur attribuait la connaissance des attentats contre la sûreté des membres du gouvernement; le second donnait aux consuls le droit d'expulser de Paris les hommes dont la présence leur paraîtrait compromettre la sûreté de l'État, et de les déporter en cas de violation de leur exil.

Rœderer prétendit que Fouché avait dit à madame Bonaparte avoir concouru à un pamphlet intitulé: *Parallèle entre César, Cromwel et Bonaparte*, qui était fait pour appeler les poignards sur le Premier Consul ¹ ; « Je me déclare, s'écria-t-il, officiellement l'ennemi de Fouché. Ce sont ses liaisons avec les terroristes, les ménagements qu'il a toujours eus pour eux, et les places qu'il leur a données, qui les ont encouragés à commettre cet attentat. »

Le conseil d'État s'assembla à midi. Les trois Consuls y étaient présents. Portalis rapporta les motifs de l'avis des deux sections. Comme il allait donner lecture des articles, le Premier Consul prit la parole et dit :

« L'action du tribunal spécial serait trop lente, trop circonscrite. Il faut une vengeance plus éclatante pour un crime aussi atroce ; il faut qu'elle soit rapide comme la foudre ; il faut du sang ; il faut fusiller autant de coupables qu'il y a eu de victimes, quinze ou vingt, en déporter deux cents, et profiter de cette circonstance pour en purger la république. Cet attentat est l'ouvrage d'une bande de scélérats, de septembriseurs, qu'on retrouve dans tous les crimes de la révolution. Lorsque le parti verra son quartier-général frappé, et que la fortune abandonne les chefs, tout rentrera dans le devoir ; les ouvriers reprendront leurs travaux, et dix mille hommes qui, dans la

---

(1) Ce pamphlet, qui avait pour but l'établissement de l'hérédité était sorti du ministère de l'intérieur, et Fouché s'en était servi pour faire disgracier Lucien, alors ministre de l'Intérieur.

France, tiennent à ce parti et sont susceptibles de repentir, l'abandonneront entièrement. Ce grand exemple est nécessaire pour rattacher la classe intermédiaire à la république. Il est impossible de l'espérer, tant que cette classe se verra menacée par deux cents loups enragés qui n'attendent que le moment de se jeter sur leur proie. Dans un pays où les brigands restent impunis et survivent à toutes les crises révolutionnaires, le peuple n'a point de confiance dans le gouvernement des honnêtes gens timides et modérés, il ménage toujours les méchants qui peuvent lui devenir funestes.

« Les métaphysiciens sont une sorte d'hommes à qui nous devons tous nos maux. Il ne faut rien faire, il faut pardonner comme Auguste, ou prendre une grande mesure qui soit une garantie pour l'ordre social. Il faut se défaire des scélérats en les jugeant par accumulation de crimes. Lors de la conjuration de Catilina, Cicéron fit immoler les conjurés, et dit qu'il avait sauvé son pays. Je serais indigne de la grande tâche que j'ai entreprise et de ma mission, si je ne me montrais pas sévère dans une telle occurrence. La France et l'Europe se moqueraient d'un gouvernement qui laisserait impunément miner un quartier de Paris, ou qui ne ferait de ce crime qu'un procès criminel ordinaire. Il faut considérer cette affaire en hommes d'État. Je suis tellement convaincu de la nécessité de faire un grand exemple, que je suis prêt à faire comparaître devant moi les scélérats, à les interroger, à les juger et à signer leur condamnation. Ce n'est pas au surplus pour moi que je parle : j'ai bravé d'autres dangers ; ma fortune m'en a préservé, et j'y compte encore. Mais il s'agit ici de l'ordre social, de la morale publique et de la gloire nationale. »

Ce discours changeait entièrement l'état de la question. Il ne s'agissait plus de *juger* d'après les lois existantes ou d'après une loi à faire, mais de *déporter* et de *fusiller* par mesure de salut public. Et qui ? non pas des coupables avérés, reconnus, mais à tout hasard des hommes de la révolution que l'on désignait, à tort ou à raison, comme des scélérats. Cette violence répugnait au conseil. La discussion était froide et languissante sur la nécessité d'une mesure, sur la forme de son exécution ; le Premier Consul revenait toujours à son opinion. Les orateurs tournaient autour du point le plus délicat, celui de savoir quels étaient les coupables. Truguet eut le premier le courage de l'aborder.

« Il faut sans doute, dit-il, que le gouvernement ait des moyens extraordinaires de se défaire des scélérats; mais il y en a de plus d'une espèce. On ne peut se dissimuler que les émigrés menacent les acquéreurs des domaines nationaux, que les prêtres fanatiques égarent le peuple, que les agents de l'Angleterre s'agitent, que l'esprit public est corrompu par des pamphlets, que la révolte se ranime dans la Vendée.... »

Le premier consul : « De quels pamphlets parlez-vous? »

— « De pamphlets qui circulent publiquement. »

— « Quels sont-ils? »

— « Vous devez les connaître aussi bien que moi. »

— « On ne me fera pas prendre le change par ces déclamations. Les scélérats sont connus. Ils sont signalés par la nation. Ce sont les septembriseurs, ce sont ces hommes, artisans de tous les crimes, et qui ont toujours été défendus ou ménagés par de misérables ambitieux subalternes. On parle de nobles et de prêtres! Veut-on que je proscrive pour une qualité? Veut-on que je déporte dix mille prêtres, des vieillards? Veut-on que je persécute les ministres d'une religion professée par la plus grande partie des Français et par les deux tiers de l'Europe? Lorsque Georges a voulu remuer nouvellement, il a attaqué les prêtres qui restaient fidèles au gouvernement. La Vendée n'a jamais été plus tranquille; et s'il s'y commet quelques attentats partiels, c'est qu'il est impossible d'y éteindre tout-à-coup les ressentiments particuliers. Il faudra sans doute que je renvoie tous les membres du conseil d'État; car, à l'exception de deux ou trois, on dit aussi que ce sont des royalistes, même le citoyen Defermon. Il faudra que j'envoie le citoyen Portalis à Sinamary, le citoyen Devaines à Madagascar, et que je me compose un conseil à la Babœuf...... Nous prend-on pour des enfants? Faut-il déclarer la patrie en danger? La France a-t-elle jamais été dans une plus brillante situation depuis la révolution, les finances en meilleur état, les armées plus victorieuses, l'intérieur plus paisible? J'aime bien que des hommes, qu'on n'a jamais vus figurer dans les rangs des véritables amis de la liberté, témoignent pour elle de si vives inquiétudes. Ne croyez pas, citoyen Truguet, que vous vous sauveriez en disant : J'ai défendu les patriotes au conseil d'État. Ces patriotes-là vous immoleraient comme nous tous... »

Après cette sortie de plus d'un quart-d'heure, prononcée avec la force et l'éloquence de la colère, le Premier Consul leva brusquement la séance. Comme il passait devant Truguet, celui-ci voulut dire quelques mots: « Allons donc, répliqua tout haut le Premier Consul en continuant de se retirer, citoyen Truguet, tout cela est bon à dire chez madame Condorcet et chez Mailla-Garat, et non dans un conseil des hommes les plus éclairés de la France. »

Quoique Truguet ne s'y fût pas pris adroitement, c'était quelquefois son défaut, tout le conseil fut vivement affecté d'une scène qui portait atteinte à la dignité de la magistrature et à la liberté des opinions; et c'était la première de ce genre.

Le 6 au matin, les deux sections de législation et de l'intérieur furent convoquées chez le second consul (Cambacérès). Rœderer fit circuler parmi ses collègues, pour la signer, une déclaration qu'il avait rédigée, et dans laquelle il attribuait l'attentat du 3 aux liaisons de Fouché avec les terroristes, et proposait de changer le ministre et toute l'administration de la police.

Cambacérès dit que le Premier Consul insistait sur la nécessité d'attribuer au gouvernement un pouvoir extraordinaire, et désirait que les sections rédigeassent un projet de loi à présenter au corps législatif. La plupart des membres persistèrent dans l'avis que les articles additionnels au projet sur les tribunaux spéciaux étaient suffisants. Portalis parla surtout avec beaucoup de chaleur contre toute mesure violente qui ne pourvoirait que momentanément aux dangers, tandis que les institutions durables, telles que les tribunaux spéciaux, étaient beaucoup plus efficaces.

Le second consul insista pour qu'on rédigeât toujours un projet dans les vues du Premier Consul. « Cela n'empêchera pas, dit-il, le conseil d'en discuter l'utilité ou les inconvénients. Le Premier Consul aime la discussion, pourvu qu'on n'y mêle pas d'amertume ni d'épigrammes. » L'observation était juste et s'appliquait à Truguet. Le projet fut donc rédigé.

Il y eut ensuite un conseil privé, composé des deux sections, des ministres des relations extérieures, de l'intérieur et de la justice, et des trois consuls. Le Premier Consul, après avoir répété ses motifs sur la nécessité d'une grande mesure, ouvrit la discussion sur la question de savoir si le gouvernement proposerait une loi, ou s'il agirait de sa propre autorité; il paraissait incliner pour le premier parti. Thibaudeau le combattit sur le fondement que la législation actuelle suffisait, qu'on ne pouvait pas, sans donner à une nouvelle loi un effet rétroactif et le caractère d'une loi de circonstance, l'appliquer à l'attentat du 3 nivôse. Il s'établit, à ce sujet, un dialogue entre le Premier Consul et Thibaudeau.

« Si, dit-il, la loi est rejetée?... »

— « Eh! bien, nous aurons fait notre devoir; mais elle ne le sera pas. »

— « Je n'en sais rien; sans parler principe, on sait dans le corps législatif quels sont les hommes qu'il s'agit d'atteindre. On n'y est pas convaincu qu'ils soient les auteurs de l'attentat; les opinions y sont au moins divisées. Il y en a qui l'imputent à un autre parti; si cet avis prévaut, la loi ne passera pas; faut-il en courir le risque?... »

— « Cela n'est pas à craindre. Les députés savent bien que ces hommes-là sont leurs ennemis comme les nôtres. Le corps législatif est composé du ventre de diverses assemblées. On voulait jeter à l'eau les députés, lorsqu'ils refusaient, avant le 18 brumaire, de déclarer la patrie en danger. Les septembriseurs ne peuvent pas avoir dans le corps législatif plus de huit à dix députés que je connais bien.

— « Mais ces septembriseurs, s'il était vrai qu'ils fussent coupables de l'attentat, n'auraient pas agi de leur propre mouvement; ils auraient été commandés, pour commettre ce crime, par des chefs plus considérables.

— « C'est une erreur de croire que le peuple ne fait rien que lorsqu'il est mené. Le peuple a un instinct qui le pousse, et d'après lequel il agit tout seul. Pendant la révolution, il a mené les chefs qui paraissaient le conduire.

— Cependant on devait avoir prévu ce que l'on ferait dans le cas où le complot aurait réussi.

— « Non; ils ont dit : Tuons Bonaparte, après cela nous ferons nos farces. Ils se seraient rassemblés, ils auraient parcouru les rues, jeté l'épouvante et fait des comités. Peut-être que des hommes un peu plus relevés, tels que Barras, qui leur disent : Agissez et nous nous montrerons, se seraient montrés. Mon cher, la plupart des hommes instruits sont des hypocrites, excepté quelques amis sincères de la vérité. Quant aux chouans et aux émigrés, ils sont soumis à des lois particulières, je peux les faire fusiller comme Margadel[1]. »

Quelques membres, entre autres Rœderer et Regnault, énoncèrent aussi leurs craintes que la loi ne passât pas. Regnault cita des conversations qu'il avait eues avec quelques tribuns. Le Premier Consul lui dit : « Eh! vous êtes toujours dans l'antichambre du tribunat. Parce qu'on vous a rejeté une ou deux lois, vous tremblez.... le peuple est un tigre quand il est démuselé.... J'ai un dictionnaire des hommes employés dans tous les massacres.... La nécessité de la mesure une fois reconnue, il me semble qu'il faut la prendre par la voie la plus sûre.. La question se réduit à ceci : Le pouvoir extraordinaire n'appartient à personne. Qui a le droit de le donner? Si personne n'en a le droit, le gouvernement doit-il le prendre? Citoyen Talleyrand, quel est votre avis? »

« Il vaut mieux, répondit le ministre, un acte

[1] Chouan, qui avait été fusillé.

du gouvernement qu'une loi, cela imposera davantage au dehors. On dira que le gouvernement sait se défendre lui-même. Voyez les inconvénients de toute mesure qui ne permettra pas une punition prompte et sévère. L'affaire Céracchi a interrompu toutes les relations diplomatiques pendant un mois et demi, et forcé à rouvrir la campagne. L'empereur de Russie a donné ordre de suspendre les ouvertures commencées. »

Le ministre de la justice fut d'avis que le gouvernement agît et le plus promptement possible. Le consul Lebrun de même. Le consul Cambacérès ne vota point, mais il annonça assez clairement dans le cours de la discussion qu'il opinait pour une loi. La majorité décida que le gouvernement n'en avait pas besoin.

Le conseil d'état s'assembla. Portalis y fit le rapport de cette délibération. Elle y fut adoptée. Truguet, Lacuée et Defermon votèrent ouvertement contre, et d'autres ne votèrent pas du tout. Le Premier Consul ordonna aux deux sections de rédiger un arrêté. Il ne fut point content de la rédaction lorsqu'elle lui fut présentée, et il fit proposer à la délibération des deux sections les points suivants.

1° Une commission militaire pour juger; 2° une commission spéciale pour déporter; 3° consulter le sénat avant l'exécution.

Les sections délibérèrent une commission militaire pour juger, point de commission spéciale pour déporter, sauf au gouvernement à prononcer lui-même, communication après l'exécution au sénat, au corps législatif et au tribunat.

Boulay rapporta aux deux sections l'opinion du Premier Consul sur cette délibération. « Il persistait à consulter le sénat avant l'exécution, parce que c'était le corps conservateur de la constitution et de l'État. Il était inconvenant que des consuls non responsables, après avoir pris une mesure inconstitutionnelle, sur l'avis du conseil d'État, également irresponsable, exigeassent d'un ministre responsable qu'il l'exécutât. Un jour cet acte pourrait être dénoncé au sénat comme inconstitutionnel, et le ministre accusé. Pour prévenir ce danger, il fallait lier d'avance le sénat. Il le fallait aussi pour la garantie du second et du troisième consul. Car si le premier était tué et que le gouvernement ne changeât pas de forme, ce qui était probable, on pourrait rechercher les deux autres, à propos de quoi il avait dit au second consul : « *Citoyen Cambacérès, si j'avais été tué, il aurait fallu avoir des ..... et vous n'êtes pas fort sur vos étriers.* » Il le fallait enfin pour la garantie de la liberté. Quant au point de savoir si le sénat adopterait la mesure, on s'assurerait d'abord de son approbation. Ensuite dans une assemblée du con seil d'Etat présidée par les consuls, en présence des ministres, celui de la police ferait un rapport sur l'événement du 3, en signalerait les auteurs, et proposerait les mesures voulues par le gouvernement. Le conseil les délibérerait, des orateurs iraient au sénat, qui approuverait sans aucun doute, et ensuite on exécuterait. En attendant, les deux sections devaient rédiger d'avance le procès-verbal de cette séance du conseil. » Tout se passa en effet conformément à l'avis du Premier Consul.

On y employa les journées des 7, 8, 9 et 10; ce qui prolongea les discussions, c'est qu'on était loin d'être d'accord sur les auteurs de l'attentat. Le Premier Consul l'avait, comme on l'a déjà vu, obstinément imputé aux terroristes; mais l'opinion contraire de Fouché, suffisamment démontrée d'abord par son silence, par ses réticences, par la patience avec laquelle il s'était laissé accuser et ensuite par ses demi-confidences, avait jeté du doute dans beaucoup d'esprits, et même fini par faire fortement soupçonner que les royalistes étaient les auteurs de la *machine infernale*. Il paraissait odieux, dans cet état de choses, de punir et de proscrire des hommes qui pouvaient avoir eu des torts ou avoir commis des crimes, mais qui étaient amnistiés et étrangers à l'événement du 3. C'était une véritable réaction, effrayante dans ses conséquences pour tous les hommes de la révolution. Dès le 9, le Premier Consul lui-même parut croire que ce n'était pas parmi eux qu'étaient les auteurs de l'attentat. Après la réception du tribunat [1], il causa pendant plus de deux heures dans son cabinet avec les consuls, les ministres et les conseillers d'État. Il dit quelques mots justificatifs pour Fouché, et insinua que l'Angleterre pouvait être pour quelque chose dans l'événement du 3, et il était facile de voir qu'il ne disait pas tout ce qu'il savait à cet égard. Dans les réunions des deux sections, il y avait eu des débats violents et des personnalités entre quelques membres. Réal, connu pour être l'intime de Fouché, s'était élevé avec force contre ce système de proscription, et avait accusé Regnault d'être un réacteur. Rœderer, de son côté, quoiqu'il eût accusé Fouché d'avoir voulu donner une couleur royaliste à l'attentat du 3 nivôse, et cherché à entraîner le Gouvernement dans de fausses mesures, n'était plus lui-même aussi échauffé contre les terroristes et la police.

Cependant il y eut, le 10, une séance préparatoire du sénat ; la grande majorité opina dans le sens du Premier Consul, même Sieyes qu'on assurait n'avoir pas été de cet avis dans ses conversations avec lui sur cette affaire.

---

[1] Qui lui apportait un vœu émis à l'égard de l'armée d'Orient.

On avait publié, dans le Moniteur du 4, trois rapports du préfet de police sur les notions recueillies au sujet de la machine infernale. Ils étaient évidemment étrangers à l'attentat du 3, puisqu'ils n'étaient relatifs qu'à un complot déjoué antérieurement, et dont les prévenus avaient déjà été arrêtés en brumaire.

Dans le Moniteur des 11, 12, 13 et 14, on publia une suite de rapports de police qui remontaient jusqu'en fructidor de l'an 8, et se terminaient au 10 nivôse an 9. On y signalait sous le nom d'*enragés* tous les individus que l'on se proposait de proscrire comme auteurs de l'attentat du 3 nivôse, ou comme capables de l'avoir commis. On y rendait compte d'une foule de réunions plus ou moins nombreuses, de propos et de menaces contre le Gouvernement consulaire. On y remarquait la tentative d'assassinat du Premier Consul par Céracchi, Aréna, etc., connue depuis le 18 vendémiaire; que les conjurés avaient été arrêtés, et pour laquelle ils étaient traduits devant les tribunaux. L'affaire de Chevalier y était détaillée. On y trouvait la description d'une machine infernale saisie chez lui, et le procès-verbal de l'examen qui en avait été fait par le sénateur Monge, constatant qu'elle contenait huit livres de poudre et deux livres de scories de fer ou de verrerie, et que la machine ne paraissait pas avoir été faite pour mettre à mort une personne déterminée, mais bien pour blesser et même tuer indistinctement une grande quantité de personnes réunies, et enfin la déclaration de Chevalier qu'en effet sa machine avait été destinée à des armateurs de Bordeaux.

Le préfet de police annonçait que les 1 et 2 nivôse les *enragés* avaient été en mouvement; mais qu'il n'y avait sur leur compte aucun fait connu, et que rien n'avait semblé donner des inquiétudes fondées. Cette série de rapports avait toujours pour objet de faire croire que les terroristes avaient commis l'attentat du 3 nivôse, et de motiver la mesure dont on voulait absolument les frapper. Ces documents, qui étaient bien loin d'offrir des preuves, et qui n'étaient ni légaux ni authentiques, étaient corroborés par un rapport du ministre de la police (11 nivôse); Fouché, quoique certain que l'attentat du 3 était l'ouvrage des royalistes, eut la faiblesse dans son rapport de transiger avec l'irritation du Premier Consul contre les terroristes.

« Ce ne sont plus là, y disait le ministre, de ces brigands contre lesquels la justice et ses formes sont instituées, et qui menacent seulement quelques personnes et quelques propriétés; ce sont des ennemis de la France entière et qui menacent à chaque instant tous les Français de les livrer aux fureurs de l'anarchie.

« Ces hommes affreux sont en petit nombre, mais leurs attentats sont innombrables.

« C'est par eux que la Convention nationale a été attaquée à main armée, jusque dans le sanctuaire des lois de la nation. Ce sont eux qui ont voulu faire tant de fois de tous les comités de gouvernement les complices ou les victimes de leur rage sanguinaire : ce sont eux qui ont voulu faire tourner contre le Directoire exécutif et contre la ville de Paris les troupes destinées à les garder. Ils ne sont pas les ennemis de tel gouvernement, mais de toute espèce de gouvernement.....

« Tout ce qu'ils ont tenté depuis un an n'avait pour but que des assassinats, soit sur le chemin de la maison de campagne du Premier Consul, soit à l'Opéra, soit dans les rues, soit même en s'introduisant par des souterrains dans l'intérieur des Tuileries......

« C'est une guerre atroce qui ne peut être terminée que par un acte de haute police extraordinaire.

« Parmi ces hommes que la police vient de signaler, tous n'ont pas été pris le poignard à la main ; mais tous sont universellement connus pour être capables de l'aiguiser et de le prendre. Il ne s'agit pas seulement aujourd'hui de punir le passé, mais de garantir l'ordre social. »

Le 11, il y eut assemblée du conseil d'État, où assistaient les trois consuls et tous les ministres.

Le Premier Consul : « On va donner lecture d'un rapport du préfet de police, d'un autre d'un agent en qui j'ai confiance, et ensuite d'un rapport du ministre de la police sur cent vingt coquins qui troublent la tranquillité publique. »

A un endroit du rapport de l'agent particulier où il était mentionné que l'on devait introduire des assassins dans les rangs des grenadiers de la garde, le Premier Consul dit : « J'en étais instruit, et ce jour-là j'allai à la revue. »

D'après le rapport du ministre de la police, les uns devaient être traduits à une commission militaire, les autres déportés ou exilés. On donna lecture des listes.

Le Premier Consul : « La discussion est ouverte sur la question de savoir si ces hommes-là doivent être l'objet d'une mesure générale. »

Un morne silence régnait dans l'assemblée : personne ne prenait la parole.

Le Premier Consul : « Je vais mettre aux voix. »

Thibaudeau : « Je suis étonné qu'on nous ait lu des listes. Nous ne pouvons pas délibérer sur l'application d'une peine à tels ou tels individus, ou en d'autres termes, les juger et les condamner. Nous n'avons ni ne pouvons avoir les renseignements nécessaires. Nous sommes sans qualité. L'on n'a jamais discuté que le point de savoir s'il fallait une mesure extraordinaire, et si le Gouvernement devait la proposer au corps législatif, au sénat, ou la prendre lui-même, sauf ensuite au Gouvernement à la faire appliquer aux individus reconnus coupables. »

Boulay appuyait cette observation.

Le Premier Consul, l'interrompant : « Je ne suis pas assez insensé pour vouloir que le conseil prononce sur des individus. »

Rœderer : « Le ministre ne parle pas dans son rapport de l'événement du 3... Il dit qu'*on tient les fils*... Il faut prendre garde à ne pas punir d'un côté, lorsque le crime se trouverait de l'autre. »

Le Premier Consul : « On a de fortes présomptions et non des preuves que les terroristes sont les auteurs de l'attentat [1]. La chouannerie et l'émigration sont des maladies de peau, et le terrorisme une maladie de l'intérieur. Le ministre n'a pas parlé de l'événement du 3, parce que ce n'est pas pour cela que la mesure est proposée [2]. Si l'on n'observait pas cette réserve, on pourrait se compromettre. La mesure devait être prise indépendamment de l'événement; il n'en est que l'occasion. Il faut profiter de l'enthousiasme. Les

---

[1] Alors lui et Fouché étaient persuadés du contraire.
[2] Dans le principe elle n'avait pas été proposée pour autre chose.

émigrés et les prêtres auraient été égorgés après l'attentat, s'il eût réussi. »

Rœderer : « Il ne faut pas qu'on puisse nous accuser de réaction. On en a manifesté la crainte dans le conseil. »

Le Premier Consul : « Contre des ennemis de tout gouvernement, il ne peut y avoir de réaction. »

Regnault : « Il faut dire qu'on ignore quels sont les auteurs de l'attentat, mais qu'on leur ôte les bras dont ils peuvent se servir : et non pas qu'*on tient les fils*, parce qu'un jour l'on dirait : Pourquoi n'avez-vous pas attendu ? »

Le Premier Consul : « Le Gouvernement a une conviction, mais il ne peut pas sans preuves imputer l'attentat à ces individus. On les déporte pour le 2 septembre, le 31 mai, la conspiration de Babœuf, et tout ce qui s'est fait depuis. »

Le second consul : « On ne doit rien changer au rapport. Le ministre est responsable. Il y aurait de l'inconvénient à parler de l'attentat comme motif déterminant. La mesure est utile. Ce n'est ni le conseil, ni les consuls qui l'appliquent, mais le ministre et le préfet de police responsables. »

Le Premier Consul : « Sans doute. On n'a donné lecture des listes que pour que chacun pût faire ses observations. Je consulte le conseil pour savoir s'il faut une mesure extraordinaire (décidé). Maintenant faut-il une loi ? »

Lacuée et Defermon disent que cela n'est plus nécessaire, puisqu'on défère la mesure au sénat; Truguet insiste pour une loi. (Décidé qu'il n'y aura point de loi.)

Boulay lit sa rédaction du procès-verbal de la séance :

« Extrait du registre des délibérations du conseil d'État.

« Le ministre de la police fait un rapport à la suite duquel il présente un projet d'arrêté pour mettre en surveillance hors du territoire de la République un certain nombre d'individus.

« Le Premier Consul soumet ensuite à la délibération du conseil les deux questions suivantes.

PREMIÈRE QUESTION.

« La mesure proposée par l'arrêté... est-elle nécessaire à la conservation de la constitution et de la liberté publique?

SECONDE QUESTION.

« Cette mesure doit-elle être un acte de haute police du gouvernement, ou être convertie en projet de loi?

« Le conseil d'État délibérant sur ces deux questions et considérant :

« Sur la première, que depuis le commencement de la révolution, il a existé une classe d'individus qui, profitant des divers interrègnes de la loi et de l'absence de toute force publique, s'est livrée à des crimes dont l'impunité a été une source de calomnies contre la liberté et la nation française; que depuis l'organisation du Gouvernement actuel, elle n'a pas été un seul jour sans tramer l'assassinat des premiers magistrats de la République; qu'ainsi cette classe, produit d'une révolution qui a déchaîné toutes les passions, ne peut être et n'est en effet envisagée, par toute la nation, que comme une ligue de brigands qui est en guerre permanente contre tout ordre public; qu'une constitution et des lois, faites pour le peuple le plus généreux et le plus doux de la terre, ne peuvent offrir aucun moyen contre cette classe d'individus: est d'avis que, pour assurer la constitution et la liberté publique, le Gouvernement doit mettre en surveillance, hors du territoire européen de la République, les individus que le ministre de la police lui indiquera, et que le Gouvernement reconnaîtra comme appartenant à cette classe d'hommes.

« Sur la seconde question, le conseil est d'avis que l'acte de haute police dont il s'agit n'est pas de nature à être l'objet d'une loi. Néanmoins, le conseil, considérant que cet acte étant un acte extraordinaire, et ayant pour objet le maintien de la constitution et de la liberté publique, est, par cela même, de la compétence spéciale d'un corps qui, par l'esprit de son institution, doit veiller à tout ce qui intéresse la conservation du pacte social; que d'ailleurs, dans un cas comme celui-ci, le référé du Gouvernement au sénat conservateur, pour provoquer sur ses propres actes l'examen et la décision de ce corps tutélaire, devient, par la force de l'exemple, une sauve-garde capable de rassurer, pour la suite, la nation, et de prémunir le Gouvernement lui-même contre tout acte dangereux à la liberté publique, est d'avis que cet acte du Gouvernement doit être porté par trois membres du conseil d'État au sénat conservateur, pour devenir la matière d'un *sénatus-consulte*, prononçant sur la question de savoir si cette mesure est conservatoire de la constitution. »

Defermon. « Pourquoi dire que l'acte est déféré au sénat pour savoir s'il est conservatoire ? »

Le Premier Consul. « Le sénat ne doit ni l'improuver, ni l'infirmer, mais déclarer seulement s'il est ou non conservatoire de la constitution. »

Les consuls envoyèrent cette délibération au sénat avec un message relatif à *l'attentat du 3 nivóse*, un rapport du ministre de la police du 14, un arrêté des consuls du même jour, qui d'avance mettait en surveillance spéciale, hors du territoire européen de la république, les citoyens dont les noms étaient portés audit arrêté. Ils étaient au nombre de cent trente, dont neuf avec la qualité de septembriseurs. Tout le reste se trouvait sur cette liste sans énonciation de motifs. On y voyait quatre ex-conventionnels, Choudieu, Taillefer, Thirion et Talot, Félix Lepelletier, Rossignol, général de l'armée révolutionnaire. La plupart des autres noms étaient obscurs ou très-peu connus.

Le sénat renchérit de beaucoup encore sur le conseil d'État, et ajouta aux motifs de cette mesure des développements plus étendus.

« Considérant que la constitution n'a point déterminé les mesures de sûreté nécessaires à prendre en un cas de cette nature; que, dans ce silence de la constitution et des lois sur les moyens de mettre un terme à des dangers qui menacent chaque jour la chose publique, le désir et la volonté du peuple ne peuvent être exprimés que par l'autorité qu'il a spécialement chargée de conserver le pacte social et de maintenir ou d'annuler les actes favorables ou contraires à la charte constitutionnelle; que, d'après ce principe, le sénat, interprète et gardien de cette charte, est le juge naturel de la mesure proposée en cette circonstance par le gouvernement;

que cette mesure a l'avantage de réunir le double caractère de la fermeté et de l'indulgence, en ce que, d'une part, elle éloigne de la société les perturbateurs qui la mettent en danger, tandis que, d'autre part, elle leur laisse un dernier moyen d'amendement ; considérant enfin, selon les propres expressions du conseil d'État, que le référé, etc., par tous ces motifs, le sénat conservateur déclare que l'acte du gouvernement, en date du 14 nivôse, est une mesure conservatrice de la constitution. »

Le 16, le Premier Consul consulta le conseil sur ces trois questions : 1°. Le sénatus-consulte est-il obligatoire pour les autorités? 2°. Comment sera-t-il promulgué? 3°. Doit-il être communiqué au corps législatif et au tribunat?

Le conseil décida,

Sur la première affirmativement ; malgré l'observation faite par Truguet, qu'on dirait que le Gouvernement et le sénat pourraient se passer du corps législatif et du tribunat ; à quoi le Premier Consul répliqua : « Si je devenais fou, si je tuais quelqu'un, ne faudrait-il pas que, dans ce cas extraordinaire, le sénat décidât? »

Sur la seconde, qu'il devait être promulgué comme les lois et les actes du Gouvernement.

Sur la troisième, négativement.

Dans tous les départements, à la nouvelle de

l'attentat du 3 nivôse, les autorités en cherchèrent les ramifications et les complices. Les révélations affluèrent de toutes parts; il résultait de la correspondance des préfets que les terroristes avaient dans toute la France organisé un vaste complot qui eût éclaté, si la machine infernale eût tué le Premier Consul. On rapportait une foule de propos qui attestaient que les terroristes étaient dans le secret, et on en concluait que c'était à ce parti qu'appartenait l'attentat, et qu'il fallait prendre les mesures les plus rigoureuses pour en prévenir de semblables. Cela prouve combien il faut être en garde contre les rumeurs populaires, et combien un gouvernement doit se défier des rapports de ses agents, toujours plus disposés à flatter ses passions qu'à chercher la vérité.

Quoique le Premier Consul sût à quoi s'en tenir, il n'était pas fâché, puisqu'il voulait frapper les terroristes, de laisser peser sur eux ces accusations erronées. Décidé dès-lors à concentrer dans ses mains le pouvoir, il rassemblait tous les éléments de l'ancienne monarchie. Il tenait à ce qu'on ne lui crût pas d'autres ennemis intérieurs qu'un parti haï ou déconsidéré qui passait pour ne vouloir d'aucun gouvernement. Il est vrai que ce parti donnait prise sur lui. Il était loin d'être soumis. Il était impuissant, mais il se remuait. Il n'eût pas été incapable peut-être de faire un 3 nivôse; mais il ne l'avait pas fait. Et quand il l'eût fait, ce n'en était pas moins une mesure arbitraire, illégale, un abus de pouvoir monstrueux, que de déporter sans procédure, sans jugement, en masse, cent trente individus.

Un mois après, le 11 pluviôse, le ministre de la police fit un rapport sur l'attentat du 3 nivôse. Il en tenait les auteurs, et c'étaient des agents du parti royaliste! Dans ce rapport, le ministre convenait que, tandis qu'au moment de l'explosion on l'imputait aux terroristes, il avait eu d'autres soupçons, puisqu'il avait alors d'autres indications. Il racontait le complot apporté d'Angleterre par Georges Cadoudal en brumaire pour assassiner le Premier Consul, le débarquement successif des complices Carbon, Joyan, Limoelan, Saint-Régent, etc., et leurs intrigues; l'ordre par lui donné le 15 frimaire de les arrêter, et qui n'avait pu être exécuté, à cause de l'ombre impénétrable dont ils avaient su s'environner; enfin que le cheval attelé à la machine infernale avait servi à diriger les recherches, et conduit à l'arrestation de Carbon, qui, découvert chez des ex-religieuses, mesdames de Goyon et de Cicé, avait fait connaître ses complices.

Il ne pouvait donc plus rester le moindre doute sur l'iniquité au fond et dans la forme de la mesure prise contre les terroristes. Il était démontré que le Premier Consul et Fouché avaient sciemment proscrit cent trente individus pour un crime qu'ils n'avaient pas commis. Fouché ne les en avait pas crus un seul instant coupables ; le Premier Consul avait dit clairement, dans la séance du conseil d'État du 11 nivôse, que, s'il n'y avait pas de preuves contre eux, on les déportait pour le 2 septembre, le 31 mai, la conspiration de Babœuf, etc. Mais des conseillers d'État et des sénateurs avaient cru de bonne foi que ces terroristes avaient fait le 3 nivôse, et d'après les actes officiels toute la France avait été dans cette opinion. Le Gouvernement persista cependant dans leur proscription, malgré la découverte des véritables auteurs du crime, agents reconnus du royalisme et de l'Angleterre. Et, comme pour rendre plus odieux l'arbitraire dont on avait frappé les terroristes, on renvoya les conspirateurs royalistes devant les tribunaux, et l'on suivit du moins à leur égard les formes légales. Saint-Régent et Carbon, condamnés à mort, portèrent leur tête sur l'échafaud (1 floréal).

Cette violation des lois avait porté, disait-on, sur quelques noms souillés, sur quelques hommes diffamés, sur un parti discrédité. Pour ne pas paraître vouloir les défendre, dans les conseils on ne défendit que bien faiblement les principes. Accoutumée au triste spectacle des proscriptions, la multitude applaudit à celle d'hommes parmi lesquels se trouvaient en effet quelques instruments obscurs de proscriptions sanglantes. On regarda leur sacrifice comme une représaille, une juste expiation. On ne vit pas tout ce que ce premier excès du pouvoir entraînait de suites fâcheuses pour la sûreté individuelle, et qu'après s'être essayé sur la lie de la révolution, on pourrait ne pas ménager ses plus honorables défenseurs et finir par atteindre toutes les classes de citoyens.

Après la condamnation judiciaire de Carbon et de Saint-Régent, les défenseurs des principes et surtout des victimes de la mesure extraordinaire prise contre les terroristes, s'attendaient à la voir révoquer.

Destrem et Talot, déposés *provisoirement*, le premier à l'île d'Oléron, le second au château de Saumur, eurent recours au conseiller d'État Berlier, leur ancien collègue, pour obtenir du Premier Consul leur mise en liberté.

Sans avoir été lié d'amitié avec Talot, Berlier s'intéressait à lui, persuadé que, s'il avait une tête ardente, il avait le cœur pur. Il connaissait bien moins Destrem; mais l'un de ses douze enfants, venu à Paris, l'avait, par ses larmes, touché en faveur d'une famille malheureuse; enfin, il s'agissait pour Berlier de réclamer contre un coup d'État qui ne lui avait jamais plu, et qui lui paraissait bien plus insoutenable, depuis que la justice avait découvert et frappé les vrais conspirateurs du 3 nivôse.

Il prit donc la résolution de demander une audience au Premier Consul, qui la lui accorda vers la fin de prairial.

Lorsqu'il eut exposé au Premier Consul l'objet de sa démarche, celui-ci montra de la surprise et même du mécontentement; puis, après quelques instants de silence, commença entre eux la conversation suivante.

Le Premier Consul. « Avez-vous bien réfléchi aux conséquences de votre proposition ? Songez que je ne puis faire aucune exception sans m'exposer à être accablé de réclamations, et sans me voir bientôt entraîné à ouvrir les portes de la France à tous les hommes frappés par le sénatus-consulte du 15 nivôse. »

Berlier. « Je n'ai pas, citoyen Consul, porté mes vues jusque-là ; mais, quand les conséquences seraient telles, qu'y trouveriez-vous de fâcheux ? »

Le Premier Consul. « Votre interpellation m'étonne; connaissez-vous bien ces gens-là ? »

Berlier. « Je ne connais que les deux pour lesquels je suis venu implorer votre justice ; mais je sens que tous sont également portés à se plaindre d'une déportation, prononcée contre eux sans jugement. »

Le Premier Consul. « Il n'y en a pas un qui n'eût mérité la mort, s'ils eussent tous été jugés pour leur conduite révolutionnaire; ces misérables ont couvert la France de deuil et d'échafauds; et je soutiens que la mesure prise à leur égard est *moins une peine qu'une faveur.* »

Berlier. « Ils n'ont pas demandé cette faveur-là. »

Le Premier Consul. « N'aurait-il pas fallu que le Gouvernement leur déférât l'option? D'ailleurs, n'est-ce pas le premier corps de l'État qui a prononcé sur leur sort? »

Berlier. « Oui, en apparence; mais en réalité sur votre propre demande, présentée la veille et sans aucune instruction préalable. »

Le Premier Consul. « Vous parlez *en procureur*; moi j'ai vu *en homme d'État*. Du reste, il me suffit d'avoir le suffrage des bons citoyens, c'est-à-dire, de ceux qui veulent l'ordre et la tranquillité publique ; c'est en eux que je vois la France, et ceux-là applaudissent aux mesures prises contre les perpétuels et notoires artisans de nos troubles. Peu m'importe, après tout, que ces mesures soient improuvées par les jacobins[1]. »

---

[1] Lors de l'organisation du conseil d'État après le 18 brumaire,

Berlier sentit aisément le sarcasme, et, comme il se retirait, le Premier Consul lui dit avec bonté :

« Écoutez, citoyen Berlier, n'allez pas prendre mes dernières expressions pour votre propre compte et en mauvaise part. *Il y a eu de bons jacobins*, et il a existé une époque où tout homme ayant l'ame un peu élevée devait l'être ; je l'ai été moi-même comme vous et comme tant de milliers d'autres gens de bien ; mais ceux-là, sans renoncer aux principes libéraux, ne sont pas des fauteurs de troubles. Les mauvais, les incorrigibles, sont ceux qui ne rêvent encore que destruction, lorsqu'il faut reconstruire ; je ne vous confonds pas avec ces hommes-là. »

Berlier ajouta encore quelque mots et se retira.

Quinze jours ou trois semaines après, le Premier Consul, présidant le conseil d'État, fit avertir Berlier de le suivre à l'issue de la séance. Le colloque suivant eut lieu entre eux dans le cabinet du Premier Consul.

Le Premier Consul. « Eh bien ! citoyen Berlier,

---

les patriotes trouvèrent que la plupart des choix tombaient sur des royalistes. Le Premier Consul dit à madame Monge : « Aujourd'hui, « vous serez contente de moi, j'ai nommé trois jacobins au conseil « d'État. »

— « Qui donc, citoyen Consul ? »
— « Réal, Brune et Berlier. »

ce grand patriote Destrem, dont vous vouliez vous rendre l'avocat, n'est qu'un royaliste déguisé : il siégeait au côté droit de l'assemblée législative, et la police a obtenu des renseignements qui prouvent que, pendant les premières années de la révolution, il était connu à Toulouse pour un aristocrate très-prononcé. »

Berlier. « Citoyen Consul, quand ces faits seraient d'une vérité constante, et quand je les aurais connus, ils n'auraient vraisemblablement point empêché une démarche qui m'était dictée beaucoup plus par mon respect pour les principes et même pour votre Gouvernement que pour un homme que je connais fort peu. Je m'arrête, citoyen Consul, et ne veux pas rouvrir, même pour Talot, une discussion qui vous a été désagréable ; j'aime mieux croire que je me trompe. »

Le Premier Consul. « C'est-à-dire, en termes assez polis, que vous ne le croyez pas. Expliquez-vous, et parlez librement. »

Berlier. « Puisque vous me le permettez, citoyen Consul, je dirai que je ne puis me faire à l'idée d'une déportation prononcée à l'occasion d'un délit étranger aux individus déportés. Tant que les auteurs de la machine infernale n'ont pas été connus, la mesure dont il s'agit ne pouvait paraître que hasardée et arbitraire ; mais n'est-elle pas aujourd'hui d'une injustice démontrée ? »

Le Premier Consul. « Vos raisonnemens seraient spécieux, peut-être, si l'attentat du 3 nivôse eût été la cause de la déportation de 130 terroristes ; mais le sénatus-consulte ne dit pas un mot de cet attentat, il les déporte pour leur conduite antérieure. »

Berlier. « Et ce sénatus-consulte ne se fonde-t-il pas sur l'attentat du 3 nivôse et sur le besoin de recourir à des mesures extraordinaires ? »

Le Premier Consul. « Certainement non. » Et au même instant il prit le bulletin des lois et en fit lire à Berlier le considérant. L'attentat du 3 nivôse n'y était en effet cité ni comme *motif*, ni comme *occasion* ; il n'y était pas même mentionné.

Alors le Premier Consul lui dit d'un air triomphant : « Eh bien ! citoyen Berlier, qu'avez-vous à répliquer, et que devient votre argumentation ?

Berlier. « J'avoue que le sénatus-consulte du 15 nivôse n'exprime pas, comme je le croyais, l'attentat du 3 d'une manière formelle [1], et qu'il n'énonce qu'en termes généraux, et sans induction spécialement tirée de ce crime, le besoin de purger la société des gens qui l'inquiétaient ; mais au mot près, le fait reste. Personne n'ignore en

---

[1] Il y avait dans le considérant du sénatus-consulte ces mots : *leurs complots et attentats réitérés dans ces derniers temps.*

France que sans la tentative de Carbon et de Saint-Régent, il n'eût pas été question de déporter les 130 individus parmi lesquels se trouvent Destrem et Talot. La coincidence des dates prouve d'ailleurs l'influence que l'affaire du 3 nivôse a eue sur la détermination du 15. »

Le Premier Consul (en riant). « Allons, allons, monsieur l'homme de loi, vous ne voulez pas vous avouer battu. » Et il lui fit signe que c'en était assez.

Ainsi finit ce second entretien où le Premier Consul montra beaucoup moins d'humeur que dans le premier, mais dont le résultat n'eut rien de plus satisfaisant pour les deux malheureux dont Berlier avait entrepris la défense [1].

Ce conseiller d'État était convaincu, comme tous les hommes que leurs fonctions rapprochaient du Premier Consul, qu'il était essentiellement d'un esprit opposé à toute réaction ; mais il craignait plus les jacobins que les royalistes. Il disait alors : « Avec une compagnie de grenadiers je mettrais en fuite tout le faubourg Saint-Germain ; les jacobins sont des gens déterminés, qu'il n'est pas aussi facile de faire reculer. » Il avait dit dans la

[1] Destrem mourut à l'île d'Oléron, en 1803, au moment où son fils venait d'obtenir sa mise en liberté.

Talot, plus heureux, jouit de ce retour à la justice et fut même employé en 1809.

séance du conseil d'État du 11 nivôse : « La chouannerie et l'émigration sont des maladies de peau, et le terrorisme est une maladie de l'intérieur. »

CHAPITRE III.

LE ROI D'ÉTRURIE A PARIS, AU MOIS DE MAI 1801.

Le général Bonaparte avait fait plusieurs républiques : le Premier Consul hasarda de faire un roi. Par une convention passée avec l'Espagne, la Toscane, cédée au duc de Parme par le traité de Lunéville, fut érigée en royaume.

Ce nouveau roi, Louis I, infant d'Espagne, vint à Paris avec son épouse[1], sous le nom de *comte de Livourne*. On s'occupa beaucoup de ces deux personnages.

Talleyrand leur donna une fête à Neuilly (19 prairial); c'était la nuit; tout était illuminé; on commença par un concert. Le fond de la salle s'ouvrit, on vit la place de Florence, le palais Pitti, une fontaine, une colonne. Des Toscans s'y livraient à des jeux, à des danses, et chantèrent des couplets dont leurs majestés étaient l'objet. Elles descendirent dans le jardin et se trouvèrent au milieu de leurs sujets. Des fusées, des bombes et des feux donnèrent encore plus d'éclat à ce

---

[1] Marie-Louise, sœur de Ferdinand VII, roi d'Espagne, et depuis duchesse de Lucques.

touchant tableau. Il y eut, dans cinq salles, un souper trois fois renouvelé; un bal magnifique termina cette féerie.

Le 23 vint le tour du ministre de l'intérieur, Chaptal. Trois cents femmes étaient réunies dans la superbe galerie du ministère. On joua la comédie; la décoration du théâtre représentait encore la ville de Florence. On exécuta des chants italiens. Le jardin était illuminé; on y avait construit un village. Les paysans y chantaient des chœurs; des harmonies invisibles se faisaient entendre de toutes parts. Un temple de mémoire s'élevait sur le sommet d'un monticule; Apollon et les Muses y célébraient les arts et la gloire. Après le souper on retourna dans la galerie où les nymphes et les bergers de l'Opéra dansèrent des quadrilles. Une danseuse présenta au comte de Livourne un bouquet qui, en passant dans son auguste main, prit, comme par enchantement, la forme d'une couronne, accompagnée d'une pièce de vers du poète Esmenard. La soirée se termina par un bal.

Le 25, c'était l'anniversaire de la bataille de Marengo; cette journée allait de droit au ministre de la guerre. La fête s'ouvrit par un bal. A minuit on passa dans le jardin; c'était un camp, tout l'appareil guerrier, des tentes sous lesquelles on soupa, et où les dames étaient servies par des officiers. Un ballon fut lancé et s'éleva en sillonnant l'épaisseur de la nuit du nom de *Marengo*. Le bal recommença et dura jusqu'au jour.

On conduisit les illustres hôtes dans les établissements publics : le 21, à une séance de la classe des sciences mathématiques et physiques de l'Institut, où Chaptal, Fourcroy, Laplace, Sage, Cuvier, Lalande et Dolomieu firent des lectures; le 22, au Conservatoire de musique, et le 23, à la Monnaie. Une médaille y fut frappée en présence du roi et de la reine, et leur fut offerte par le ministre de l'intérieur. Elle était en or, et du poids d'une once. Elle représentait d'un côté le génie de la France offrant une fleur, au bas, la date du 21 *prairial an IX*; en exergue, *A Marie-Louise-Joséphine*; au revers, un livre ouvert, avec ces mots *Code Toscan*, reposait sur un faisceau, emblème de la force, orné d'un caducée, d'une balance et d'un glaive, environnés de fleurs; au bas, la date du 10 juin 1801, et pour exergue, *Au Roi d'Étrurie*.

Pour qui se mettait-on en frais de tant de flatteries, qui étaient en si grande contradiction avec les principes de la république? A qui livrait-on, sans leur consentement, les peuples de la Toscane? Il faut entendre le Premier Consul lui-même caractériser ce nouveau roi de sa façon, et donner le motif de toutes ces pompeuses démonstrations. Il dit à la Malmaison, devant plusieurs personnes:

« C'est encore un pauvre roi. On n'a pas d'idée de son insouciance. Je n'ai pas pu obtenir de lui, depuis qu'il est ici, qu'il s'occupât de ses affaires, ni qu'il prît une plume. Il ne pense qu'à ses plaisirs, au spectacle, au bal. Ce pauvre M. d'Azara (1), qui est un homme de mérite, s'est mis en quatre et y perd ses peines. Le prince le traite avec fierté. Tous ces princes se ressemblent bien. Celui-ci se croit vraiment fait pour régner. Il est très-mauvais pour ses gens. Ils l'avaient déjà signalé au général Leclerc à Bordeaux, comme faux et avare. En venant dîner hier ici, il tomba du haut mal. Il était très-pâle quand il entra; je lui demandai ce qu'il avait; il me répondit que c'était un mal d'estomac. Ce sont ses gens qui dirent qu'il tombait du haut mal, et que cela lui arrivait assez souvent. Enfin, il va partir sans savoir seulement ce qu'il va faire. C'est d'ailleurs un homme aussi présomptueux que médiocre. Je lui ai donné une série de questions, il n'a pas pu y répondre. Sa femme a du tact et de la finesse, elle est aimée de ses gens. Quelquefois, ayant l'air occupé d'autre chose, j'observe et j'écoute le mari et la femme : elle lui dit, ou lui fait signe des yeux, comment il doit agir. Il était assez politique, au surplus, d'amener un prince dans les antichambres du gouvernement républi-

---

[1] Ambassadeur d'Espagne.

cain, et de faire voir aux jeunes gens qui n'en avaient pas vu, comment était fait un roi. Il y en a assez pour dégoûter de la royauté. »

Le roi d'Étrurie, après un mois de séjour à Paris, en partit pour la Toscane. Il fut installé sur son trône par Murat, et il justifia complétement l'opinion qu'en avaient conçue le Premier Consul et tout Paris.

CHAPITRE V.

LISTE DE NOTABILITÉ.

La constitution avait établi des listes de notabilité. C'était une espèce d'aristocratie destinée exclusivement aux emplois publics. Elle était réprouvée par l'opinion. On avait eu beaucoup de peine à lui donner une sorte d'organisation. C'était une religion mystérieuse avec un but secret, dont Rœderer était le grand-prêtre. Il l'avait encore embrouillée par ses réglements et ses instructions; elle faisait le désespoir des préfets.

Il s'agissait de savoir si les élections du cinquième sortant du tribunat et du corps législatif seraient faites par le sénat sur ces listes, et par conséquent si le gouvernement les lui enverrait. Cette question fut agitée au conseil d'État (14 pluviôse).

Rœderer : « L'article 14 de la constitution exigeait que les listes fussent formées en l'an IX, et l'article 38 que le renouvellement du corps législatif et du tribunat eût lieu en l'an X. Il est donc évident que les élections doivent être faites sur ces listes. C'est là le texte et l'interprétation franche et naïve de la constitution. Ce serait la violer que d'écarter ces listes. Pour colorer cette violation, il faudrait au moins quelque motif. Il n'y a pas même de prétexte. On allègue seulement que ces listes ne sont pas toutes parvenues au gouvernement, et que celles qui sont faites ont donné lieu à beaucoup de réclamations. Je réponds qu'il ne manque que huit ou dix listes. Leur absence ne peut pas paralyser toutes les autres; les citoyens qui s'y trouvent ont un droit acquis dont on ne peut pas les priver sans occasioner de grands mécontentements, et sans exciter des accusations contre le gouvernement. Quant aux réclamations, je les ai toutes vues. Elles ont été adressées au tribunat. Elles ne portent que sur des intérêts privés, et ne touchent nullement à l'intérêt général. Elles ne sont donc d'aucun poids. Il résulte d'ailleurs du rapport du ministre de l'intérieur que tout ce qu'il y a de citoyens honnêtes et capables est porté sur les listes, et je l'atteste personnellement pour les listes de Metz. Il est vrai qu'il n'en est pas ainsi pour Paris, où il y a beaucoup plus d'hommes instruits qu'ailleurs. »

EMMERY : « Je ne suis pas de cet avis, même pour les listes de Metz. Le système est mauvais. Leur formation a été le fruit de l'intrigue dans plusieurs départements. Le gouvernement ne peut pas les consacrer sans les avoir examinées, ainsi que les nombreuses réclamations qui se sont élevées. Si elles ne sont fondées que sur l'intérêt personnel, c'est qu'il est le plus actif. Il en surviendrait beaucoup dans l'intérêt général, si le gouvernement leur donnait le temps de paraître, en ajournant les listes. Ce délai le mettrait en état de prendre en connaissance de cause le parti le plus convenable. L'opinion publique est contre ces listes, parce qu'elles privent beaucoup de citoyens de ce qui les flatte le plus dans les résultats de la révolution, l'aptitude à toutes les fonctions publiques. Pour ne pas mécontenter cinq mille individus qui y sont inscrits, on en indispose un beaucoup plus grand nombre qui n'y sont pas. On a toujours pensé dans le conseil que le système était mauvais et qu'il ne recevrait point d'exécution. Sans contredit il ne serait pas impossible de faire pendant deux ou trois ans de bons choix sur ces listes. Mais ce résultat même confirmerait de plus en plus le système, et le gouvernement se trouverait plus embarrassé pour adopter une autre institution. »

Le Deuxième Consul : « Le mécontentement de ceux qui sont sur les listes est plus dangereux que celui des personnes qui n'y sont pas. »

Les uns parlent contre le système, les autres seulement contre son exécution actuelle.

Le Premier Consul : « L'institution est mauvaise ; c'est un système absurde, un enfantillage, de l'idéologie. Ce n'est pas ainsi qu'on organise une grande nation. Cinquante hommes, réunis dans un temps de crise pour faire une constitution, n'ont pas le droit d'aliéner les droits du peuple. La souveraineté est inaliénable. Cependant toute détestable que soit l'institution, elle est dans la constitution ; nous devons l'exécuter ; nous faisons notre devoir et preuve de bonne volonté. Les neuf dixièmes de ces listes ont été envoyés au gouvernement, il faut les laisser aller. Pendant leur exécution chacun en jugera, l'opinion se prononcera, et l'on agira suivant qu'elle se sera manifestée. D'ailleurs le peuple ne peut rester sans aucune espèce d'organisation. Il vaut encore mieux en avoir une mauvaise, que de n'en avoir pas du tout ; car un peuple n'est pas organisé parce que la constitution a créé des pouvoirs. Il faut au gouvernement des appuis intermédiaires ; sans cela un gouvernement n'a aucune prise sur la nation, aucun moyen de lui parler, ni de connaître son vœu. Il ne faut donc pas renoncer aux listes avant d'y avoir substitué autre chose. On convient qu'elles offrent une marge suffisante pour faire dans ce moment de bons choix. Enfin la constitution les a établies. Nous avons fait une loi organique. Toute la France s'est mise en mouvement pour l'exécuter. Dans les campagnes, on est allé à ces élections plus qu'à aucune autre. Nous ne devons pas mépriser ce mouvement du peuple ni son vœu, parce que Paris aura fait une mauvaise liste, et que Paris compte les départements pour rien. »

Regnault, Réal, Devaines combattent cette idée du Premier Consul, que c'est par l'exécution des listes que l'on parviendra plus facilement à provoquer les réclamations et à connaître l'opinion publique. Au contraire l'exécution leur donnera plus de force.

Le Premier Consul.: « Eh bien si les listes sont favorablement accueillies et si l'opinion les consacre, tant mieux. Il vaut peut-être mieux pour le gouvernement avoir affaire à cinq mille individus qu'à toute la nation. Quel mal y a-t-il donc de marcher deux ou trois ans avec ces listes? c'est la seule influence du peuple dans le gouvernement. On verra lorsqu'il sera question de les renouveler. On avait d'abord cru l'article de la constitution inexécutable; et cependant nous avons fait une loi. Elle était bien difficile à comprendre; nous pensions qu'il n'y avait que le citoyen Rœderer qui l'entendit. Eh bien! le peuple s'est donné la peine de l'apprendre et de l'exécuter. Vous voudriez à présent annuler tout cela et manquer de respect à la nation qui a donné une grande preuve du sien pour votre loi ! »

Portalis : « Nous sommes tous d'accord que l'institution est mauvaise, nous différons d'avis seulement sur le meilleur moyen de la faire écrouler. Les uns croient que c'est par l'ajournement, les autres par l'exécution. Je pense qu'il faut, en tout état de cause, l'exécuter. »

Le conseil décide à la presqu'unanimité que les listes seront employées. Rœderer voyait dans les listes de notabilité une noblesse tout organisée pour le moment où pourrait se réaliser son système d'hérédité en faveur du Premier Consul. L'hérédité, se disait-il, étant une fois adoptée pour la première magistrature, il la faudra pour toutes les autres. La nouvelle noblesse doit sortir du même œuf. Mathieu Dumas était contre les listes, parce qu'il ne voulait pas d'une noblesse de la révolution et qu'il préférait l'ancienne.

Il était vrai, comme l'avait dit Emmery, que de nombreuses réclamations s'étaient élevées contre ces listes. Le tribunat, qui en avait reçu, ne leur avait donné aucune suite. Le Gouvernement envoya ces listes au sénat et lui annonça qu'ayant fait examiner les réclamations, il n'en avait trouvé aucune qui pût motiver une dénonciation.

Le sénat les fit publier (germinal).

CHAPITRE V.

LÉGION D'HONNEUR.

A la séance du conseil d'état du 14 floréal an X, le Premier Consul chargea Rœderer de lire le projet d'établissement de la légion-d'honneur, et en développa les motifs après la lecture.

« Le système actuel des récompenses militaires, dit le Premier Consul, n'est point régularisé. L'article 87 de la constitution assure des récompenses nationales aux militaires; mais il n'y a rien d'organisé. Un arrêté a bien établi une distribution d'armes d'honneur, ce qui emporte double paie et occasione une dépense considérable. Il y a des armes d'honneur avec augmentation de paie d'autres sans rétribution. C'est une confusion, on ne sait ce que c'est. D'ailleurs, il faut donner une direction à l'esprit de l'armée, et surtout le soutenir. Ce qui le soutient actuellement, c'est cette idée qu'ont les militaires qu'ils occupent la place des ci-devant nobles. Le projet donne plus de consistance au système de récompenses, il forme un ensemble; c'est un commencement d'organisation de la nation. »

Mathieu Dumas lit un mémoire pour soutenir l'institution proposée. Il combat le projet en ce qu'il admet les *citoyens* dans la légion-d'honneur. Il veut qu'elle soit toute *militaire*, pour soutenir cet esprit dans la nation et dans l'armée. « L'honneur et la gloire militaire ont toujours été en déclinant depuis la destruction du système féodal, qui avait assuré la prééminence aux militaires. » Telle est l'idée qu'il développe. Il termine en demandant qu'un citoyen ne puisse du moins être admis dans la légion-d'honneur, sans justifier qu'il a satisfait aux lois sur la conscription.

Le Premier Consul. « Ces idées pouvaient être bonnes au temps du régime féodal et de la chevalerie, ou lorsque les Gaulois furent conquis par les Francs. La nation était esclave, les vainqueurs seuls étaient libres, ils étaient tout, ils l'étaient comme militaires. Alors la première qualité d'un général ou d'un chef était la force corporelle. Ainsi Clovis, Charlemagne étaient les hommes les plus forts, les plus adroits de leurs armées ; ils valaient, à eux seuls, plusieurs soldats, un bataillon ; c'est ce qui leur conciliait l'obéissance et le respect. C'était conforme au système militaire du temps. Les chevaliers se battaient corps à corps, la force et l'adresse décidaient de la victoire. Mais quand le système militaire changea, quand on substitua les corps organisés, les phalanges macédoniennes, les masses, au système militaire des chevaliers, il en fut tout autrement ; ce ne fut plus la force individuelle qui décida du sort des batailles, mais le coup d'œil, la science, etc. On peut en voir la preuve dans ce qui se passa aux batailles d'Azincourt, de Crécy, de Poitiers. Le roi Jean et ses chevaliers succombèrent devant les phalanges gasconnes, comme les troupes de Darius devant les phalanges macédoniennes. Voilà pourquoi nulle puissance ne put arrêter la marche victorieuse des légions romaines.

« Le changement de système militaire, et non l'abolition du régime féodal, dut donc modifier les qualités nécessaires au général. D'ailleurs, le régime féodal fut aboli par les rois eux-mêmes, pour se soustraire au joug d'une noblesse boudeuse et turbulente. Ils affranchirent les communes et eurent des bataillons formés de la nation. L'esprit militaire, au lieu d'être resserré dans quelques milliers de Francs, s'étendit à tous les Gaulois. Il ne s'affaiblit point par là, au contraire il acquit de plus grandes forces. Il ne fut plus exclusif, fondé seulement sur la force individuelle et la violence, mais sur des qualités civiles. La découverte de la poudre à canon eut aussi une influence prodigieuse sur le changement du système militaire, et sur toutes les conséquences qu'il entraîna. Depuis cette révolution, qu'est-ce qui a fait la force d'un général? ses qualités civiles, le coup-d'œil, le calcul, l'esprit, les connaissances administratives, l'éloquence, non pas celle du jurisconsulte, mais celle qui convient à la tête des armées, et enfin la connaissance des hommes; tout cela est civil. Ce n'est pas maintenant un homme de cinq pieds dix pouces qui fera de grandes choses. S'il suffisait pour être général d'avoir de la force et de la bravoure, chaque soldat pourrait prétendre au commandement. Le général qui fait de grandes choses est celui qui réunit les qualités civiles. C'est parce qu'il passe pour avoir le plus d'esprit, que le soldat lui obéit et le respecte. Il faut l'entendre raisonner au bivouac; il estime plus le général qui sait calculer que celui qui a le plus de bravoure. Ce n'est pas que le soldat n'estime la bravoure, car il mépriserait le général qui n'en aurait pas. Mourad-Bey était l'homme le plus fort et le plus adroit parmi les mamelucks, sans cela il n'aurait pas été bey. Quand il me vit, il ne concevait pas comment je pouvais commander à mes troupes; il ne le comprit que lorsqu'il connut notre système de guerre. Les mamelucks se battaient comme les chevaliers, corps à corps et sans ordre; c'est ce qui nous les a fait vaincre. Si l'on eût détruit les mamelucks, affranchi l'Égypte, et formé des bataillons dans la nation l'esprit militaire n'eût point été anéanti; sa force, au contraire, eût été plus considérable. Dans tous les pays, la force cède aux qualités civiles. Les baïonnettes se baissent devant le prêtre qui parle au nom du ciel, et devant l'homme qui impose par sa science. J'ai prédit à des militaires qui avaient quelques scrupules, que jamais le gouvernement militaire ne prendrait en France, à moins que la nation ne fût abrutie par cinquante ans d'ignorance. Toutes les tentatives échoueront, et leurs auteurs en seront victimes. Ce n'est pas comme général que je gouverne, mais parce que la nation croit que j'ai les qualités civiles propres au gouvernement; si elle n'avait pas cette opinion, le gouvernement ne se soutiendrait pas. Je savais bien ce que je faisais, lorsque, général d'armée, je prenais la qualité de *membre de l'Institut*; j'étais sûr d'être compris même par le dernier tambour.

« Il ne faut pas raisonner des siècles de barbarie aux temps actuels. Nous sommes trente millions d'hommes réunis par les lumières, la propriété et le commerce. Trois ou quatre cent mille militaires ne sont rien auprès de cette masse. Outre que le général ne commande que par les qualités civiles, dès qu'il n'est plus en fonctions, il rentre dans l'ordre civil. Les soldats eux-mêmes ne sont que les enfants des citoyens. L'armée, c'est la nation. Si l'on considérait le militaire, abstraction faite de tous ces rapports, on se convaincrait qu'il ne connaît point d'autre loi que la force, qu'il rapporte tout à lui, qu'il ne voit que lui. L'homme civil, au contraire, ne voit que le bien général. Le propre du militaire est de tout vouloir despotiquement; celui de l'homme civil est de tout soumettre à la discussion, à la vérité, à la raison. Elles ont leurs prismes divers, ils sont souvent trompeurs, cependant la discussion produit la lumière. Je n'hésite donc pas à penser, en fait de prééminence, qu'elle appartient incontestablement au civil. Si l'on distinguait les honneurs en militaires et en civils, on établirait deux ordres, tandis qu'il n'y a qu'une nation. Si l'on ne décernait des honneurs qu'aux militaires, cette préférence serait encore pire, car dès-lors la nation ne serait plus rien. »

Ces principes, soutenus par une force d'éloquence et de raisonnement peu commune, étaient partagés par la grande majorité du conseil composé d'hommes civils, et avaient un poids immense dans la bouche du chef du Gouvernement, du premier général de l'armée. Dumas ne fut pas tenté de répondre. Personne ne prit la parole. On semblait craindre d'affaiblir l'impression produite par ce discours, et le Premier

Consul leva la séance pour laisser lui-même cette impression tout entière.

Mais on n'avait pas touché à la question la plus délicate, l'utilité ou les inconvénients de l'institution.

La discussion continua dans la séance du 18. Les adversaires du projet ne rejetaient pas tout système de récompenses et de distinctions. Les assemblées législatives en avaient décerné ; mais ils regardaient le projet comme un *ordre*, et le trouvaient contraire à l'esprit d'égalité, caractère essentiel de la république française. Il échappa à quelques orateurs de citer les Grecs et les Romains.

Berlier dit : « L'ordre proposé conduit à l'aristocratie ; les croix et les rubans sont les hochets de la monarchie. Je ne prendrai point pour exemple les Romains ; il existait chez eux des patriciens et des plébéiens. Ce n'était pas là un système de récompenses. C'était une organisation politique, une combinaison de classes qui pouvait avoir ses avantages et ses inconvénients. On était classé par la naissance et non par les services. Les honneurs, les récompenses nationales n'étaient que des distinctions passagères, ne changeaient rien aux classes et ne formaient point, de ceux qui les obtenaient, une classe particulière. Du reste, nous n'avons plus de classes, ne tendons pas à les rétablir. Les magistratures et les emplois doivent être, dans la république, les premières récompenses des services, des talents, des vertus. »

Berlier réfuta ensuite l'opinion de Dumas.

Le Premier Consul répondant à Berlier et surtout à ceux qui avaient cité les peuples anciens :

« On nous parle toujours des Romains ; il est assez singulier que, pour repousser les distinctions, on cite l'exemple du peuple chez lequel elles étaient le plus marquées. Est-ce là connaître l'histoire ? Les Romains avaient des patriciens, des chevaliers, des citoyens et des esclaves. Ils avaient pour chaque classe des costumes divers, des mœurs différentes. Ils décernaient en récompense toutes sortes de distinctions, des noms qui rappelaient des services, les couronnes murales, le triomphe. Ils employaient jusqu'à la superstition. Otez la religion de Rome, il n'y restait plus rien. Quand ce beau corps de patriciens n'exista plus, Rome fut déchirée ; le peuple n'était que la plus vile canaille ; on vit les fureurs de Marius, les proscriptions de Sylla et ensuite les empereurs. Ainsi l'on cite toujours Brutus comme l'ennemi des tyrans ; eh bien ! Brutus n'était qu'un aristocrate ; il ne tua César que parce que César voulait diminuer l'autorité du sénat pour accroître celle du peuple. Voilà comme l'ignorance ou l'esprit de parti cite l'histoire !

« Je défie qu'on me montre une république ancienne ou moderne dans laquelle il n'y ait pas eu de distinctions. On appelle cela des *hochets* ; eh bien ! c'est avec des hochets que l'on mène les hommes [1]. Je ne dirais pas cela à une tribune, mais dans un conseil de sages et d'hommes d'état, on doit tout dire. Je ne crois pas que le peuple français aime la *liberté* et l'*égalité* ; les Français ne sont point changés par dix ans de révolution ; ils sont ce qu'étaient les Gaulois, fiers et légers. Ils n'ont qu'un sentiment, l'*honneur* : il faut donc donner de l'aliment à ce sentiment-là, il leur faut des distinctions. Voyez comme le peuple se prosterne devant les décorations des étrangers : ils en ont été surpris, aussi ne manquent-ils pas de les porter.

« Voltaire a appelé les soldats des *Alexandre à cinq sous par jour*. Il avait raison ; ce n'est pas autre chose. Croyez-vous que vous feriez battre des hommes par l'analyse ? Jamais. Elle n'est bonne que pour le savant dans son cabinet. Il faut au soldat de la gloire, des distinctions, des

---

[1] « Les nations vieilles et corrompues ne se gouvernent pas comme les peuples antiques et vertueux. On sacrifie à l'intérêt, à la jouissance, à la vanité. Voilà un des secrets de la reprise des formes monarchiques, du retour des titres, des croix, des cordons, colifichets innocents, propres à appeler les respects de la multitude, tout en commandant le respect de soi-même. »

(*Mémorial de Las-Cases.*)

récompenses. Les armées de la République ont fait de grandes choses, parce qu'elles étaient composées de fils de laboureurs et de bons fermiers et non de la canaille; parce que les officiers avaient pris la place de ceux de l'ancien régime, mais aussi par sentiment d'honneur. C'est par le même principe que les armées de Louis XIV ont aussi fait de grandes choses. On peut appeler, si l'on veut, le projet un *ordre;* les mots ne font rien à la chose. Mais enfin, pendant dix ans, on a parlé d'institutions; qu'a-t-on fait? Rien. Le temps n'était pas arrivé. On avait imaginé de réunir les citoyens dans les églises, pour geler de froid à entendre la lecture des lois, les lire et les étudier. Ce n'est pas déjà trop amusant pour ceux qui doivent les exécuter; comment pouvait-on espérer d'attacher le peuple par une semblable institution? Je sais bien que si, pour apprécier le projet, on se place dans la calotte qui renferme les dix années de la révolution, on trouvera qu'il ne vaut rien; mais si l'on se place après une révolution, et dans la nécessité où l'on est d'organiser la nation, on pensera différemment. On a tout détruit, il s'agit de recréer. Il y a un gouvernement, des pouvoirs; mais tout le reste de la nation, qu'est-ce? des grains de sable. Nous avons au milieu de nous les anciens privilégiés, organisés de principes et d'intérêts, et qui savent bien ce qu'ils veulent. Je peux compter nos ennemis. Mais nous, nous sommes épars, sans système, sans réunion, sans contact. Tant que j'y serai, je réponds bien de la République; mais il faut prévoir l'avenir. Croyez-vous que la République soit définitivement assise? Vous vous tromperiez fort. Nous sommes maîtres de la faire, mais nous ne l'avons pas, et nous ne l'aurons pas, si nous ne jetons pas, sur le sol de la France, quelques masses de granit. Croyez-vous qu'il faille compter sur le peuple? Il crie indifféremment Vive le roi, vive la ligue! Il faut donc lui donner une direction, et avoir pour cela des instruments. J'ai vu, dans la guerre de la Vendée, quarante hommes maîtriser un département; c'est ce système dont il faut nous emparer.

« Enfin, l'on convient qu'il nous faut des institutions; si l'on ne trouve pas celle-là bonne, qu'on en propose donc d'autres. Je ne prétends pas qu'elle doive seule sauver la République, mais elle y jouera son rôle. »

Le second consul appuie le projet, et s'attache principalement à prouver que la constitution ne réprouve point les distinctions.

Portalis le soutient aussi, et développe les principes de J.-J. Rousseau sur l'influence et la nécessité des signes.

Le projet fut discuté dans une autre séance du conseil où n'était pas le Premier Consul.

Il présida celle du 24. Il dirigea la discussion vers la rédaction et des objets de détail, comme si le fond eût été adopté; il ne le mit point aux voix, et proposa tout de suite la question de savoir s'il fallait envoyer le projet au corps législatif, vu le peu de temps que devait encore durer la session.

Thibaudeau. « C'est une loi très-importante et un système diamétralement opposé aux principes professés pendant la révolution. L'abolition des distinctions n'a point eu lieu dans ces temps désastreux qui jettent tant de défaveur même sur les meilleures choses. C'est l'Assemblée constituante qui l'a décrétée, à une des époques les plus honorables de la révolution. La nation a un sentiment profond de l'honneur, mais ce sentiment même lui fait par-dessus tout aimer *l'égalité.* Ce sont ces deux mobiles, combinés avec l'amour de la liberté, de la patrie et de son indépendance, qui donnèrent la victoire aux premières armées de la République. Je ne vois pas qu'avec la Légion-d'Honneur elles eussent fait de plus grands prodiges. Considérée comme garantie de la révolution, l'institution me paraît aller contre son but, et, comme corps intermédiaire, partir d'un principe inapplicable au gouvernement représentatif. Je crains que l'amour des rubans n'affaiblisse le sentiment du devoir et l'honneur lui-même, au lieu de les accroître et de les fortifier. Je respecte les motifs qu'on a développés dans la discussion en faveur du projet, ils sont imposants; mais j'avoue que je conserve encore quelques doutes. Il est à désirer qu'une semblable institution ne soit établie qu'avec l'assentiment bien éclairé et bien prononcé des premiers corps de l'état et de la nation. La session du corps législatif doit finir dans deux ou trois jours, convient-il de lui envoyer un projet de loi qui exige les plus sérieuses méditations? Je ne le pense pas. Je prévois qu'il éprouvera de vives oppositions. Il me semblerait plus prudent de l'ajourner. »

Portalis, Dumas, Rœderer combattirent l'ajournement. Le Premier Consul le mit aux voix; il fut rejeté par 14 voix contre 10. Lacuée, Emmery, Berlier, Berenger, Thibaudeau, Jolivet, Defermon, Cretet et Réal votèrent pour l'ajournement, parce qu'ils étaient contre le projet.

Il fut porté, le 25, au corps législatif. Rœderer le fit précéder d'un court résumé des motifs.

« C'est une institution auxiliaire de toutes nos lois républicaines et qui doit servir à l'affermissement de la révolution. Elle paie aux services militaires, comme aux services civils, le prix du courage qu'ils ont tous mérité. Elle les confond dans la même gloire, comme la nation les confond dans sa reconnaissance. Elle unit par une distinction commune des hommes déjà unis par d'honorables souvenirs ; elle convie à de douces affections des hommes qu'une estime réciproque disposait à s'aimer. Elle met sous l'abri de leur considération et de leurs serments nos lois conservatrices de l'égalité, de la liberté, de la propriété. Elle efface les distinctions nobiliaires qui plaçaient la gloire héritée avant la gloire acquise, et les descendants des grands hommes avant les grands hommes. C'est une institution morale qui ajoute de la force et de l'activité à ce ressort de l'honneur qui meut si puissamment la nation française. C'est une institution politique qui place dans la société des intermédiaires par lesquels les actes du pouvoir sont traduits à l'opinion avec fidélité et bienveillance, et par lesquels l'opinion peut remonter jusqu'au pouvoir. C'est une institution militaire qui attirera dans nos armées cette portion de la jeunesse française qu'il faudrait peut-être disputer, sans elle, à la mollesse, compagne de la grande aisance. Enfin c'est la création d'une nouvelle monnaie d'une bien autre valeur que celle qui sort du trésor public ; d'une monnaie dont le titre est inaltérable et dont la mine ne peut être épuisée, puisqu'elle réside dans l'honneur français ; d'une monnaie qui peut seule être la récompense des actions regardées comme supérieures à toutes les récompenses. »

Lucien Bonaparte, rapporteur de la commission du tribunat, lui proposa l'adoption du projet. Savoye-Rollin le combattit dans un discours fort de principes et de faits, et qui produisit une grande sensation. Chauvelin compléta le système d'attaque par une opinion non moins bien raisonnée.

Voici les principales objections. La Légion-d'Honneur renferme tous les éléments qui ont fondé parmi tous les peuples la noblesse héréditaire; on y trouve des attributions particulières, des pouvoirs, des honneurs, des titres et des revenus fixes. Presque nulle part la noblesse n'a même commencé avec autant d'avantages [1]. On ne peut être rassuré par le progrès des lumières et la différence des temps. Le cœur humain ne change pas. Les mêmes circonstances le font retomber dans les mêmes erreurs et lui font éprouver les mêmes penchants. La Légion reproduira donc des préjugés mal éteints, honorés dans toute l'Europe, et ces préjugés fortifieront l'influence militaire et les idées nobiliaires qui en sont toujours découlées, et introduiront un esprit particulier dans l'esprit général. Sous prétexte d'effacer toute noblesse, la Légion en fait naître une nou-

---

[1] La noblesse suivit la Légion-d'Honneur.

velle et réhabilite forcément l'ancienne. Comme corps *intermédiaire*, la Légion est au moins une superfluité. Les corps intermédiaires sont de quelqu'utilité dans les états despotiques; mais dans un gouvernement représentatif et chez un peuple assez heureux pour posséder une discussion publique de ses lois, les véritables, les seuls intermédiaires entre lui et son gouvernement, ce sont les corps constitués. L'institution est contraire à l'esprit et aux principes de la République et au texte de sa constitution.

Fréville défendit le projet, et Lucien Bonaparte répliqua à ses adversaires comme un jeune présomptueux, fort des liens qui l'attachaient au Premier Consul : il prêta à ceux qu'il combattait des intentions criminelles, les accusa d'attaquer le Gouvernement, parla de l'indignation qu'il éprouvait, et déversa une partie de sa bile sur la nation elle-même qu'il voulut flétrir par l'épithète de *pitoyable*. L'imprudence de l'orateur enleva beaucoup de voix au projet. Il ne fut adopté que par 56 suffrages contre 38.

La discussion recommença au corps législatif, mais là elle ne fut plus contradictoire. Les trois orateurs du Gouvernement, et les trois orateurs du tribunat chargés uniquement de défendre le projet, accumulèrent tout ce qu'il fut possible de réunir de moyens et de considérations en sa faveur. La discussion fut terminée par une allusion que Dumas puisa dans un trait de l'histoire romaine relatif à Marcus Claudius Marcellus qu'on appela l'*Épée de Rome*.

« Eh bien, s'écria l'orateur, notre *Marcellus*, notre consul, dont le peuple vote en ce moment la perpétuelle magistrature, celui qui protégea les sciences et les arts au milieu des horreurs de la guerre, qui, sous les ailes de la victoire, les fit revivre en Égypte, dans leur premier berceau, d'où les Grecs et Archimède les avaient reçus, enfin notre *Épée de France* vous propose, pontifes de la loi, d'élever un double temple à l'honneur et à la vertu. »

Les pontifes votèrent sur le projet, et malgré tout ce que l'éloquence avait pu imaginer pour entraîner leurs suffrages, la Légion-d'Honneur ne fut consacrée que par 166 voix contre 110.

Une victoire si vivement disputée et péniblement arrachée à deux corps qui venaient de subir une épuration, ne flatta pas beaucoup le Premier Consul. Le conseiller d'état N... lui dit : « Vous voyez que les conseillers d'état qui votaient l'ajournement avaient quelque raison. C'est toujours une chose fâcheuse qu'une aussi forte opposition. »

Il répondit : « C'est vrai, il eût mieux valu attendre. On n'a pas donné assez de temps. Cela n'était pas si urgent. Les orateurs qui ont défendu le projet n'ont pas donné les bonnes raisons. »

Ainsi la Légion-d'Honneur ne fut adoptée :

Au Conseil d'État que par 14 voix contre 10
Au Tribunat. 56. 38
Au Corps législatif. . . 166. 110
                         236   158

Majorité. 78

Nulle institution n'éprouva une opposition plus imposante.

CHAPITRE VI.

ÉMIGRÉS.

La constitution de l'an VIII avait maintenu les lois sur les émigrés; cependant, rassurés par les principes du gouvernement consulaire, ils se présentèrent de toutes parts pour rentrer dans leur patrie. Une commission fut nommée pour examiner les demandes en radiation, et les membres de l'Assemblée constituante furent, par une décision particulière, placés en première ligne pour être rayés. Une loi fut rendue pour clore la liste des émigrés.

Pendant la campagne de Marengo, la commission proposa des radiations, et le consul Cambacérès les signa en l'absence du Premier Consul. Au nombre des émigrés rayés se trouvaient quelques grands noms, des gens qui avaient porté les armes contre la France.

A son retour d'Italie, le Premier Consul en montra beaucoup d'humeur. Il réprimanda vigoureusement la commission, les ministres, le second consul, et ordonna diverses mesures pour éviter à l'avenir cet abus. Il manda le conseiller d'état Berlier, pour savoir s'il n'était pas possible de révoquer les radiations faites évidemment au mépris des lois et des intentions du Gouvernement.

Berlier commença par disculper le second consul, comme n'ayant agi et signé que d'après l'avis d'hommes dont le civisme et la probité n'étaient point suspects, et ajouta que, très-vraisemblablement, les commissaires n'avaient fait qu'appliquer les lois d'après les formalités prescrites.

Sur la table du Premier Consul étaient plusieurs dossiers. Berlier en parcourut un. Les certificats de résidence étaient en bonnes formes, et il les montra au Premier Consul, qui s'écria : « Il faudrait pendre ces témoins-là ! »

Quand il fut un peu calmé, Berlier reprit la parole, d'abord pour la justification du second consul et de la commission, et dit qu'il lui semblait impossible de révoquer les arrêtés, sans diriger d'abord des poursuites criminelles contre les certificateurs, et sans les faire condamner comme *faux témoins* ; après quoi, les arrêtés pourraient être rapportés comme *subreptices*, et *rendus sur de fausses pièces*. « Prendra-t-on cette voie ? continua Berlier. Je manque de données assez sûres pour le conseiller. Je maintiendrais donc ce qui est fait et recommanderais plus de circonspection pour ce qui reste à faire. La République ne périra pas pour garder dans son sein cinq à six ennemis de plus; elle en a, par milliers, vaincu ou comprimé bien d'autres. »

Le Premier Consul se rendit avec peine à cet avis, et fit ensuite tomber la conversation sur la matière de l'émigration en général.

« C'est un dédale, dit-il, comment en sortir ? Il y a peut-être plus de cent mille noms sur ces malheureuses listes : il y a de quoi tourner la tête. Dans cette confusion, les plus considérables et les plus hostiles se tirent d'embarras. Ils ont, plus que les autres, de quoi acheter des témoins. Ainsi, un duc est rayé et un pauvre laboureur maintenu. C'est un pitoyable contre-sens. Je voudrais qu'on éliminât le fretin, en classant les individus d'après certains caractères qui feraient descendre la faveur sur les plus basses classes, au lieu de la faire remonter vers les plus élevées. C'est à celles-ci qu'appartiennent les émigrés de 1789 et de 1791, *vrais criminels de lèse-nation*. Il faudrait réduire les listes des trois quarts aux noms vraiment hostiles; alors ils seraient mieux signalés, ils n'échapperaient plus, ils ne se sauveraient pas dans l'eau trouble. »

Partant de cette idée, la conversation continua sur les moyens d'exécution. On prit pour bases principales la condition des individus et les époques de leur sortie du territoire. Mais un travail de cette espèce n'était pas de nature à être improvisé. « Nous le mûrirons, » dit le Premier Consul, en congédiant Berlier.

Celui-ci alla de suite rendre compte de cet entretien au consul Cambacérès, qui, apprenant que la colère du Premier Consul était apaisée, en reçut un soulagement sensible, et se mit lui-même à tracer sur l'élimination quelques idées pour les soumettre au Premier Consul.

Ce travail parut au commencement de l'an IX; un arrêté du 28 vendémiaire fut adopté au conseil d'état. Il divisait les émigrés en deux classes; la première, la plus nombreuse, devait être éliminée de la liste; la seconde y était maintenue.

Lors de la discussion, le second consul ne se montra pas favorable à cette mesure; mais son opposition fut étouffée par la majorité. Il dit, en s'adressant aux plus chauds défenseurs de l'arrêté : « Vous n'avez, dans ce moment, d'autre but que de faire rentrer chacun quinze ou vingt émigrés; mais quand ils seront ici, vous verrez ce qui en arrivera; vous n'en serez plus maîtres. »

Il dit même à cette occasion au Premier Consul: « L'existence du Gouvernement sera toujours précaire, tant qu'il n'aura pas autour de lui quelques centaines de familles de la révolution, réunissant de la fortune, des places, de la considération, pour contrebalancer l'émigration. »

L'arrêté du 28 vendémaire an 9 était une vaste porte ouverte à l'émigration; cependant elle se trouvait encore trop étroite pour tous les émigrés qui voulaient rentrer. C'était un combat continuel entre eux et l'autorité. Le ministre de la police faisait sonner bien haut l'arrestation et le renvoi de quelques émigrés rentrés sans autorisation, ou qui inquiétaient les acquéreurs de leurs biens, et en même temps il accordait de toute main des surveillances à tous ceux qui en demandaient, sans avoir égard à la distinction faite par l'arrêté du 28 vendémiaire.

Au conseil d'état, on discutait le code civil. Le titre de la jouissance des *droits civils* touchait à la question de l'émigration. Les rédacteurs du code l'avaient éludée, ou plutôt ils faisaient implicitement abroger les lois sur les émigrés par les dispositions du code.

Le Premier Consul dit : « Dans tous les pays, dans tous les siècles, il y a eu des lois semblables à celles des émigrés. Il faut donc rappeler ces lois et les maintenir; on ne doit pas hésiter à convenir qu'il y a de ces lois qui appartiennent aux maladies du corps politique. »

Le consul Lebrun dit que c'étaient des lois révolutionnaires.

« Quel pays, répliqua vivement le Premier Consul, n'a pas ses lois révolutionnaires? Est-ce l'Angleterre? Voyez sa loi du Test, ses lois sur les Irlandais. Révolutionnaires! C'est un mot. Il y a cinq ou six mille émigrés qu'on ne doit pas laisser rentrer pour troubler les propriétaires, à moins qu'ils ne passent sur nos cadavres. »

- Mais les éliminations et les surveillances continuaient ; elles avaient déjà ramené en France beaucoup de ces cinq à six mille émigrés qu'il paraissait être alors dans l'intention du Premier Consul de maintenir sur la liste.

Le Premier Consul apporta au conseil d'état (24 thermidor an 9) un projet d'arrêté qui prohibait la levée du séquestre sur les bois de 300 arpents et au-dessus appartenant aux émigrés. Il dit : Des émigrés rayés coupent leurs bois, soit par besoin, soit pour emporter l'argent à l'étranger. Je ne veux pas que les plus grands ennemis de la République, les défenseurs des vieux préjugés, recouvrent leur fortune et dépouillent la France. Je veux bien les recevoir, mais il importe à la nation de conserver les forêts. La marine en a besoin. Leur destruction est contraire à tous les principes d'une bonne économie. Nous ne devons pas garder les bois sans indemnité. On la paiera quand on pourra et progressivement. Ce sera d'ailleurs un moyen, en faisant traîner ce paiement, de tenir les émigrés sous la main du Gouvernement. »

Defermon dit que les émigrés rayés les premiers seraient les mieux traités, quoiqu'ils ne fussent pas les plus favorables.

Regnault parut improuver l'arrêté, et le représenta comme un résultat forcé de l'abus des radiations.

Le Premier Consul : « J'aime bien à entendre crier contre les radiations. Mais vous-même combien n'en avez-vous pas sollicité ? Cela ne peut pas être autrement. Il n'y a personne qui n'ait sur les listes un parent ou un ami. D'ailleurs il n'y a jamais eu de listes d'émigrés, il n'y a que des listes d'absents. La preuve, c'est qu'on a toujours rayé. J'ai vu sur ces listes des membres de la Convention même et des généraux. Le citoyen Monge y était inscrit. Ce sont des figures de rhétorique que vous nous faites-là. Si vous étiez ministre ou gouvernant, vous feriez tout comme nous. Avant de crier contre le Gouvernement, il faudrait se mettre à sa place. »

Defermon : « Il conviendrait au moins d'accorder des aliments aux enfants, pour ménager l'opinion publique. »

Le Premier Consul : Que m'importe l'opinion des salons et des caillettes ? Je ne l'écoute pas. Je n'en connais qu'une, c'est celle des gros paysans :

tout le reste n'est rien. Il ne faut pas considérer cette question sous le rapport du droit civil, elle est toute politique. Quand je suis arrivé au Gouvernement, je ne connaissais pas la législation sur les émigrés. Sièyes se moquait de moi. C'est une chose faite, on pourra pourvoir par chaque arrêté à l'intérêt des familles. »

Quelques membres croyaient qu'il conviendrait de faire une loi et demandaient le renvoi à la section des finances.

LE PREMIER CONSUL : « Je ne veux point de loi ; il faudrait dire des vérités dangereuses. Je n'ai point voulu renvoyer le projet à la section, il aurait traîné ; il est urgent d'arrêter la dévastation des bois. On aurait imputé cette mesure à quelques-uns de vous ; elle est de moi seul et je veux qu'on le sache. »

Le conseil adopta l'arrêté à la presque unanimité.

Le Premier Consul en présenta ensuite un autre relatif aux maisons affectées à un service public.

REGNAULT : « Je vais plus loin ; je soutiens que l'affectation à un service public équivaut à une vente. »

LE PREMIER CONSUL : « Voilà comme vous êtes ; quand on veut venir au secours des émigrés, vous trouvez qu'on n'en saurait pas assez faire ; et quand on les attaque, vous ne savez pas vous arrêter. »

Le conseil adopta le second projet à l'unanimité.

Le 12 vendémiaire, après une sortie sur les théophilantropes, le Premier Consul continua en ces termes : « Qu'est-ce que ce pamphlet de *Lasalle* sur l'arrêté relatif aux bois des émigrés [1] ? On laisse circuler ce mauvais livre. Je ne l'ai pas lu, mais j'en ai vu l'analyse dans la *Gazette française*. On nomme les libraires chez lesquels cela se débite. J'avais cru d'abord que c'était ce *Delille Desalle* membre de l'institut qui nous avait proposé de consulter le peuple français pour savoir s'il voulait des Bourbons : c'est un fou. Mais cet autre Lasalle est un homme de police. » Et s'adressant à Fouché : « Vous m'avez toujours proposé cet homme-là pour être commissaire général de police à Brest, à Marseille. Enfin vous me l'avez fait nommer à Brest, et il a fallu le destituer. »

FOUCHÉ : « Ce n'est pas moi qui vous l'ai proposé, je vous dirai qui c'est. »

LE PREMIER CONSUL : « Cet homme-là dit que ce sont les généraux qui m'environnent qui m'ont fait prendre cet arrêté ; il faut donc que toute

---

[1] Voici le titre de cet ouvrage : *Sur l'arrêté des consuls du 24 thermidor, relatif aux lois des prévenus d'émigration ;* par Henri Lasalle. Paris, 1801, in-8°. En 1815, après le retour de Bonaparte, Fouché nomma M. Lasalle un des huit commissaires généraux de police qui furent envoyés dans les départements.

l'Europe croie que j'ai un conseil de caporaux ? Il n'y a pas en France un homme plus civil que moi. C'est d'ailleurs faire injure aux généraux. Que cet homme eût discuté l'arrêté, quoique cette mesure soit fondée sur l'intérêt de l'état, à la bonne heure ; mais qu'il vienne calomnier, on ne peut pas souffrir cela. Si c'eût été un chouan, vous l'auriez déjà mis au Temple. Je vois bien le système et où l'on veut me mener. Je trouve ces gens-là partout. Voilà le pain qui renchérit ; tout de suite ils sont en mouvement : on me jette tout cela en même temps devant moi. Eh bien ! je prendrai mon sabre et je couperai le nœud gordien... On me laisse faire un journal par un Méhée, un homme qui a fait le 2 septembre. J'ai le tout signé de sa main. Voilà les gens que l'on protège ! Est-ce que je devrais me mêler de toutes ces choses-là ? Est-ce que la police ne devrait pas y pourvoir ? Je ne devrais pas en entendre parler. »

Fouché : « La police veille. »

Le Premier Consul : « Et moi aussi. Est-ce que vous croyez que, parce que je suis à Malmaison, je ne sais rien ? Je ne me repose pas sur la police. Je fais ma police moi-même, et je veille jusqu'à deux heures après minuit.

Fouché : « Lasalle n'est point un patriote, c'est un intrigant ; il s'est jeté dans les bras des émigrés ; si je l'avais fait mettre au Temple, je lui aurais donné de l'importance. D'ailleurs, c'est mon ennemi personnel..... »

Six mois après fut rendu le sénatus-consulte qui amnistia les émigrés.

Sur le rapport de Boulay, le conseil d'état décida que les émigrés amnistiés ne devaient pas avoir les biens qui leur étaient échus par succession pendant leur émigration, et qu'ils devaient appartenir à la nation qui les avait recueillis en leur lieu et place.

Le Premier Consul ordonna aux sections réunies de finances et de législation de résoudre plusieurs questions relatives aux émigrés, et de régler un mode de liquidation de leurs créanciers.

Ils demandaient toujours la restitution des lots de pré-succession, des successions recueillies à leur place par la nation et de celles échues depuis le sénatus-consulte d'amnistie.

Les sections furent d'avis qu'il n'y avait pas lieu à faire cette restitution, 1° Parce que le sénatus-consulte d'amnistie ne leur rendait que *leurs biens*, et que les biens mentionnés plus haut n'avaient jamais appartenu aux émigrés et n'avaient jamais été *leurs*. 2° Que pour décider autrement, il aurait fallu que le sénatus-consulte eût détruit rétroactivement l'effet de la mort civile, et qu'il avait au contraire confirmé ce principe. 3° Que l'amnistie, quoique générale, ne s'appliquait à aucun en particulier et que ses effets ne commençaient à courir que du jour où les certificats avaient été délivrés. Quant aux dettes des émigrés, les sections étaient d'avis qu'il fallait autoriser les créanciers à poursuivre leurs débiteurs auxquels on rendait des biens, et ne liquider qu'en cas d'insuffisance ou de maintenue sur la liste.

Treilhard et Defermon présentèrent cet avis au conseil.

Petiet et le consul Lebrun surtout attaquèrent l'interprétation donnée au mot *leurs* employé dans le sénatus-consulte. Ils prétendirent que c'était une chicane de mots.

On leur opposait le principe de la mort civile.

LE PREMIER CONSUL : « J'ai à proposer une idée qui pourrait mettre tout le monde d'accord. Il ne faut pas que la nation rende ces biens ; elle doit les affecter spécialement au paiement des créanciers. »

On discuta long-temps le mode d'exécution de ce système qui présentait beaucoup de difficultés ; mais le Premier Consul insista fortement sur ce qu'il ne fallait pas que l'état maintînt de confiscation au préjudice des créanciers, dont par ce moyen on faisait des partisans des émigrés et des ennemis du Gouvernement. La matière fut renvoyée aux sections. Il y fut ensuite statué par un arrêté du 3 floréal, portant que les successions directes auxquelles la République était appelée par représentation d'émigrés et qui s'ouvriraient à compter du 1er messidor prochain, ainsi que les successions collatérales échues postérieurement à la loi de messidor an 7, seraient recueillies par les parents regnicoles ; que toutes créances de la République contre des émigrés, antérieures à l'amnistie, étaient éteintes, s'il était justifié que le trésor public en eût reçu l'équivalent ; que les biens d'émigrés échus à la République étaient spécialement affectés à leurs créanciers.

CHAPITRE VII.

CONSCRIPTION DE TERRE ET DE MER. — ÉCOLE MILITAIRE.

Le Premier Consul ne s'endormait point au sein de la paix. Il voulait maintenir la France à la tête de l'Europe, et il savait bien que le plus sûr moyen d'y parvenir était de conserver l'armée sur un pied respectable.

La section de la guerre avait présenté au conseil d'état un projet de loi d'après lequel tous les jeunes gens de la conscription auraient été classés militairement, soumis aux réglements militaires, et commandés, avant leur incorporation dans l'armée, par des officiers réformés. C'était transformer les conscrits en mamelucks. Emmery et Thibaudeau combattirent ce projet, comme nuisible à l'étude des arts et des sciences, au commerce et aux professions libérales. Le projet fut représenté avec quelques modifications; mais le système était au fond resté le même.

LE PREMIER CONSUL: « On dit que l'emploi des officiers réformés n'occasionera pas une grande dépense. Je sais ce qu'il en est. Lorsqu'ils seront en pied, ils nous accableront de demandes en augmentation de traitements. On finira par céder au bout de deux ou trois mois. C'est ainsi que cela s'est pratiqué pour ceux de ces officiers appelés aux conseils de guerre. D'ailleurs, les officiers réformés ne songeront qu'à se conserver leurs bataillons de conscrits sur les lieux pour la gloriole. Ils céderont aux affections locales, ils n'auront pas l'esprit de l'armée. J'ai une autre idée ; je crois que des officiers détachés des corps vaudraient mieux. Ils auront l'esprit de leurs corps, celui de l'armée ; ils seront intéressés à accélérer les levées et les départs des conscrits, à n'envoyer que des hommes de bonne espèce ; ils seront stimulés par la crainte des reproches de leurs supérieurs et par leur correspondance. Le ministre de la guerre, qui ne peut se mêler de ces détails, et est obligé de s'en remettre à ses bureaux, en sera déchargé. Tout se passera entre les chefs de corps et les officiers détachés. Ceux-ci auront encore plus de zèle pour réprimer la désertion.

« Quant à la désignation des hommes qui devront partir pour l'armée, je la laisserais aux autorités civiles. C'est une affaire municipale. Le militaire doit les recevoir du civil, et examiner seulement s'ils sont propres au service. Les autorités civiles sont moins capables d'injustice et moins susceptibles de corruption, que des militaires qui ne font que passer, et qui s'inquiètent fort peu de ce qu'on dira d'eux après leur départ.

« L'organisation de bataillons auxiliaires ne va point au but; au contraire, elle donnerait aux conscrits plutôt l'esprit de localité que celui de l'armée. D'ailleurs, que voulez-vous que nous fassions de tant d'hommes en temps de paix? Il ne faut lever que le nombre nécessaire pour compléter l'armée, et laisser tout le reste libre. J'ai bien besoin d'aller vexer, mécontenter.... Il faut songer aux arts, aux sciences, aux métiers... Nous ne sommes pas des Spartiates. On peut organiser seulement une réserve pour le cas de guerre. Vingt-cinq ou trente mille hommes par an suffisent.

« Quant au remplacement, il faut l'admettre. Chez une nation où les fortunes seraient égales, il faudrait que chacun servît de sa personne; mais chez un peuple dont l'existence repose sur l'inégalité des fortunes, il faut laisser aux riches la faculter de se faire remplacer. On doit seulement avoir soin que les remplaçants soient bons, et tirer quelqu'argent qui serve à la dépense d'une partie de l'équipement de l'armée de réserve des conscrits.

« Tous les autres détails sur le mode de recruter la cavalerie et l'artillerie sont inutiles. Tous les

Français sont également propres à ces sortes d'armes. La cavalerie aura plus d'hommes de bonne volonté qu'il n'en faudra. On doit seulement avoir soin de placer dans l'infanterie légère les hommes des pays de montagnes. Voilà comment je conçois le système. »

La grande majorité du conseil témoigna qu'elle y donnait son assentiment. Des membres de la section de la guerre, il n'y eut que Dumas qui essaya, mais sans succès, de défendre encore le projet de la section.

Un projet de loi fut rédigé d'après les idées du Premier Consul, et présenté dans la seconde session du corps législatif. Le Gouvernement y demandait une levée de 120,000 conscrits, savoir, 60,000 pour remplacer les militaires congédiés, et tenir l'armée au complet de paix, et 60,000 pour former une réserve. Le projet était même de la porter à 150,000 hommes en cas de guerre. Il confiait, comme amélioration, aux lois de la conscription, aux conseils de départements, d'arrondissements et de communes, la répartition du contingent et la réunion des conscrits. Cette loi fut adoptée sans difficulté.

CHAPITRE VIII.

COLONIES, PROJET DE REPRÉSENTATION COLONIALE.

On discuta au conseil d'état un projet d'organisation des ouvriers de la marine. Il y eut d'abord une assez longue conversation entre le Premier Consul et les sections de la guerre et de la marine. Le ministre de ce dernier département ne demandait que 800 ouvriers pris dans la conscription.

Le Premier Consul : « Un ministre n'est pas seulement ministre de la marine militaire, il l'est de la marine nationale en général. Vous avez des bois, des fers, des chanvres, et l'on ne construit pas. On n'a pas d'ouvriers; le commerce en manque. Il faut donc pousser les ouvriers de l'intérieur vers les côtes, pour l'état, pour le commerce. D'ailleurs, pour avoir 800 ouvriers, il faudrait en lever 2,000. Il serait plus convenable aussi d'avoir, pour chaque vaisseau de l'état, des corps de matelots enrégimentés, fixes comme pour l'armée de terre. »

Truguet : « Si vous avez du commerce il vous formera des matelots, et ils ne vous coûteront rien. Ce n'est que lorsqu'on n'a pas de commerce qu'il faut soigner les matelots et les enrégimenter ; mais en France on n'a pas besoin de cela ; d'ailleurs il faut bien plus de temps pour faire un matelot qu'un soldat de terre ; celui-ci on peut le faire dans 6 mois. »

Le Premier Consul: « C'est une erreur ; il serait très-dangereux de la propager ; elle nous menerait à n'avoir plus d'armée. A Jemmapes il y avait 50,000 Français contre 9,000 Autrichiens. On a fait la guerre pendant les quatre premières années d'une manière ridicule. Ce ne sont pas les recrues qui ont remporté les succès. Ce sont 180,000 hommes de vieilles troupes et tous les militaires retirés que la révolution a lancés aux frontières. Parmi les recrues, les uns ont déserté, les autres sont morts. Il en reste un certain nombre qui ont fait de bons soldats avec le temps. Pourquoi les Romains ont-ils fait de si grandes choses ? c'est qu'il leur fallait six ans d'éducation pour faire un soldat. Une légion de 3,000 hommes en valait 30,000. Avec 15,000 hommes comme la garde, j'en battrais 40,000. Je me garderais bien de faire la guerre avec une armée de recrues [1].

« Dans le projet relatif aux ouvriers de la marine, il ne s'agit pas d'économie, mais de faire des ouvriers, puisqu'on en a besoin. Un charpentier de

---

[1] Cela s'est cependant vu, et ces recrues ont fait des prodiges. Il y avait de l'exagération dans toute cette tirade.

l'intérieur n'ira jamais de lui-même dans les ports; il faut donc l'y pousser.

« Il n'y a aucun ensemble sur vos vaisseaux; des officiers, des matelots rassemblés isolément sans liaison, sans rapports, ne se connaissant pas. Pour commander un vaisseau ainsi monté, il faut un homme immense, et il y en a peu. Ce n'est pas le capitaine qui commande; ce sont les lieutenants, aspirants, enseignes, contre-maîtres. Que voulez-vous que fasse un capitaine qui ne connaît pas les qualités des gens qui sont sous ses ordres ?

« La conscription pour la marine commencerait à 10 ou 12 ans. Les hommes serviraient toute leur vie. Il faudrait un corps de 12,000 hommes; ce serait 300 enfants par an. Qu'est-ce que cela ? Quant aux difficultés, il faut bannir l'idéologie et savoir tirer parti des hommes. C'est d'ailleurs une belle carrière. Pour ne pas déranger l'ordre établi sur les côtes, je lèverais des hommes dans l'intérieur, au moins 5,000. On demande comment on les emploiera en temps de paix ? Et à présent ne solde-t-on pas au moins ce nombre ? n'y a-t-il pas les stations, le cabotage ? etc. On ne fait pas ainsi, dit-on, en Angleterre. Mais il y a une grande différence; cela n'y vaudrait rien. L'Angleterre a une immense étendue de côtes qui lui fournit beaucoup de matelots. La France au contraire a peu de côtes et un ventre considérable. La nature nous a maltraités. Nous avons acquis une forte population et peu de côtes. Si celles d'Espagne étaient françaises ou animées du même esprit, à la bonne heure; mais elles ne doivent compter que pour zéro. L'Angleterre est une bosse que nous avons toujours sur le nez; elle a la nature pour elle. Il faut donc pour nous que la législation y pourvoie. C'est ainsi que les puissances faibles ont élevé des forteresses contre les puissances fortes. Le ministre dit qu'il ne trouvera pas de matelots à six sous; mais la force de la législation doit le faire. Croyez-vous que vous trouveriez des soldats à six sous? Tous voudraient s'en aller dans leurs familles et y gagner 30 ou 40 sous. La France est un trop bon pays pour que l'on veuille s'y faire soldat. Mais la main de l'autorité fait ce que la nature des choses ne permettrait pas. Enfin il faut maintenir la conscription maritime; mais il faut une réserve, afin qu'en temps de guerre on ne soit pas forcé de désarmer le commerce. Ce projet ne sera pas pour la première ou la deuxième année : il faut six ans, mais certainement il y a quelque chose à faire. »

Un arrêté du 7 ventôse ordonna un nouvel enregistrement des ouvriers d'après la loi du 3 brumaire an IV; cet arrêté n'était pas le système du Premier Consul qui ne devait se réaliser que plus tard.

A l'occasion de l'école militaire, le Premier Consul dit : « L'établissement d'une école militaire allège le poids de la conscription. La conscription interrompt l'éducation en faisant un soldat. Ici le jeune homme peut suivre son éducation. L'école avance la science. Elle donne des officiers instruits qui sont à-la-fois soldats. Dans l'ancienne école militaire les jeunes gens ne savaient rien de pratique. Les vieux sous-officiers les voyaient avec peine devenir officiers. J'ai été obligé de m'instruire moi-même. Enfin les officiers auront l'instruction qui est la seule cause légitime d'inégalité. L'école sera au centre, près du Gouvernement, elle en prendra l'esprit. J'irai la voir deux ou trois fois par an, examiner les élèves, les instruire. Je ne connais point d'école aussi bien constituée. Elle portera notre armée au premier degré. L'armée a été long-temps alimentée par les cent bataillons qui, en 1793, sortirent des écoles. Aujourd'hui il n'en reste que quelques hommes. Tous les chefs de corps demandent des jeunes gens instruits. J'en nomme, mais ils ne savent pas le métier de soldat, et c'est une injustice aux yeux des soldats : elle est nécessaire. Il faut donc faire cesser cet inconvénient. Le Français est tellement disposé à s'engouer pour l'étranger qu'il ne faut peut-être pas apprendre aux élèves les langues étrangères. Un des obstacles au rétablissement de notre marine, c'est la grande opinion qu'ont nos marins de la supériorité des Anglais. Ce fut la *prussomanie* qui fit perdre la bataille de Rosbach. »

Dans la discussion d'un projet qui réduisait trois demi-brigades de Piémontais à deux, et qui créait une demi-brigade de Belges qui avaient servi l'Autriche, le Premier Consul dit à Dumas qui avait mis dans sa rédaction *sa majesté impériale* : « Sa majesté impériale !.... dites donc *l'empereur*. Ces Belges ont servi contre nous, mais c'est un moyen de les gagner. La France paie aujourd'hui les retraites à 400 vétérans piémontais qui ont servi contre elle. Nous payons des blessures que nous avons faites ; mais nous avons les bénéfices du territoire, il faut en avoir les charges. »

Dans un projet sur la formation des conseils d'administration des corps [1], Lacuée avait retranché le sergent.

Le Premier Consul : « Pourquoi le retranchez-vous ? Il y est nécessaire. Les chefs de brigade tendent toujours à s'isoler du soldat. C'est une très-mauvaise chose. La subordination qui n'est fondée que sur la force peut manquer par un événement imprévu, cela s'est vu. Il faut résister à cette tendance et maintenir les liens entre le

[1] Adopté le 15.

soldat et l'officier. La présence d'un sergent au conseil en est un moyen. Il y est utile, il ne peut pas y être dangereux. La comptabilité n'ira bien que lorsque nous aurons des trésoriers de régiment à cautionnement ; maintenant le quartier-maître est officier, il doit l'obéissance au chef de brigade. Un trésorier civil dira : Je suis responsable, je ne peux faire que conformément aux ordres de la trésorerie. »

On discutait au conseil d'état un projet d'établissement de *chambres d'agriculture* dans les colonies.

Truguet combattait le projet comme dangereux. « Ce sont, dit-il, les colons qui ont jeté le trouble dans les colonies; il faut les gouverner avec force et énergie. La culture ne gagnera rien avec ces chambres; elles inquiéteront les agents du Gouvernement. »

Le Premier Consul. : « Toute institution sous un Gouvernement faible peut devenir un instrument dangereux; mais enfin, les colons sont des Français; ils en ont le caractère et la dignité, ils ont le sentiment de leurs droits : ils ne peuvent pas être esclaves. Il faudrait, pour cela, leur ôter la faculté de parler, de penser et d'écrire. Ils n'ont point de représentation, la constitution s'y oppose avec raison; du moins faut-il leur donner un moyen de se faire entendre du Gouvernement, de faire connaître leurs besoins, de réclamer contre les vexations. Si l'on peut trouver un projet qui donne moins d'importance aux colons, je l'adopterai; mais je ne crois pas qu'il soit possible de rien imaginer de plus faible, et c'est peut-être là son défaut. Sans doute, il faut gouverner les colonies avec force; mais il n'y a point de force sans justice. Il faut donc que le Gouvernement puisse être éclairé, et qu'il entende les parties intéressées; car il ne suffit pas pour être juste de faire le bien, il faut encore que les administrés en soient convaincus, et ils ne peuvent l'être que lorsqu'ils ont été entendus. Quand le conseil d'état serait composé d'anges et de dieux, qui verraient du premier coup d'œil ce qu'il y a de mieux à faire, il faudrait encore que les colons eussent la conviction qu'on les a entendus. La force est aussi fondée sur l'opinion. C'est surtout pour la former que l'institution proposée est nécessaire. Il n'y a actuellement aucun rapport entre la France et ses colonies. Les bruits les plus absurdes y circulent; les véritables principes du Gouvernement n'y sont point connus; ils y sont travestis. C'est que les colons qui sont à Paris vont puiser les nouvelles dans les antichambres, chez les ennemis du Gouvernement, ou dans des sociétés qui n'ont aucun rapport avec lui. S'il y avait au contraire, ici, auprès du Gouvernement, une sorte de représentation coloniale, elle connaîtrait la vérité, elle la dirait, elle l'écrirait dans les colonies. C'est donc un canal de l'opinion qu'il faut ouvrir pour elle. Le citoyen Serres a commis des horreurs, des vexations inouies au Sénégal. Il y a eu des déportés qui se sont révoltés contre lui; je les ferai juger, parce qu'ils devaient d'abord respecter l'autorité de la métropole; mais je ferai juger aussi le citoyen Serres. S'il y avait eu ici un député du Sénégal, s'il y avait eu une chambre, le citoyen Serres aurait eu des craintes, il se serait conduit avec plus de réserve. On dit: Choisissez mieux vos agents! Mais le citoyen Serres jouissait d'une bonne réputation; le pouvoir lui a tourné la tête. Ce n'est pas d'ailleurs seulement pour retenir les agents du Gouvernement que l'institution est bonne, c'est aussi pour les défendre. On a débité mille horreurs sur ce pauvre général Dugua; il avait, disait-on, soutenu les nègres. Il n'y a personne qui n'ait entendu les accusations les plus fortes contre lui. Eh! bien, s'il y avait un reproche à lui faire, c'était de les avoir traités avec trop de rigueur. Malgré tout ce que j'ai fait pour arrêter la calomnie, elle n'a pas moins circulé contre un malheureux qui s'est dévoué et qui a péri. Un agent du Gouvernement, pressé par la nécessité, fait des modifications aux lois de douanes, et laisse introduire des farines étrangères dans une colonie; aussitôt les places de Bordeaux et de Nantes le dénoncent : c'est un homme corrompu, vendu, etc., et cependant c'est l'urgence et le salut de la colonie qui l'ont déterminé. Dans ces cas, croyez-vous que s'il y avait près du Gouvernement des députés des colonies, ils ne s'empresseraient pas de rétablir la vérité, et de défendre l'homme qui aurait servi leur pays? Le commerce et les colonies ont des intérêts toujours opposés. Quand il s'agit d'établir des droits sur les denrées coloniales, toutes les chambres de commerce me remettent leurs mémoires, et personne ne stipule pour l'intérêt des colonies : la loi y arrive avec toute sa rigueur sans que personne en donne aux colons les motifs, et prenne la peine de les assurer qu'on a tout balancé. Je sais bien que l'on a des colonies pour le commerce, pour la métropole; mais les colons sont aussi des Français et des frères; ils supportent des charges, ils ont des intérêts à défendre, et c'est bien le moins que l'on fasse pour eux, que de leur donner cette faible représentation. »

Truguet : « Il faudrait au moins l'ajourner; le moment n'est pas encore favorable. »

Le Premier Consul combat l'ajournement, et ajoute : « On suppose que les colons sont pour les Anglais; mais je puis assurer qu'à la Martinique il y a de très-bons citoyens. Les partisans des Anglais y sont connus ; ils y sont peu nombreux. Ainsi quand ils ont envoyé ici M. Dubuc, on m'a bien écrit que c'était un ami des Anglais. Les agents du Gouvernement y ont été reçus avec le plus grand enthousiasme par les habitants. »

Truguet : « Ce n'est pas par le plus grand nombre. »

Le Premier Consul, animé : « Voilà comme on rend les choses ! On ne veut voir que des partisans des Anglais dans nos colonies, pour avoir le prétexte de les opprimer. Eh ! bien, M. Truguet, si vous étiez venu en Égypte nous prêcher la liberté des noirs ou des Arabes, nous vous eussions pendu au haut d'un mât. On a livré tous les blancs à la férocité des noirs, et on ne veut pas même que les victimes soient mécontentes ! Eh ! bien, si j'eusse été à la Martinique, j'aurais été pour les Anglais, parce qu'avant tout il faut sauver sa vie. Je suis pour les blancs, parce que je suis blanc ; je n'en ai pas d'autre raison, et celle-là est la bonne. Comment a-t-on pu accorder la liberté à des Africains, à des hommes qui n'avaient aucune civilisation, qui ne savaient seulement pas ce que c'était que colonie, ce que c'était que la France ? Il est tout simple que ceux qui ont voulu la liberté des noirs veuillent l'esclavage des blancs ; mais encore croyez-vous que si la majorité de la Convention avait su ce qu'elle faisait, et connu les colonies, elle eût donné la liberté aux noirs? Non sans doute; mais peu de personnes étaient en état d'en prévoir les résultats, et un sentiment d'humanité est toujours puissant sur l'imagination. Mais à présent, tenir encore à ces principes! il n'y a pas de bonne foi; il n'y a que de l'amour propre et de l'hypocrisie. Sans aller si loin, auriez-vous voulu, aurions-nous souffert qu'on mît les Français dans la dépendance des Italiens, des Piémontais? Nous aurions été bien traités; ils auraient fait de nous ce que les noirs ont fait des blancs. Il nous a fallu, au contraire, prendre de grandes précautions et les tenir dans la dépendance; et s'il eût fallu faire périr toute l'Italie ou sacrifier deux soldats de mon armée, j'aurais fait périr toute l'Italie; parce que, avant tout, je suis de mon armée et pour mon armée. Aujourd'hui même, il faut encore avoir l'œil alerte sur ce pays-là; cependant ce sont des blancs comme nous, des peuples civilisés, nos voisins! »

CHAPITRE IX.

INSTRUCTION PUBLIQUE. — INSTITUT. — ACADÉMIES. — ÉCOLE D'ARTS ET MÉTIERS.

L'instruction publique ne pouvait pas échapper long-temps à la pénétration du Premier Consul. Il n'ignorait pas qu'elle était un des ressorts les plus puissants du gouvernement; il n'était pas homme à négliger ce moyen de pouvoir. Avide de tous les genres de gloire, il aspirait, nouveau Charlemagne, non-seulement à étendre les limites de la République, mais à élever aux sciences un monument qui répondît à leur utilité et à leur éclat. L'organisation de l'instruction publique fut donc au ministère de l'intérieur et au conseil d'état la matière d'une foule de projets et de contre-projets.

C'était plus que jamais la mode de crier que la révolution n'avait su que détruire; ses ennemis, par la haine qu'ils lui avaient jurée, et le gouvernement consulaire, pour donner plus de relief à toutes ses créations, s'accordaient à le répéter. On disait donc que l'instruction publique était depuis douze ans abandonnée.

Il n'était pas douteux que la révolution n'eût renversé l'édifice gothique de l'enseignement et n'eût occasioné des lacunes dans l'instruction ; mais il était notoire aussi que, si elle avait détruit des écoles et détourné momentanément une partie de la population du cours paisible de ses études ordinaires, elle avait ouvert à l'éducation de la jeunesse une carrière autrement féconde en résultats que ne l'avaient été les colléges et l'université. Le spectacle souvent terrible, mais toujours imposant des événements qui avaient occupé la scène du monde, avait été pour la génération actuelle la leçon la plus instructive. Aux prises avec la tempête, l'homme avait appris à sentir sa dignité, à connaître ses droits, à réfléchir sur les vicissitudes des empires, à supporter le malheur, à se passionner pour la gloire, à détester la tyrannie, à braver la mort. Toutes ses facultés s'étaient développées avec une étonnante rapidité ; son ame s'était agrandie au doux nom de la patrie, et son esprit avait mûri de bonne heure dans les orages de la liberté et jusque dans ses revers.

La Convention nationale avait d'ailleurs établi des écoles de médecine, une école normale, l'école polytechnique, deux écoles d'économie rurale, un cours de langues orientales, sous le titre d'écoles de services publics, un enseignement complet pour l'artillerie, le génie, les ponts et chaussées, les mines, la géographie, la navigation. Elle avait amélioré l'école des sourds-muets; elle avait établi une école centrale dans chaque département, et, pour couronner cet édifice immense élevé aux sciences et ouvert à l'esprit humain, elle avait créé l'Institut national. Voilà ce qui existait, voilà ce que le gouvernement consulaire avait trouvé! Certes, il était douteux qu'aucune autre nation possédât un établissement plus complet d'instruction.

Avant le dix-huit brumaire, ce n'étaient donc pas les écoles qui manquaient à la France, c'était la tranquillité au-dedans et la paix extérieure. Cependant elles n'avaient point été sans utilité, et dans le moment même où l'on allait les détruire, elles avaient pris une marche plus exacte et plus régulière; le nombre des élèves s'y était considérablement augmenté, attirés par une foule de professeurs recommandables, dont le gouvernement consulaire hérita pour ses lycées.

On ne pouvait pas contester que, pendant la révolution, les sciences physiques et mathématiques n'eussent continué à faire des progrès, ni que leur application aux arts utiles, aux services publics et à la prospérité générale ne se fût étendue. L'école polytechnique, création de la Convention, faisait, depuis près de sept ans, la gloire de la France et l'admiration des savants étrangers.

Le peuple français, troublé par dix ans de discordes, de malheurs et de combats, n'était donc point resté en arrière des nations les plus civilisées; mais l'esprit humain avait pris une autre direction : grave comme la grande catastrophe qui l'avait retrempé, il s'était occupé de choses trop sérieuses pour se livrer aux objets futiles ou d'agrément; et, si les Français cultivaient encore les muses, ce n'était plus pour faire des madrigaux, mais pour chanter la gloire, la liberté et la patrie. Voilà ce que, pour être juste, le gouvernement consulaire aurait dû dire, et ce qu'il ne dit pas. Il n'avait pas la prétention d'agrandir encore le cercle de l'instruction publique; mais il y régnait de la liberté et de l'indépendance, et il n'en voulait pas.

Chaptal présenta au conseil d'état un rapport et un projet de loi sur l'instruction publique : c'était, à beaucoup d'égards, un de ces travaux d'apparat, tels que le fameux rapport que Talleyrand communiqua à l'assemblée constituante, le rapport non moins remarquable que Condorcet avait *fait lui-même* à l'Assemblée législative, et tant d'autres rapports, discours ou plans de ce genre présentés à la tribune nationale.

Chaptal prenait la chose *ab ovo*, remontait presque à l'origine de la monarchie, et faisait l'histoire de l'instruction publique en France, depuis le temps où l'on n'enseignait que la théologie et la médecine, jusqu'à l'époque actuelle, où, par un excès contraire, peut-être, on voulait tout enseigner et enseigner tout le monde. Ces savantes recherches, qui font beaucoup d'honneur à leurs auteurs, sont presque toujours assez indifférentes à l'objet en discussion. En faisant le tableau de l'état où se trouvait l'instruction, Chaptal eut cependant le courage de faire honneur à la Convention des nombreux établissements qu'elle avait fondés. Il résultait de son rapport qu'il n'y avait presque rien à faire; mais il n'en convenait pas, parce que le gouvernement consulaire ambitionnait la gloire de paraître le restaurateur de l'instruction, en la reconstruisant sur un nouveau plan.

Qu'objectait-on contre l'état actuel des choses? qu'il n'y avait quelques écoles primaires que dans les villes, et qu'elles manquaient presque dans toutes les campagnes; que les écoles centrales étaient désertes; que quoique les éléments en fussent bons, elles étaient mal organisées; qu'il y avait *trop de liberté* et trop peu de règle.

Que proposait-on? de diviser l'instruction en trois degrés.

1° Des écoles municipales ou primaires au nombre de 23,000, coûtant 5,000,000

2° Écoles communales ou colléges
250........................... 3,000,000
3° Écoles spéciales........... 1,306,000
Enfin, l'Institut national....... 266,000

Dans chaque école communale un pensionnat et huit bourses gratuites. Liberté aux particuliers d'ouvrir des écoles.

On voit qu'il n'y avait dans ce projet rien de bien nouveau, ni un grand effort d'imagination.

Le Premier Consul trouva que la section de l'intérieur n'entrait pas assez profondément dans ses vues. Chaptal étant passé au ministère, Fourcroy fut chargé de la suite de ce travail. A côté d'un établissement national d'instruction, il voulait aussi la liberté de l'enseignement. Ce fut la matière d'une longue série de projets, de contre-projets, de mémoires pour et contre. Aucun autre ne fut peut-être discuté plus longuement.

A la séance du conseil d'état du 18 thermidor, la discussion s'établit sur un projet de loi rédigé d'après les idées énoncées par le Premier Consul, et dont la principale était la création des lycées; mais, dans la rédaction, la section s'était écartée de ces vues sur plusieurs points importants. Elle en donna les motifs dans un mémoire dont Fourcroy fit lecture, et qui avait été remis d'avance au Premier Consul. On y réfutait ses idées, textuellement rapportées ainsi qu'il suit.

PREMIER CONSUL.	SECTION.
1° Établir six mille bourses payées par le Gouvernement, et dont la rétribution annuelle sera destinée à entretenir les lycées, les professeurs et les élèves.	Ce système fait des professeurs de véritables entrepreneurs : il avilit leurs fonctions ; il compromet le sort de l'instruction, en donnant lieu à des spéculations d'intérêt.
2° Toutes les bourses seront à la nomination du Premier Consul.	Il est impossible qu'il puisse nommer avec discernement : il sera trompé ; il mécontentera ; cette prérogative lui sera plus nuisible qu'utile. Il serait plus convenable de laisser, le plus que possible, ces bourses à l'examen, afin d'engager les citoyens et les capitalistes à favoriser l'établissement d'écoles secondaires, pour lesquelles le Gouvernement ne veut faire que de légers sacrifices.
3° Des écoles secondaires seront jointes aux lycées.	Mauvaise institution ; elles seront privilégiées ; des particuliers n'ont plus d'intérêt à en établir.
4° Le Premier Consul trouve que ce qui concerne l'administration est incomplet.	La section croit avoir prévu tout ce qui est nécessaire.
5° Le Premier Consul veut renvoyer à un règlement plusieurs dispositions du projet de loi.	La section n'a pas cru devoir en rien retrancher.

Le Premier Consul écouta cette lecture avec beaucoup de patience et entreprit de répondre. Il parla pendant plus d'une heure avec une grande présence d'esprit. Il se plaignit d'abord de ce que la section avait recueilli ses objections comme elle l'avait voulu, et lui avait fait dire ce qu'il n'avait pas dit, pour se donner le plaisir de le réfuter plus facilement. Il reprit, l'un après l'autre, chaque article.

1° « Je n'ai jamais entendu, dit-il, que les professeurs fussent entrepreneurs à leur compte des établissements, ce serait ridicule; mais je ne veux pas qu'ils aient un traitement fixe et indépendant du nombre des élèves. Je veux que leur traitement soit en raison progressive de ce nombre, afin de les intéresser au succès des établissements. Il n'est pas possible, d'ailleurs, de fixer un traitement uniforme; il faut qu'il soit gradué sur les localités et le mérite des professeurs.

2° « La section n'a considéré la nomination aux bourses que sous un seul point de vue. Il y a d'autres rapports plus essentiels. Il s'agit moins de savoir s'il convient que le Premier Consul nomme aux bourses, que de mettre les bourses à la disposition de l'*état*. On verra après qui devra y nommer. Il n'y a pas de doute qu'il vaut mieux que l'état ait dans ses mains le moyen de récompenser la famille d'un militaire, d'un fonctionnaire public qui auront bien servi leur patrie ou qui la servent encore; car il n'est pas nécessaire que le père soit mort pour que la patrie témoigne sa reconnaissance; c'est, pour lui, une sorte d'augmentation de traitement. Auprès de ce grand intérêt, qu'est-ce que le mérite d'un jeune homme qui prouvera à l'examen qu'il sait un peu de latin et ses quatre règles? Il ne faut pas compter sur les capitalistes pour l'établissement d'écoles; c'est une illusion. C'est, pour les particuliers, plus une affaire de sentiment que d'intérêt. D'ailleurs, en laissant quinze cents bourses à l'examen, c'est un encouragement suffisant pour les écoles secondaires, en les supposant au nombre de deux cents. On méconnaît entièrement le but politique qu'on doit se proposer; ainsi la section veut admettre de plein droit, à l'École Militaire, trois cents élèves libres des lycées, et leur donner des places d'officiers à leur sortie : c'est détestable. C'est introduire dans l'armée, de plein pied et sans l'assentiment du Gouvernement, les fils de l'armée de Condé! Ceci est plus sérieux qu'une affaire de collége. Il est impossible d'introduire dans l'armée des jeunes gens dont les pères auront combattu contre la patrie. Il n'y aurait entre ces officiers-là et les soldats aucune harmonie; ce serait compromettre la sûreté publique. Je n'ai pas nommé un seul sous-lieutenant, à moins qu'on ne m'ait trompé, que je ne l'aie pris parmi les soldats, ou les fils d'hommes attachés à la révolution..... Le lion de la révolution dort; mais si ces messieurs l'éveillaient, ils fuiraient bien vite à toutes jambes.

3° « Mon système est très-économique; il épargne les bâtiments, la double administration, les doubles dépenses. Il faudrait, plutôt que d'y renoncer, l'étendre à tous les lycées.

4° et 5° « La section me reproche de trouver son projet trop long et trop court. Il y a contradiction, et cependant elle ne veut ni retrancher, ni ajouter. Il me paraît, en effet, qu'il contient des dispositions simplement réglementaires, et qu'il ne dit pas cependant tout ce qui est nécessaire sur l'administration. Il ne suffit pas de dire qu'il y aura un directeur et un économe, il faut déterminer qui aura la police des écoles, quelle sera cette police, les peines, etc.; c'est la partie morale qu'il faut aussi instituer. Il y a là une lacune. Voyez comme les corporations enseignantes avaient organisé cette partie. Elles en avaient trouvé le véritable secret. Si elles n'obéissaient pas à un chef étranger, on ne pourrait rien faire de mieux que de leur rendre l'instruction publique. »

Après cette réponse, la discussion commença.

REGNAULT : « En nommant aux bourses, le Gouvernement ne doit pas s'engager à conserver pendant cinq ans, au lycée, un enfant qui ne se montrera pas capable de profiter de ce bienfait. »

Le Premier Consul : « C'est une très-mauvaise idée. On n'a pas le droit de flétrir ainsi l'honneur d'un enfant ; car ce serait une tache qu'on pourrait lui reprocher toute sa vie. Beaucoup d'enfants paraissent stupides à douze ou quatorze ans, tandis que d'autres sont très-avancés à dix. Il n'y a jamais à désespérer d'un enfant, tant qu'il n'est pas pubère ; c'est alors seulement qu'il acquiert le développement de ses facultés intellectuelles et qu'on peut le juger. Il faut au contraire multiplier les encouragements. Au surplus, le ministre de l'intérieur a un plan entièrement opposé à celui-ci ; il faut l'attendre. C'est le citoyen Rœderer qui a fait le mémoire de la section. »

Le Premier Consul se trompait, c'était Fourcroy ; sa réfutation fut chaude et serrée ; il parut sensible à la forme qu'avait employée la section, sans cependant en montrer de l'humeur. Le système du Premier Consul, dont la base principale était la création des lycées et de six mille bourses à la nomination du Gouvernement, fut, après de longues discussions, adopté au conseil d'état et rédigé en loi. Le conseiller d'état Fourcroy la présenta au corps législatif (30 germinal an X). Quoique en sa qualité de conventionnel et de membre du comité d'instruction publique il eût pris part à l'organisation existante, orateur du

Gouvernement qui la renversait, il joignit sa voix à celle des accusateurs de la révolution. Dans la discussion du projet de loi, personne ne pensa à rétablir au moins la vérité, ou n'osa la défendre, personne, excepté le tribun Daru, qui fit cette belle profession de foi :

« Écoutez certains hommes ; ils accuseront la révolution et les philosophes d'avoir anéanti l'instruction et la morale. Les philosophes n'ont pas besoin de défenseurs ; ils ne repoussent pas l'injure. La cause de la révolution n'est la cause de personne : personne ne peut se vanter de l'avoir faite. Ses malheurs appartiennent au moins autant à ceux qui l'ont nécessitée par leurs fautes, qu'à ceux qui l'ont provoquée par leurs plaintes ou par leur courage ; et lorsqu'elle compte parmi ses accusateurs un si grand nombre de ses complices, sa défense est peut-être plus particulièrement le devoir de ceux qui, indépendants encore de tous les partis après dix ans de querelles, sont assez heureux pour n'avoir pas un mot à rétracter. »

Il ne s'agissait plus, pour l'éducation de la jeunesse, d'aller chercher des modèles dans les républiques anciennes ; la Convention nationale, après s'être essayée à former des Spartiates, en était revenue tout simplement à faire des Français. Lorsqu'elle s'occupa d'organiser l'instruction, il se présentait la question de savoir si elle serait l'objet d'une dépense nationale, ou si on l'abandonnerait à l'industrie particulière. Ce dernier mode ne manquait pas de partisans et n'était pas sans avantages; mais la révolution fermentait encore. Le législateur craignit de laisser entre les mains de ses ennemis un moyen trop puissant d'influence; la loi du 3 brumaire an IV avait donc établi une instruction soldée par l'état.

De semblables questions ne pouvaient pas faire fortune sous le Consulat, qui inclinait vers les traditions de la monarchie, et avec le Premier Consul qui voulait s'emparer de l'instruction publique. Son plan vaste, bien conçu, embrassait toutes les branches et tous les degrés de l'enseignement, depuis l'A. B. C. jusqu'aux sciences les plus transcendantes, depuis les écoles primaires jusqu'aux écoles spéciales. L'état devait entretenir 6,400 élèves dans les lycées et les écoles spéciales. C'était l'idée favorite du Premier Consul et tout le secret de son plan. Généreux envers les degrés supérieurs de l'instruction, l'état ne payait rien pour les écoles primaires, dont l'établissement était abandonné aux communes, et dont les instituteurs devaient être salariés par les écoliers. On eût dit qu'on redoutait que la masse du peuple, surtout dans les campagnes, ne fût trop éclairée. L'établissement des écoles secondaires était aussi abandonné aux communes et même aux particuliers; mais il ne pouvait en être établi *sans l'autorisation* du Gouvernement; c'était révoquer en quelque sorte la liberté qu'on semblait accorder à l'industrie particulière, et se réserver un moyen de favoriser les établissements publics au préjudice des établissements privés.

Les proviseurs, censeurs et économes des lycées, après leur première formation, devaient être mariés ou l'avoir été. Cette disposition avait pour but d'écarter les prêtres de ces places. Cette exclusion paraissait singulière dans un moment où, sous le nom de culte de la majorité de la nation, on rétablissait un culte dominant, et elle prouvait que le Premier Consul n'avait pas alors une grande confiance dans les prêtres. Il parut bien plus singulier encore que, dans un plan d'instruction publique, il ne fût pas dit un mot de la religion, et l'on ne concevait pas un système d'éducation qui faisait abstraction de toutes les idées religieuses, à une époque surtout où on s'efforçait de les remettre en vigueur.

Le projet de loi fut adopté au tribunat par 80 votes contre 9, au corps législatif par 251 contre 27.

Roederer eut le département de l'instruction publique au ministère de l'intérieur. (Arrêté du 1 ventôse.)

Parmi les divers réglements qu'on discuta successivement au conseil d'état, il y en avait un relatif au mode de réception des médecins et chirurgiens. On y maintenait toujours entre eux une sorte de distinction qui donnait le premier rang à la médecine. Le Premier Consul attaqua vivement là-dessus Fourcroy et Bérenger, tous les deux médecins, et défendit avec chaleur la chirurgie contre des prétentions surannées et ridicules [1].

Quelques anciens académiciens ne rêvaient que le rétablissement des académies, surtout de l'académie française et par conséquent la ruine de l'Institut. Ils se regardaient comme la noblesse savante, et cette espèce d'aristocrates n'était pas moins orgueilleuse que les autres. A leurs yeux les savants qui étaient restés fidèles à la patrie et qui avaient concouru aux triomphes de la République, étaient des intrus et des parvenus. L'Institut national, quoiqu'honoré des suffrages de l'Europe, était une création révolutionnaire que ne pouvaient tolérer des aca-

[1] Dans le cours de cette discussion, le Premier Consul fit, on ne sait à quel propos, une digression sur l'avidité des aubergistes qui rançonnaient impitoyablement et sans pudeur les agents du gouvernement en voyage. Il soutint qu'on avait le droit de faire une taxe, et il nomma sérieusement Lacuée, Jolivet et Bérenger pour rédiger un réglement à cet égard. On ne croit pas que cette singulière idée ait jamais eu de suites.

démiciens comme il faut. Ce furent deux pygmées, Morellet et Suard, qui osèrent attaquer un colosse fort de tout ce qu'il y avait de talents et de génie dans la république des lettres : Suard, espèce de courtisan délié, souple et poli des muses, qui s'entendait fort bien à faire les honneurs de leur temple et qui ne leur avait guère rendu d'autres services ; Morellet, prêtre, autrefois philosophe, athée et parasite, ne tenant à l'église que par des bénéfices, économiste, pensionné par l'état pour composer un dictionnaire de commerce dont il n'avait depuis trente ans fait que le discours préliminaire. On avait dit de lui qu'il ne faisait pas le dictionnaire du commerce, mais le commerce du dictionnaire.

Ces deux vieillards s'emparèrent de la jeunesse de Lucien, et lui persuadèrent qu'en rétablissant l'académie française, il ferait le second tome du cardinal de Richelieu, et s'acquerrait une gloire immortelle. Il autorisa donc les anciens académiciens à se réunir, il leur accorda un local et les prit sous sa protection. Ils s'assemblèrent, ils firent des listes sur lesquelles on porta l'abbé Maury et le cardinal de Rohan, et dont on exclut de véritables savants et d'excellents patriotes.

Les républicains crièrent à la contre-révolution, les membres de l'Institut s'agitèrent. Les académiciens se défendirent dans le *Mercure*. Ce n'était pas, disaient-ils, l'académie française, mais seulement *une* académie française qu'ils établissaient pour s'occuper de la langue, de son dictionnaire et des lettres. On les menaçait de l'improbation du Premier Consul. Lucien leur promettait de vaincre toutes les oppositions, les encourageait et leur disait de laisser crier. Le Premier Consul revint de Marengo. Les principaux membres de l'Institut n'eurent pas de peine à se le rendre favorable. Il déjoua le plan des vieux académiciens et tança son frère. Lucien désappointé se tira de ce mauvais pas par une escobarderie. Il écrivit *aux citoyens réunis en société libre de littérature*, pour les prévenir que le Gouvernement verrait avec plaisir leurs travaux : « Les ennemis des lettres, leur disait-il, ont répandu avec affectation que vous preniez le titre d'académiciens français, que vous vouliez rétablir l'académie française. Vous connaissez trop bien les lois de votre pays pour prendre un titre qu'elles ont supprimé. » Suard et Morellet répondirent que puisqu'il ne s'agissait plus d'académie française, ils n'avaient nullement l'intention de former une société libre de littérature.

Malgré cet échec, le rétablissement des académies n'avait pas cessé d'occuper les anciens académiciens. Les temps semblaient les favoriser toujours davantage. On avait en vain cherché à gagner Chaptal, ministre de l'intérieur, il avait été inébranlable. On travailla auprès de la section de l'intérieur, on la trouva plus faible et plus docile. Le premier Consul lui-même parut disposé à faire quelques concessions à d'anciennes vanités.

Miot fit un rapport au conseil d'état (nivôse an X), pour rétablir les académies, et y rappeler tous les anciens académiciens. Lacuée combattit vigoureusement ce projet comme destructif de l'Institut, comme fait en haine de la révolution, et demanda que, d'après la loi du 3 brumaire an IV, l'Institut fût consulté lui-même sur le projet. Fourcroy répondit qu'on ne pouvait pas consulter l'Institut, composé de 144 membres, qui ne s'entendraient jamais; que d'ailleurs il n'avait plus l'initiative des réglements qui le concernait, qu'elle appartenait au Gouvernement.

Le projet fut adopté (le 3 pluviôse an XI): cependant on en retrancha tout ce qui tendait directement ou indirectement à subordonner, pour ainsi dire, les citoyens membres de l'Institut à la prééminence de messieurs les académiciens. Le Premier Consul rejeta la dénomination d'*académies* et y substitua la division de l'*Institut* en quatre *classes*. Tous les membres de l'Institut furent conservés dans la nouvelle organisation; mais on augmenta le nombre des places pour y admettre les anciens académiciens.

Les classes furent ainsi appelées :
- 1re Des sciences physiques et mathématiques.
- 2me De la langue et de la littérature françaises.
- 3me De l'histoire et de la littérature ancienne.
- 4me Des beaux arts.

On supprima la classe des *sciences morales et politiques* qui existait dans l'organisation du 3 brumaire an IV. La 2e classe fut composée de 40 membres, comme l'ancienne académie française, par respect pour les *quarante*.

Il fut alloué à chaque membre un traitement de 1,500 francs, à chacun des secrétaires perpétuels 6,000 francs. Suard ne perdit pas son temps et eut un de ces traitements. Ces académiciens étaient sans doute dévorés de l'amour des bonnes lettres ; mais ils ne dédaignaient pas les bonnes places.

Le Premier Consul continua de faire partie de la première classe, Lucien fut porté dans la seconde.

La population de l'académie française se composait autrefois de gens du métier, littérateurs, ou savants, et de grands fonctionnaires ou grands seigneurs, pour lui donner, sinon plus de lumières, du moins une autre sorte d'éclat. Cette fois-ci, il y eut quelques-unes des nouvelles nominations que le public jugea avoir été faites dans cette intention, telles que celles de Maret et de Regnault. Quoiqu'ils n'eussent point de titres littéraires bien connus, ils ne déparaient point cependant le docte aréopage.

Un des anciens académiciens les plus acharnés contre l'Institut, Laharpe, mourut. A ses funérailles Fontanes honora sa mémoire. « Puissent, » dit-il, « se conserver les traditions des grands « modèles qu'il sut interpréter avec une raison si « éloquente, et, en formant de bons écrivains qui « le remplaceront, donner un nouvel éclat à cette « académie française, qu'illustrent tant de noms « fameux depuis 150 ans, et que vient de rétablir « un grand homme, si supérieur à celui qui l'a « fondée. »

On discuta au conseil d'état le projet d'établissement d'une école des arts et métiers à Compiègne.

Le Premier Consul : « Ce projet est trop dispendieux. Je voudrais que cela ne coûtât pas plus de 400 francs par tête et une avance de 60,000 francs pour les matières premières, remboursable sur le produit du travail.

« Ce projet a été fait, d'après mes idées, par les citoyens Costaz et Conté, enthousiastes des arts; ils n'ont pas calculé la dépense. Il est fait pour les enfants des soldats, des matelots, etc., et pour leur donner une éducation conforme à leur existence. On dira, peut-être, qu'on pourrait les mettre en apprentissage chez des maîtres ; mais cela ne serait bon que pour un an ou deux et tomberait bientôt après. Il y a, d'ailleurs, un but politique. Il faut rapprocher les extrémités du centre, et donner un esprit national, ce qui ne se trouve pas dans les apprentissages particuliers. On a déjà suivi ce système pour la classe intermédiaire. Les lycées doivent fournir des avocats, des médecins, des militaires, etc. Il faut l'étendre à la classe inférieure et établir deux autres écoles à Beaupréau et à Pontivy, et y placer des enfants des départements réunis pour leur apprendre le français. C'est là que l'on prendra un jour des ouvriers pour nos ports, pour nos ateliers militaires, pour nos colonies. »

On objecta que Compiègne n'était pas un lieu de débouché pour les produits du travail ; que la construction, par exemple, ne pouvait s'apprendre que dans les arsenaux.

Le Premier Consul : « Il ne s'agit pas ici d'une entreprise, mais de donner les principes de l'art et les bonnes méthodes. Les arsenaux sont des établissements trop sévères pour y admettre des enfants. »

Un arrêté du 6 ventôse an XI organisa cette école d'après ces principes. En 1806, elle fut transférée à Châlons-sur-Marne.

CHAPITRE X.

PAMPHLETS. — THÉATRES.

Malgré l'activité de Fouché et la surveillance de la police, il paraissait toujours quelques écrits hostiles, et surtout royalistes, contre le Gouvernement. Tel était le journal intitulé l'*Invisible*, établi en l'an VIII par le comité royaliste, qui s'imprimait clandestinement à Paris et qui contenait des détails de mauvais goût, et dénués de vérité, sur l'intérieur du Premier Consul aux Tuileries et à la Malmaison. Fouché lui en remit un jour un numéro où l'on disait qu'il projetait de divorcer, parce que sa femme ne pouvait pas lui donner d'héritiers. Il le lut tout haut en présence de plusieurs personnes et eut l'air d'en rire. Roederer, qui ne perdait pas une occasion d'attaquer Fouché, dit à ce sujet: « Ce qui est le plus important, c'est un article du journal *La Vedette de Rouen*, relatif aux observations faites sur l'organisation du tribunat, article qui suffirait pour faire supprimer tous les journaux de Paris, s'ils n'étaient pas terroristes. » Fouché balbutia; le

Premier Consul eut l'air de ne pas faire attention à cette accusation.

Un bulletin à la main, et clandestinement distribué, répandait aussi des détails vrais ou faux de la vie intérieure des premiers personnages de l'état et spécialement du Premier Consul ; on prétendait y faire connaître ce qu'il disait, faisait ou pensait, à chaque instant du jour ou de la nuit. Les étrangers, qui étaient alors en grand nombre à Paris, répandaient ce bulletin dans toute l'Europe, et les journaux d'Allemagne et d'Angleterre y puisaient toutes sortes d'anecdotes scandaleuses controuvées.

La police découvrit et fit arrêter le rédacteur de ce bulletin, un nommé *Fouilloux*. On trouva dans ses papiers la liste de ses abonnés et de ses patrons. On y voyait le citoyen Serbelloni, ambassadeur de la république italienne, le marquis de Luchesini, ambassadeur de Prusse, le comte Marcow, ambassadeur de Russie, etc. Ce dernier indiquait même le sens dans lequel le bulletin devait être rédigé.

Le Premier Consul en parla dans son cabinet, devant le conseil d'état :

« Il ne contient, dit-il, que des absurdités. Il paraît, d'après ce que l'on y dit de moi, que l'auteur ne connaît seulement pas mon physique; on y suppose des scènes galantes, semblables à celles de Louis XV. En effet, je ressemble beaucoup à ce monde-là, n'est-ce pas? On m'y fait dépenser des sommes énormes pour mes voyages de la Malmaison ; on sait comment je jette l'argent par les fenêtres. On y raconte une scène violente entre moi et Barbé-Marbois (ministre du trésor), à qui j'aurais demandé quinze millions pour mon voyage de Lyon, et qu'il m'aurait refusés, tandis que je n'ai pas dépensé cinquante mille francs. On y parle de prétendues querelles entre moi et Lannes [1]. J'ai dit au citoyen Serbelloni, à Lyon, en présence de plusieurs de ses compatriotes, qu'il avait donné trois cents francs à l'auteur, et que son nom était sur la liste des abonnés. Il y a parmi eux bien d'autres *gobe-mouches* étrangers. On ne conçoit pas que des gens revêtus d'un caractère respectable en abusent pour encourager de semblables rapsodies. On exagère dans ce bulletin les dangers de l'opposition du tribunat et du corps législatif. On attribue à la crainte que j'en ai eue ma prétendue hésitation à faire mon voyage à Lyon. Il n'y en a eu aucune ; car si Paris

---

[1] Celles-ci étaient vraies. Le général Lannes, qui avait l'instinct de la liberté comme celui de la guerre, avait hautement improuvé le concordat et la rentrée des émigrés, et parlait sans ménagement au Premier Consul. Sa franchise lui valut une disgrace qui fut couverte par une mission à Lisbonne. Malgré ces nuages, le Premier Consul avait une grande estime et beaucoup d'amitié pour lui; Lannes était aussi très-dévoué à Bonaparte.

fût devenu inquiétant, après avoir tout arrangé, je serais revenu dans trois fois vingt-quatre heures. Tout était d'avance concerté et disposé par Talleyrand. »

Malgré la censure exercée par le ministre de l'intérieur sur les théâtres, deux pièces attirèrent l'attention particulière du Premier Consul.

L'une de Duval, intitulée *Édouard en Écosse*, avait été reçue au théâtre français, et attendait, à la censure, qu'on en permît la représentation. Le ministre de l'intérieur n'y paraissait pas disposé. L'auteur fit des démarches pour obtenir cette permission. Il lut sa pièce chez Maret, secrétaire d'état qui en parla à Chaptal. D'un autre côté on lui dépêcha Mlle Contat qui avait un rôle dans la pièce. Il consentit à ce qu'on en fît lecture dans son salon. Elle eut lieu à la suite d'un dîner, en présence d'une société nombreuse. A chaque instant Mlle Contat, qui passait, par ses opinions et son jeu, pour une actrice de bonne compagnie, s'écriait : *c'est charmant, c'est divin !* On ne pouvait pas dire autrement sans avoir l'air d'un homme sans goût ou d'un révolutionnaire. La pièce emporta donc le suffrage général, et le ministre en autorisa la représentation.

La première eut lieu le 28 pluviôse ; les royalistes et les émigrés s'y rendirent en foule, firent de nombreuses allusions aux Bourbons et applaudirent avec fureur. La pièce eut donc un grand succès. Le lendemain ils allèrent en foule s'écrire chez l'auteur.

On proposa au Premier Consul d'interdire la pièce. Il voulut la voir jouer pour la juger lui-même, et il alla à la seconde représentation.

Il écouta le premier acte avec beaucoup d'attention : on crut même voir qu'il était ému par la triste situation du prince Édouard ; mais des applaudissements affectés et prolongés partirent de plusieurs points et surtout d'une loge en face de la sienne, où était, dit-on, le duc de Choiseul, un des émigrés naufragés de Calais. Le Premier Consul prit un air sévère, resta au théâtre, mais parut donner peu d'attention à la suite de la pièce. Elle fut interdite. Les royalistes et les émigrés crièrent à la tyrannie.

Le Premier Consul justifia cette mesure en disant dans son salon :

« Voilà ce que c'est que les ministres qui font représenter des pièces politiques sans prendre l'avis du Gouvernement. Cela ne s'est jamais fait nulle part, même dans les temps les plus calmes. On dit ensuite que c'est moi qui fais jouer ces pièces pour sonder l'opinion : et cependant je n'ai pas laissé donner *la Partie de chasse d'Henri IV*, quoiqu'il y ait une grande différence. Car Henri IV a sauvé son pays de la domination de l'Espagne qui était alors puissance prépondérante, et sans le secours des étrangers. Mais tout cela est sans but. C'est même tendre un piége aux royalistes. Car à la fin s'ils se montraient trop à découvert, il faudrait bien frapper dessus... Aucune puissance ne veut garder le *prétendant*. Ce n'est qu'à ma considération qu'on ne le renvoie pas de Prusse. Le prince de Condé n'a pas pu avoir une audience du gouvernement anglais, il est à vingt lieues de Londres. La raison en est que tous ces princes coûtent de l'argent, et offrent sans cesse aux peuples l'exemple des rois détrônés par les principes de la philosophie. »

Duval reçut le conseil de voyager, il se rendit en Russie, où il passa environ un an.

Peu de temps après on représenta au théâtre de l'Opéra comique une pièce d'Emmanuel Dupaty, intitulée : *l'Antichambre ou les valets entr'eux*. Lucien Bonaparte assistait à la représentation.

On rapporta à Bonaparte que les personnages étaient trois laquais, portant des habits de la même couleur que ceux des Consuls; qu'un militaire interrogé par un de ces laquais sur ce qu'il était, répondant, *je suis au service*, le laquais lui répliquait : *et moi aussi ; nous sommes collègues*. On dit que Chénard, acteur qui jouait dans cette pièce, avait singé les manières du Premier Consul.

Le ministre Chaptal appelé aux Tuileries dit qu'il ne connaissait pas la pièce. Arnault, chef de division au ministère, ne la connaissait pas davantage. Il se trouva que c'était un commis subalterne qui l'avait examinée. Le Premier Consul répéta son mot ordinaire : « Voilà ce que c'est que de n'avoir pas de ministre! » Le consul Cambacérès conseillait à Chaptal de sacrifier Arnault ; mais c'était le beau-frère de Regnault de Saint-Jean-d'Angely.

Le Premier Consul, dont l'irritation au sujet de la pièce de Duval n'était pas encore calmée, dit dans le premier moment qu'il fallait vérifier les habits et que, si leur similitude avec les costumes consulaires était reconnue, on en revêtirait les acteurs en place de Grève, et on les ferait déchirer sur eux par la main du bourreau.

Il ordonna que Dupaty serait envoyé à Saint-Domingue, mis comme réquisitionnaire à la disposition du général en chef, et que la scène ci-dessus rapportée serait mise à l'ordre de l'armée.

On reconnut bientôt que la pièce avait été faite avant le consulat, que les personnages n'étaient réellement que des valets, et que les habits pris dans les magasins n'avaient aucun rapport avec les costumes de l'époque. Du reste, l'auteur ne fut point conduit à Saint-Domingue. Il resta quelque temps à Brest, attaché à la garnison en sa qualité d'officier du génie, et le Premier Consul lui permit bientôt de revenir à Paris, où il reprit ses travaux, et enrichit le théâtre d'une foule d'ouvrages pleins d'esprit et de grace.

Sa pièce, telle qu'elle était alors, fut rejouée quelques mois après sous le titre de *Picaros et Diégo*, et n'a pas quitté depuis le répertoire. Le Premier Consul le dédommagea même bientôt de cette mésaventure de la manière la plus noble et la plus flatteuse.

Ces incidents rendirent la censure des pièces plus attentive et plus sévère. Les fonctionnaires qui en étaient chargés, allant toujours, par peur ou par flatterie, au-delà des intentions du chef de l'état, parlaient sérieusement de retrancher du répertoire *Tancrède* et le *Tartufe* : la première pièce, parce que c'était un proscrit qui rentrait dans sa patrie; la seconde, parce qu'elle déplaisait au clergé qu'on venait de rétablir.

CHAPITRE XI.

CONCORDAT. — AFFAIRES RELIGIEUSES.

Depuis plusieurs mois on savait que Bonaparte négociait un concordat avec la cour de Rome. Le prélat Spina, le cardinal Consalvi et le père Caselli étaient à Paris les plénipotentiaires du pape. Joseph Bonaparte, Crétet, conseiller d'état, et l'abbé Bernier étaient ceux du Premier Consul.

Dans l'église catholique, les prêtres de toute espèce, et dans le monde les hommes d'état, étaient en mouvement pour faire prévaloir les uns leurs systèmes, les autres leurs prétentions rivales. Le seul fait d'une négociation avec le pape suffisait pour faire prévoir ce qu'on pouvait en attendre, et ce que se proposait le Premier Consul.

Le 21 prairial, le conseiller-d'état N... dînait à la Malmaison. Après le dîner le Premier Consul l'emmena seul avec lui dans le parc, et mit la conversation sur la religion. Il combattit longuement les différents systèmes des philosophes sur les cultes, le déïsme, la religion naturelle, etc. Tout cela n'était, suivant lui, que de l'idéologie. Il cita plusieurs fois Garat à la tête des idéologues

« Tenez, dit-il, j'étais ici dimanche dernier, me promenant dans cette solitude, dans ce silence de la nature. Le son de la cloche de Ruel vint tout-à-coup frapper mon oreille. Je fus ému; tant est forte la puissance des premières habitudes et de l'éducation ! Je me dis alors : quelle impression cela ne doit-il pas faire sur les hommes simples et crédules ! Que vos philosophes, que vos idéologues répondent à cela ! Il faut une religion au peuple. Il faut que cette religion soit dans la main du Gouvernement. Cinquante évêques émigrés et soldés par l'Angleterre conduisent aujourd'hui le clergé français. Il faut détruire leur influence; l'autorité du pape est nécessaire pour cela. Il les destitue, ou leur fait donner leur démission. On déclare que la religion catholique étant celle de la majorité des Français, on doit en organiser l'exercice. Le Premier Consul nomme cinquante évêques, le pape les institue. Ils nomment les curés, l'état les salarie. Ils prêtent serment. On déporte les prêtres qui ne se soumettent pas. On défère aux supérieurs pour les punir ceux qui prêchent contre le Gouvernement. Le pape confirme la vente des biens du clergé: il sacre la République. On chantera : *salvam fac rem gallicam*. La bulle est arrivée. Il n'y a que quelques expressions à changer. On dira que je suis papiste; je ne suis rien; j'étais mahométan en Égypte, je serai catholique ici pour le bien du peuple. Je ne crois pas aux religions... Mais l'idée d'un Dieu.... » et levant ses mains vers le ciel : « Qui est-ce qui a fait tout cela? »

N... parla à son tour, car jusque-là il avait écouté sans dire mot :

« Discuter la nécessité d'une religion, c'est déplacer la question. J'accorde même l'utilité du culte. Mais un culte peut exister sans clergé. Car des prêtres ou un clergé sont deux choses bien différentes. Il y a dans un clergé une hiérarchie, un même esprit, un même but; c'est un corps, un pouvoir, un colosse. Si ce corps avait pour chef le chef de l'état, il n'y aurait que demi-mal; mais s'il reconnaît pour chef un prince étranger, alors c'est un pouvoir rival. Jamais la situation de la France n'a été plus favorable pour faire une grande révolution religieuse. Vous avez maintenant les constitutionnels, les vicaires apostoliques du pape, les évêques émigrés en Angleterre et bien des nuances dans ces trois divisions. Citoyens et prêtres, tout est désuni ; et la plus grande partie de la nation est dans l'indifférence. »

—« Vous vous trompez, le clergé existe toujours, il existera tant qu'il y aura dans le peuple un esprit religieux et cet esprit lui est inhérent. Nous avons vu des républiques, des démocraties, tout ce que nous voyons, et jamais d'état sans religion, sans culte, sans prêtres. Ne vaut-il pas mieux organiser le culte et discipliner les prêtres que de laisser les choses comme elles vont ? Maintenant les prêtres prêchent contre la République ; faut-il les déporter ? Non. Car pour y parvenir il faudrait changer tout le système de gouvernement. Ce qui le fait aimer, c'est son respect pour le culte. On déporte des Anglais et des Autrichiens ; mais des Français qui ont leurs familles et qui ne sont coupables que d'opinions religieuses, cela est impossible. Il faut donc les rattacher à la République. »

— « Jamais on ne les y attachera sincèrement. La révolution les a dépouillés de leurs honneurs et de leurs biens. Ils ne lui pardonneront point : ils lui feront toujours la guerre. Elle sera moins dangereuse lorsqu'ils seront éparpillés, que lorsqu'ils seront organisés et réunis. Il ne s'agit pas de déporter, ni de persécuter personne ; mais on peut laisser chaque prêtre dire la messe comme il l'entend, et chaque Français aller à l'église ou au temple ; et enfin si l'incompatibilité entre les prêtres et la République était poussée à un tel point qu'elle en fût troublée, je n'hésiterais pas à les sacrifier à la paix publique. »

— « Vous les proscririez donc ? »

— « Faudrait-il proscrire la révolution ? »

— « C'est jouer sur les mots. »

— « Non, c'est préciser les choses. D'ailleurs avec une bonne discipline et une police éclairée, je ne crois pas qu'on fût jamais obligé d'en venir là. »

— « Et moi je vous dis que les prêtres qui accepteront des fonctions feront par cela seul scission avec les anciens titulaires, et seront alors intéressés à empêcher leur retour, et à favoriser le nouvel ordre de choses. »

— « Je le désire, mais je n'y compte pas. Ceci n'est d'ailleurs qu'un très-petit point dans la grande question. La religion catholique est devenue intolérante, et ses prêtres sont contre-révolutionnaires ; l'esprit du temps actuel et le leur sont entièrement opposés, nous sommes plus près qu'eux de l'évangile. »

— « Ce que nous faisons porte un coup mortel au papisme. »

— « Au contraire, on le ressuscite, on lui donne de nouvelles forces. »

— « Ne faudrait-il point que je fisse tout le contraire d'Henri IV ? »

— « D'autres temps, d'autres mœurs. Pour mon compte, s'il faut un culte dominant, je l'aimerais mieux. »

— « Mon cher, vous n'y entendez rien. »

— « Tout est préparé pour cela. Nous sommes bien autrement placés que ne l'étaient l'Angleterre et l'Allemagne, et les temps de la réforme n'avaient point un Bonaparte. Dans la situation actuelle des esprits, vous n'avez qu'un mot à dire, et le papisme est ruiné, et la France se fait protestante. »

— « Oui, une moitié, et l'autre moitié restera catholique, et nous aurons des querelles et des déchirements interminables. »

— « Si nous avions raisonné ainsi pendant la révolution, l'Assemblée constituante aurait reculé devant la féodalité, et la Convention nationale devant la royauté et la dynastie. Toute révolution politique ou religieuse amène des résistances... »

— « Pourquoi en provoquer de la part du peuple et des prêtres ? Les gens éclairés ne se soulèveront pas contre le catholicisme. Ils sont indifférents. Je m'épargne donc de grandes contrariétés dans l'intérieur, et je peux par le moyen du pape au-dehors..... » Il s'arrêta.

— « Moyennant des sacrifices qui vous mettront aussi dans sa dépendance. Vous avez affaire là à un ennemi rusé et plus fort contre ceux qui le ménagent que contre ceux qui ont une fois rompu avec lui. La chose ne se présente aujourd'hui que du beau côté. Mais quand vous croirez en avoir fini avec le pape, vous verrez ce qui arrivera. L'occasion est unique. Si vous la laissez échapper..... »

Après avoir un moment réfléchi : — « Mon

cher, il n'y a plus ni bonne foi, ni croyance... Il n'y a plus rien à prendre au clergé... C'est une affaire purement politique... Les choses sont trop avancées, et le parti que j'ai pris me paraît le plus sûr. »

— « En effet, puisque la bulle est arrivée, tout ce que je puis dire est bien inutile. »

Cependant les négociations traînaient en longueur. Le cardinal Consalvi, secrétaire d'état du pape, vint à Paris pour mettre la dernière main à l'œuvre de la restauration religieuse. Quelques jours après, (2 messidor) à la Malmaison, le Premier Consul dit à trois conseillers d'état : « J'ai eu une conversation avec le cardinal Consalvi et je lui ai dit : si le pape ne veut pas en finir, nous ferons une église gallicane ; il m'a répondu que le pape ferait tout ce qui conviendrait au *Premier Consul*... Le cardinal a dit à Talleyrand : On prétend que je suis dévot, il n'en est rien, j'aime le plaisir tout comme un autre. Le cardinal et M. Spina regrettent de ne pouvoir ici aller au spectacle, de peur de scandaliser le clergé français qui n'est pas fait à cela, tandis qu'à Rome ils y vont avec leurs maîtresses..... Le clergé de Paris est venu me présenter une pétition très-bien faite, dans laquelle il se plaint de l'acte arbitraire commis par le préfet de police contre le prêtre Fournier [1]. J'ai ré-

---

[1] Arrêté et envoyé à Charenton comme fou, mais pour avoir prêché contre le Gouvernement.

pondu : le préfet n'a agi que par ordre du Gouvernement. J'ai voulu vous prouver que si je mettais mon bonnet de travers, il faudrait bien que les prêtres obéissent à la puissance civile. Ils se sont retirés sans rien répliquer. Fournier est leur coryphée, ils ont été très-sensibles à ce qu'on lui a fait. C'est un acte révolutionnaire, mais il faut bien agir ainsi, en attendant qu'il y ait quelque chose de réglé. Fournier ne reverra pas la France, je l'enverrai en Italie et je le recommanderai au pape. »

Le 18 thermidor, à la séance du conseil d'état, après une longue discussion sur l'instruction publique, le Premier Consul dit :

« J'ai à parler au conseil d'une chose plus sérieuse. Il s'agit des conventions faites avec le pape pour les affaires religieuses. » (26 messidor).

Il fit une analyse de la situation de la France sous ce rapport, de ce qui avait été fait pendant la révolution et de l'état actuel des choses. Il répéta tout ce qui a été rapporté plus haut sur cette matière, fit donner lecture de la convention et continua ainsi :

« Il y aura cinquante évêques, on leur donnera cinq à six mille francs, et environ six mille curés, un par canton. On paiera les évêques sur des dépenses secrètes et les curés sur des centimes additionnels. J'ai réglé ce qui concerne les protestants. Les calvinistes ont leur métropole à Genève, il n'y a pas de difficulté. Les luthériens recevaient leurs ministres des princes d'Allemagne ; on leur envoyait les plus mauvais sujets. A l'avenir ils nommeront eux-mêmes leurs ministres. Les luthériens de Strasbourg l'ont demandé. Quant aux juifs, c'est une nation à part, elle ne se mêle avec aucune autre secte. Elle est d'ailleurs en trop petit nombre pour s'en occuper. »

Le Premier Consul leva la séance, sans consulter le conseil sur quoi que ce fût de ce traité, ayant fait entendre dans son exposé qu'il n'avait pas besoin de lui.

Cette communication fut reçue froidement par le conseil.

Consalvi retourna à Rome. Spina resta à Paris. Le pape rectifia la convention qui y avait été conclue, et y envoya le cardinal Caprara comme légat *à latere*.

A une séance du conseil d'état (1er fructidor), Portalis lut un projet d'arrêté pour la promulgation d'un bref du pape qui rendait son *très-cher fils* Talleyrand à la vie séculière et laïque. Après la lecture du bref, le consul Cambacérès consulta le conseil ; quelques membres levèrent la main : le plus grand nombre dédaigna de voter.

Regnault : « Je ne crois pas l'enregistrement utile. Le bref ne concerne ni le Gouvernement ni le public. C'est un acte relatif à un particulier, une affaire de conscience personnelle, comme chacun peut en demander et en obtenir. La loi du 18 germinal n'est pas ici applicable. » Réal voulut même prouver que l'enregistrement serait dangereux.

Le second consul ne le laissa pas parler et dit avec humeur : « Le Gouvernement a pour principe de ne pas souffrir, sans son autorisation, l'exécution en France d'un bref du pape quel qu'il soit. Il est nécessaire d'enregistrer ce bref; car si le citoyen Talleyrand demandait la communion laïque à laquelle il est réduit, et qu'on la lui refusât, il faudrait bien, pour faire valoir le bref et le faire exécuter, qu'il eût été enregistré. Au surplus je ne conçois pas comment on peut s'opposer à l'enregistrement et à la promulgation d'un bref du pape qui rend un évêque à la vie laïque. C'est cependant le seul moyen d'empêcher que la cour de Rome n'empiète en France sur l'autorité temporelle. »

L'arrêté fut mis une seconde fois aux voix et adopté. On avait négocié cette grande affaire, pendant deux ans, avec la cour de Rome. Le Premier Consul entra un moment après au conseil. Cambacérès lui raconta à voix basse ce qui s'était passé.

A peine le concordat fut-il signé, et dès qu'il

fut question d'en préparer l'exécution, de toutes parts arrivèrent les obstacles et les difficultés. La démission des anciens évêques, celle des évêques constitutionnels, la nomination des nouveaux évêques, leur institution, les libertés gallicanes, etc., furent autant d'occasions de rivalités, de prétentions, de chicanes théologiques, et de troubles intérieurs. Les anciens évêques se divisèrent ; les uns obéirent au Saint-Père et se démirent de leurs siéges ; les autres refusèrent, se prétendant meilleurs catholiques que lui. Les évêques constitutionnels se montrèrent tous dociles. Mais le pape exigea d'eux des rétractations; ils résistèrent. Le Premier Consul fut obligé d'intervenir dans tous ces débats, et la cour de Rome n'était déjà plus aussi accommodante qu'avant le concordat.

Il n'y eut pas jusqu'à cette innocente poignée de théophilanthropes, prêchant dans le désert, dont le Premier Consul ne crût devoir s'occuper. A une séance du conseil d'état où était présent le ministre de la police, le Premier Consul fit une sortie très-vive au sujet d'un discours imprimé qui avait été prononcé chez les théophilanthropes.

« Ils se plaignent, dit-il, de ce que le pape va gouverner en France, et de ce que nous retournons au IVe siècle. Ils ont pris le prétexte de l'oraison funèbre d'un brave militaire... Je l'avais prédit; j'avais dit que ces gens-là n'avaient pas la marche d'une secte religieuse, mais celle d'un club. Ils commencent par flatter les militaires pour les attirer à eux. Je ne veux tourmenter personne pour des opinions religieuses; mais je ne veux pas que sous ce prétexte ils se mêlent des affaires publiques. Ils ont six ou sept églises à Paris, et ils ne sont que deux cents. Qu'on leur donne une chapelle! Si l'on avait mandé les chefs et qu'on leur eût bien lavé la tête, tout cela ne serait pas arrivé. Ils crient : *Vive la Réveillère!* Certainement je n'ai rien à dire contre lui; ce peut être un honnête homme.... C'est lui et Chénier qui font ces discours.... Ils sont bien faits; les autres ne savent pas écrire..... Nous entendons le français.... Et puis voilà les prêtres constitutionnels qu'on me jette aussi dans les jambes. »

Ces mots s'adressaient à Fouché que le Premier Consul accusait de ne pas faire son devoir. Il parla bas avec les deux autres consuls, et, un instant après, il dit : « Citoyen Lagarde, faites un arrêté pour fermer les théophilanthropes. »

Une proclamation des consuls annonça aux Français le rétablissement des cultes. Le lendemain, jour de Pâques, la loi fut promulguée solennellement dans Paris. Tous les grands corps de l'état, les autorités et les consuls se rendirent dans l'église de Notre-Dame. Quoique l'étiquette eût déjà fait de grands progrès, on vit encore au cortége beaucoup de fiacres dont les numéros étaient déguisés. Ce fut à cette occasion que la maison du Premier Consul prit la livrée. On avait invité les membres du corps diplomatique à se faire accompagner de leur livrée. Pareille recommandation fut adressée à ceux des fonctionnaires publics qui avaient une voiture à eux. La messe fut célébrée pontificalement par le cardinal Caprara. Les nouveaux évêques prêtèrent serment. Après un discours prononcé par M. de Boisgelin devenu archevêque de Tours, un *Te Deum* pour la paix générale et celle de l'église termina cette cérémonie religieuse, où fut étalé tout l'appareil militaire, et que des salves d'artillerie avaient dès le matin annoncée à la capitale. Le soir il y eut illumination et concert dans le jardin des Tuileries.

Les militaires surtout étaient très-opposés à ces cérémonies religieuses et souffraient d'être obligés d'y assister. Le Premier Consul demanda au général Delmas : « Comment trouvez-vous la cérémonie ? » Delmas répondit : « C'est une belle capucinade. Il n'y manque qu'un million d'hommes qui ont été tués pour détruire ce que vous rétablissez. »

Quelques jours après, à un dîner de généraux

chez le général Moreau où se trouvaient Berthier, Marmont et Delmas, on parla hautement de cette scène et l'on dit à Delmas : « Qu'est-ce que le Premier Consul t'a répondu? » — « Quelque chose qu'il m'ait répondu, je m'en moque. » Le Premier Consul, en ayant été instruit, tança vertement Berthier pour n'avoir pas, comme ministre de la guerre, relevé Delmas. Ce général fut ensuite exilé, tant pour ces propos que pour l'esprit d'opposition qu'il montrait à tout ce qui se faisait.

Le Premier Consul dit à son aide-de-camp Rapp, qui était protestant :

« Tu iras maintenant à la messe. »

— « Non, mon général. »

— « Pourquoi? »

— « Ah! c'est bon pour vous..... Au surplus, pourvu que vous ne nommiez ces gens-là ni vos aides-de-camp, ni vos cuisiniers, je m'en..... »

Rapp était en possession de dire impunément de ces choses-là[1]. On les lui pardonnait en faveur de son dévouement.

On répandit le bruit que le Premier Consul

---

[1] Un jour Rapp, étant de service, introduisit chez le Premier Consul un Corse qui y avait rendez-vous, et resta dans le cabinet. Le Premier Consul eut beaucoup de peine à le renvoyer. Il lui demanda après l'audience pourquoi il avait tant insisté. Rapp répondit : « C'est que je ne me fie pas à ces ...... Corses. » Le Premier Consul et toute sa cour rirent beaucoup de cette naïveté.

avait décidé qu'on bénirait les drapeaux des troupes, et qu'il ne l'osa pas, parce que les soldats disaient hautement qu'ils les fouleraient aux pieds.

Il circulait secrètement une caricature re présentant le Premier Consul se noyant dans un bénitier, et des évêques qui le repoussaient au fond de l'eau avec leurs crosses.

Le Gouvernement et toute l'administration quittèrent le système décadaire et se rangèrent au système hebdomadaire. Les bureaux vaquèrent le dimanche. Un arrêté ordonna que les publications de mariage seraient faites ce jour-là. L'archevêque de Paris dit la messe à la chapelle des Tuileries.

Le rétablissement du clergé ne s'était pas fait, ainsi qu'on l'a dit, sans beaucoup de tiraillements, de conflits, d'oppositions et de résistances, et par conséquent d'amertume pour le Premier Consul. Le public n'en savait rien, parce qu'on avait soin de n'en pas laisser parler dans les journaux. La ligne de démarcation ne s'était point effacée entre les prêtres constitutionnels et les prêtres réfractaires; ceux-ci étaient seuls purs pour la cour de Rome et à leurs propres yeux. La prédilection du pape et du Gouvernement pour eux jetait donc de la défaveur sur les autres. L'autorité civile était souvent aux prises avec l'autorité ecclésiastique qui revenait peu à peu sur tout ce qui s'était fait pendant la révolution, et voulait remettre en vigueur des institutions et des droits abolis par des lois, ou des règles de conduite qui n'étaient plus conformes à l'esprit et aux opinions qui régnaient en France. Le Premier Consul avait donc beaucoup à faire pour maintenir l'équilibre entre l'état et l'église. Avec un autre homme que lui, le clergé eût bientôt recouvré son ancienne prépondérance ou attiré sur lui de nouvelles calamités ; car si un grand nombre de prélats et de prêtres étaient véritablement animés par l'esprit de paix et de charité, il y avait aussi un bon nombre d'ambitieux, de têtes exaltées, et de brouillons qui ne mettaient péril à rien.

Il se passa dans Paris une scène qui donna à l'opinion publique l'occasion d'éclater au sujet d'un acte d'intolérance.

Mlle Chameroi, danseuse à l'Opéra, mourut. Les artistes de tous les théâtres accompagnaient son convoi qui se présenta à l'église de St.-Roch. Le curé refusa de le recevoir et fit fermer les portes. Ce procédé excita une grande rumeur dans le peuple, qui menaçait de faire violence au curé, et que l'acteur d'Azincourt parvint à calmer. Le convoi se dirigea à la succursale des Filles St.-Thomas, dont le desservant fit sans difficulté le service.

Il fut question de cet événement à l'audience

publique du Premier Consul à St.-Cloud. « Pourquoi, dit-il, a-t-on présenté le corps à l'église ? Le cimetière est ouvert à tout le monde, il fallait l'y porter tout droit. »

« Au surplus, citoyen Consul, » répartit le sénateur Monge, « c'est une dispute de comédiens à comédiens. »

« Comment ? » dit le Premier Consul d'un air sévère.

« Oui, citoyen Consul, » répliqua Monge, « nous pouvons le dire, les grandes croix ne nous entendent pas. »

Au fait, le public blâma généralement le curé, et on lut dans le Moniteur du 30 brumaire l'article suivant, qui portait le cachet du Premier Consul.

« Le curé de Saint-Roch, dans un moment de déraison, a refusé de prier pour Mlle Chameroi et de l'admettre dans l'église. Un de ses collègues, homme raisonnable, instruit de la véritable morale de l'évangile, a reçu le convoi dans l'église des Filles Saint-Thomas, où le service s'est fait avec toutes les solennités ordinaires.

« L'archevêque de Paris a ordonné trois mois de retraite au curé de Saint-Roch, afin qu'il puisse se souvenir que Jésus-Christ commande de prier même pour ses ennemis, et que, rappelé à ses devoirs par la méditation, il apprenne que toutes ces pratiques superstitieuses conservées par quelques rituels, et qui, nées dans les temps d'ignorance ou créées par des cerveaux échauffés, dégradaient la religion par leur niaiserie, ont été proscrites par le concordat et par la loi du 18 germinal. »

CHAPITRE XII.

OBJETS DIVERS. — CONSEILLERS D'ÉTAT EN MISSION. — ORDRE JUDICIAIRE, COMPTE A RENDRE PAR LE TRIBUNAL DE CASSATION. — DOMAINES NATIONAUX. — RENTES FONCIÈRES. — PENSIONS. — CONTRIBUTIONS ET CADASTRE.

Le Premier Consul envoya des conseillers d'état en mission dans plusieurs divisions militaires. Cette mission s'étendait à toutes les branches de l'administration, à toutes les parties du service public; mais elle était toute d'observation et de censure.

Son premier objet était de vérifier la gestion et la situation du payeur-général, de ses préposés et des receveurs-généraux.

Le conseiller d'état devait tenir ensuite plusieurs conseils d'administration. Le premier composé du général commandant la division, du préfet, de l'ordonnateur, des inspecteurs aux revues; le second des principaux agents des contributions directes et indirectes; le troisième des préfets et des ingénieurs des ponts-et-chaussées; et le quatrième était composé seulement des préfets. Le conseiller d'état y devait prendre tous les renseignements généraux sur la situation politique, militaire et administrative des départements de la division, sur les fonctionnaires, les hommes dangereux, ceux qui inquiétaient les acquéreurs des biens nationaux, sur les fournisseurs qui dilapidaient la fortune publique; sur les hôpitaux, l'instruction publique, sur ce qu'il y avait à faire pour rétablir les manufactures et le commerce dans l'état où ils se trouvaient pendant les temps les plus prospères, etc., etc. Il était prescrit aux autorités civiles et militaires de lui rendre des honneurs et de déférer à toutes ses réquisitions. On n'y manquait guère; par respect pour son caractère et pour obtenir ses bonnes graces, on l'accablait de fêtes et d'hommages. Le conseiller d'état devait rendre aux consuls, en séance, le compte par écrit de sa mission.

C'était une assez bonne institution, suivant que la mission était confiée à des hommes plus ou moins en état de la remplir. Elle tenait tous les fonctionnaires publics en haleine et sur le qui vive; elle fournissait aux citoyens l'occasion de communiquer leurs vues ou de porter leurs plaintes, et au Gouvernement des renseignements plus ou moins précieux sur les hommes et sur les choses, que son œil ne pouvait pas toujours observer ou atteindre.

On accordait au conseiller d'état environ quinze jours par chaque département compris dans la division militaire; il eût fallu plus d'un mois pour entrer dans tous les détails contenus dans la volumineuse instruction qui lui était donnée. Il y avait donc nécessairement une foule de choses qu'on ne pouvait voir ou traiter que superficiellement. Il fallait bien forcément se borner aux objets les plus essentiels. C'était en même temps une très-bonne école, où le conseiller d'état qui avait besoin d'instruction pouvait en puiser, et où celui qui était le plus instruit trouvait toujours à apprendre. Ce n'était pas non plus un petit avantage que celui d'avoir, au conseil d'état, quand on y discutait des intérêts de localités, des hommes qui avaient appris à les connaître et qui pouvaient en parler pertinemment. Les ministres et les directeurs généraux n'aimaient pas ces missions qui introduisaient momentanément entre eux et leurs subordonnés des intermédiaires indépendants, et qui donnaient au conseil d'état une importance dont le ministère était jaloux.

Dans le cas où l'empire de la constitution serait suspendu dans un département, le Premier Consul a-t-il le droit de nommer de nouveaux juges?

La section de législation à laquelle cette question avait été renvoyée pensa que l'art. 92 de la constitution ne permettant que d'en suspendre l'empire, les juges n'étaient que suspendus; qu'ils conservaient leur titre, que le Premier Consul ne pouvait les remplacer définitivement, mais seulement pendant la durée de la suspension.

Le Premier Consul opposait que l'art. 92 ne décidait point la question, qu'il laissait la liberté d'agir comme on le jugerait le plus utile; qu'il croyait convenable qu'il pût remplacer définitivement les juges 1° parce qu'ils avaient pu favoriser les troubles; 2° parce que des juges suspendus ne pouvaient plus recouvrer leur considération; 3° parce que ces juges, s'ils reprenaient leurs fonctions, jugeraient avec partialité.

On répondait que l'art. 92 paraissait positif; que, si les juges avaient favorisé les troubles, on pouvait les poursuivre comme auteurs ou complices, comme juges ou comme citoyens; que la suspension générale de la constitution dans un département ne pouvait en particulier déconsidérer les juges; qu'au surplus il valait mieux avoir à supporter de petits inconvénients que d'attenter à l'indépendance de l'ordre judiciaire.

Le conseil adopta l'avis de la section.

On discuta au conseil d'état le mode d'après lequel le tribunal de cassation rendrait au Gouvernement le compte annuel de ses travaux. Il était dit entr'autres choses dans le projet d'arrêté que l'on ferait savoir au tribunal le jour où le Gouvernement lui ferait une réponse.

Bigot Préameneu : « Cette disposition est inutile et inconvenante. Le tribunal doit des observations sur les abus dans l'administration de la justice et sur l'amélioration des lois. Le Gouvernement ne doit ni improuver, ni approuver. Cela nuirait à l'indépendance du tribunal. »

Roederer : « La surveillance et la subordination ne blessent en rien l'indépendance. Le Gouvernement a bien le droit de donner une direction à l'administration de la justice. »

Le Premier Consul : « Les observations du citoyen Bigot sont justes et fondées. Le tribunal de cassation ne doit aucun compte des motifs de ses jugements, sans cela il ne serait plus indépendant. Il doit seulement donner ses vues sur l'amélioration de la législation ; ce sera une occasion où l'opinion des jurisconsultes se manifestera et préparera l'opinion publique sur des points importants à soumettre au corps législatif. Ainsi le tribunal communiquera son compte au ministre de la justice, qui se disposera à répondre, au jour indiqué pour entendre ce compte. S'il contient des choses étrangères à l'administration de la justice, le Gouvernement ne le recevra pas, ou bien le Premier Consul dira : Avocats, à l'ordre ! mêlez-vous de justice et non pas de finances, etc.

Si le compte ne concerne que la justice, on ne sera pas embarrassé pour y répondre. »

Le Gouvernement prit l'arrêté suivant (5 ventôse) :

« Le tribunal de cassation enverra chaque année une députation de douze membres pour présenter aux consuls en conseil d'état, les ministres présents, le tableau des parties de législation dont l'expérience aura fait connaître les vices ou l'insuffisance, et les moyens d'amélioration. »

Dans une séance tenue par le Gouvernement, en présence des ministres et du conseil d'état, une députation du tribunal de cassation vint pour la première fois rendre le compte prescrit par l'arrêté du 5 ventôse an X, et présenta des vues sur les améliorations dont la législation était susceptible.

L'institution des jurés y fut vivement attaquée, et quoique sous le voile du doute, on y donnait la préférence à l'ordonnance de 1670 ; en attendant qu'il fût statué par le code criminel sur le sort de cette institution, on proposait d'exiger plus de conditions pour l'exercice des fonctions de juré, de simplifier la position des questions qui, sous le prétexte qu'elles ne pouvaient être complexes, se multipliaient à l'infini, de supprimer la question intentionnelle et d'adopter cette simple formule : *l'accusé est-il coupable ?* Le vœu du maintien de la peine de mort y fut exprimé surtout par la raison que le Premier Consul avait le droit de faire grace. On y demanda le rétablissement d'un collége d'avocats près de chaque tribunal.

Il s'était élevé de nombreuses réclamations contre une décision du ministre des finances (16 frimaire an VIII), portant que les paiements faits par les acquéreurs de biens nationaux en assignats, après la loi du 28 ventôse an IV, ne pourraient être admis que pour le trentième de leur valeur nominale.

Regnault présenta au conseil d'état, le 21 prairial, un projet d'arrêté pour déclarer ces paiements libératoires.

Le second consul dit que c'était un sacrifice gratuit, une dilapidation de la fortune publique.

BERENGER: « Ce qu'on craint de perdre en adoptant l'arrêté, on le gagnera bien au-delà en donnant de la stabilité aux ventes et de la valeur aux domaines nationaux. Au contraire, en rejetant l'arrêté, on alarme les acquéreurs qui de proche en proche craindront les recherches. »

Crétet appuie cet avis par la raison qu'il y a eu beaucoup de mutations, et que les recherches du trésor retomberaient sur des tiers.

Le second consul se rend à cette opinion. Il fait observer cependant que ce qui jette de la défaveur sur les ventes de biens nationaux, ce sont les paiements illusoires faits par les acquéreurs dont il s'agit dans l'arrêté, et que tôt ou tard on y reviendra, comme en Angleterre.

Le Gouvernement prit un arrêté par lequel étaient déclarés valables tous les paiements faits par les acquéreurs de domaines nationaux dont les acquisitions étaient antérieures à la loi du 28 ventôse an IV, en assignats ou en mandats valeur nominale, tant que ces papiers-monnaie avaient été en circulation.

On répandit que l'on devait imposer une taxe particulière sur les acquéreurs de biens nationaux.

Le Gouvernement dit à ce sujet (Monit. 12) :

« Le premier devoir du peuple français, la première politique de la République, sera toujours de maintenir intacts, et sans aucune espèce de distinction, les acquéreurs des biens nationaux. En effet, avoir eu confiance dans la République, lorsqu'elle était attaquée par l'Europe entière, avoir uni son sort et son intérêt privé au sort et à l'intérêt général, ce sera toujours un acte méritoire aux yeux de l'état et du peuple. »

On essayait toujours de faire revivre les rentes foncières accompagnées de cens. Le Premier Consul avait renvoyé cette question à une commission composée des conseillers d'états Treillard, Jolivet et Defermon. Quoiqu'unanime sur ce point qu'elles avaient été abolies par les lois, elle ne l'était pas sur celui de leur réintégration. Le conseil se décida pour la négative. Dans le projet d'avis, il etait dit que cette décision *était conforme au vœu national*; que faire revivre ces rentes, ce serait porter le trouble dans la société.

Le Premier Consul fit insérer cet avis dans le *Bulletin des lois*, n° 251, sans l'avoir *approuvé* et avec le retranchement des mots ci-dessus soulignés, ce qui semblait annoncer de sa part l'arrière-pensée de revenir un jour sur cette question.

A l'occasion d'un projet de loi sur les pensions, le Premier Consul dit : « Il y a deux objets dans ce projet ; le premier, donner de la publicité aux pensions qui sont toujours une occasion d'abus et de cris plus exagérés que les abus; le second, établir les pensions civiles. Les pensions militaires sont déjà réglées par des lois, il ne peut y avoir d'incertitude à cet égard; mais il n'y a pas aujourd'hui de moyen de donner une pension civile. Cela se fait par la liquidation, que cela ne regarde pas, et encore dans une limite dérisoire. Ainsi la veuve du général Hoche, lequel a rendu de grands services, ne pourrait obtenir qu'une pension de 1,200 francs; et encore elle n'en pourrait pas jouir, parce qu'elle n'est pas dans l'indigence, et qu'elle a 2 à 3,000 francs de rente.

« Il faut pouvoir donner des pensions à des hommes qui ont rendu des services civils, comme les préfets, les juges supérieurs, les conseillers d'état, et à leurs veuves. Quand il n'y a point d'avenir pour les fonctionnaires publics, ils abusent de leurs places. Le directoire, ne pouvant pas donner de pensions, donnait des intérêts dans des affaires, chose immorale. On avait promis 12,000 francs à celui qui arrêterait un brigand; il a été arrêté; il a fallu donner 12,000 francs. Une pension eût été plus économique.

« Des hommes de lettres sont dans le besoin; le ministre de l'intérieur leur donne 200,000 francs par an. C'est une forme désagréable, il n'y a rien de national. C'est une charité. »

Dans une discussion incidente sur la contribution foncière, le Premier Consul dit : « Votre système d'imposition est le plus mauvais de toute l'Europe. Il fait qu'il n'y a ni propriété, ni liberté civile, car la vraie liberté civile dépend de la sûreté de la propriété. Il n'y en a point dans un pays où l'on peut chaque année changer la quote du contribuable. Celui qui a 3,000 francs de rente ne sait pas combien il lui en restera l'année suivante pour exister. On peut absorber tout son revenu par la contribution. On voit, pour un misérable intérêt de 50 ou de 100 francs, plaider solennellement devant un grave tribunal; et un simple commis peut d'un seul trait de plume vous surcharger de plusieurs mille francs! Il n'y a donc plus de propriété! Lorsque j'achète un domaine, je ne sais plus ce que je fais. En Lombardie, en Piémont, il y a un cadastre; chacun sait ce qu'il doit payer. Le cadastre est invariable. On n'y fait des changements que dans des cas extraordinaires, et d'après un jugement solennel. Si l'on augmente la contribution, chacun en supporte sa part au marc la livre, et peut faire ce calcul dans son cabinet. On sait alors ce qu'on a : il y a une propriété. Pourquoi n'avons-nous pas d'esprit public en France ? C'est que le propriétaire est obligé de faire sa cour à l'administration. S'il est mal avec elle, il peut être ruiné. Le jugement des réclamations est arbitraire. C'est aussi ce qui fait que chez aucune autre nation on n'est aussi servilement attaché au gouvernement qu'en France, parce que la propriété y est dans sa dépendance En Lombardie, au contraire, un propriétaire vit dans sa terre sans s'inquiéter qui gouverne. On n'a jamais rien fait en France pour la propriété. Celui qui fera une bonne loi sur le cadastre méritera une statue. »

Bigot : « Il y avait un cadastre en Provence et en Languedoc. On a toujours paru effrayé des dépenses et des longueurs d'un semblable travail pour la France; c'est qu'on veut le faire géographique et mathématique. »

Crétet : « Il faut toujours pour un cadastre une mensuration ; il n'y a donc point de difficultés géodésiques ; la seule difficulté est l'évaluation pour laquelle on ne peut espérer d'atteindre la perfection. »

Le troisième Consul : « Un cadastre général est une opération monstrueuse qui coûtera plus de trente millions et exigera au moins vingt ans. La mensuration et l'évaluation ne sont pas les opérations les plus difficiles. C'est la connaissance des rapports des divers départements entr'eux. »

Le Premier Consul avait professé les plus saines doctrines et posé les vrais principes. La confection du cadastre fut ordonnée.

CHAPITRE XIII.

Sessions du corps législatif. — Opposition du tribunat.

Au 18 brumaire et depuis, Bonaparte s'était suffisamment dessiné, et assez de faits antérieurs déposaient de son caractère, pour qu'on ne pût pas varier d'opinions sur l'attitude que le Premier Consul allait prendre. Un sénat sans publicité et un corps législatif sans parole n'étaient propres à inspirer ni de vives alarmes, ni de grandes espérances. L'attente publique et celle du Gouvernement se portaient donc tout entières sur le tribunat; c'était le dernier espoir des partisans du système représentatif, ce fut la dernière inquiétude du Premier Consul.

La session du corps législatif ayant été ouverte (11 nivôse), le tribunat nomma pour son président Daunou, républicain vertueux et éclairé, réunissant le talent à la modestie. Dès la première séance, dès les premiers discours, on manifesta un esprit d'opposition.

Le Gouvernement proposa un projet de loi

concernant les opérations et communications respectives des autorités chargées par la constitution de concourir à la formation de la loi. Mathieu fit au tribunat un rapport sur ce projet, et en proposa l'adoption, après avoir indiqué cependant quelques imperfections ou quelques inconvénients dans les articles 2 et 3. Il termina ainsi son rapport : « L'esprit de votre institution fait de la vérité votre domaine honorable ; c'est à vous qu'il appartient de la mettre en valeur pour l'utilité publique. Quand des pouvoirs constitués se balancent, ils ne se combattent pas ; ils s'appuient au contraire, et se garantissent mutuellement ; quand la contradiction est un devoir, il ne peut venir dans l'esprit de personne de la regarder comme une offense ; quand elle est officielle, elle ne peut être envisagée comme inofficieuse. Lorsque la constitution a remis un très-grand pouvoir entre les mains du Gouvernement, ses auteurs n'ont pu écarter de leur pensée la crainte de la flatterie qui s'attache à tous les gouvernements, et finit presque toujours par les perdre. Ce sera donc votre devoir, tribuns, de faire entendre chaque jour le langage austère de la vérité ; vous ranimerez par là dans la nation ce généreux enthousiasme qui dispose au dévouement et double les moyens en tout genre. Vous interpellerez, avec sagesse et sans efforts, les sentiments républicains : c'est une lyre qui résonne presque spontanément; mais ce serait pour se courroucer si, contre toute apparence, des vibrations despotiques venaient ébranler l'air qui l'environne. »

Le projet fut attaqué par Duchesne, Gilet, Benjamin Constant et Ginguené. « Si la destination constitutionnelle du tribunat, dit B. Constant, n'avait pas été méconnue, le projet qui est sous nos yeux aurait subi peut-être plusieurs changements; mais l'idée d'une opposition perpétuelle et sans définition d'objet, l'idée que la vocation du tribunat ne pourrait être que de retarder la formation de la loi, a empreint tous les articles de ce projet d'une impatience inquiète et démesurée d'éluder notre résistance prétendue en nous gagnant de vitesse; de nous présenter, pour ainsi dire, les propositions au vol, dans l'espérance que nous ne pourrions pas les saisir, et de leur faire traverser notre examen, comme une armée ennemie, pour les transformer en lois, sans que nous ayons pu les atteindre... Qu'on ne mutile pas nos discussions, qui sans doute seront souvent sans résultat! Qu'on ne nous envie pas une résistance qu'il est toujours possible, qu'il est si facile de déjouer! Qu'on ne s'effarouche pas de quelques paroles qui, après avoir retenti dans cette enceinte, iront se perdre dans les airs!

« Qu'on ne rende pas notre institution une chimère et la risée de l'Europe ! »

L'orateur indiquait comme modifications au projet,

1° Un *minimum* de cinq jours francs, au moins, pour une discussion intérieure, et un espace de temps semblable pour être entendu devant le corps législatif.

2° Qu'une loi particulière déterminât les cas très-rares d'urgence excessive.

3° Que les propositions de loi fussent accompagnées d'un énoncé de leurs motifs.

4° Que le droit de fixer le jour où la discussion s'ouvrirait fût attribué non au Gouvernement, mais au corps législatif.

5° Que la faculté d'exiger l'ajournement fût remplacée par celle que la constitution accordait au Gouvernement de retirer les projets de lois.

Le projet fut défendu par Chauvelin, Riouffe et Thiessé. Le discours de Riouffe fut une philippique virulente contre B. Constant, un éloge sans mesure des trois Consuls et surtout du Premier, et une critique amère et sardonique de l'opposition. L'orateur fut rappelé trois fois à l'ordre.

Cette première discussion était déjà remarquable par son aigreur et par les talents qui s'y développaient. Le projet fut adopté par cinquante-quatre voix contre vingt-six.

Le Moniteur du 18 dit à ce sujet :

« La discussion à laquelle vient de donner lieu dans le tribunat la première proposition faite par le Gouvernement, a dû attirer tous les regards. Le public, attentif au résultat, a compté les voix avec d'autant plus d'intérêt, que la question agitée offrant peu de prise aux opinions, les petites passions ont dû avoir dans la solution à peu près la même part qu'elles ont eue dans le débat. Cependant une réflexion doit rassurer les ennemis de l'ordre, qui verraient avec quelque crainte vingt-six personnes sur quatre-vingt disposées à contrarier le Gouvernement dans les actes où il serait le moins possible de lui supposer d'autres pensées que celle qu'il exprime. D'une part, la discussion a développé des difficultés peu graves, mais suffisantes pour arrêter certains esprits, amis d'une perfection que ne comportent pas les institutions humaines, et qui s'effarouchent d'une défectuosité comme d'un vice. Si l'on retranche ceux-ci du nombre des opposants, le reste, réduit à une faible proportion du tout, ne paraît pas propre à exercer une influence dangereuse ; d'un autre côté, il serait injuste de croire qu'il y eût autant d'intentions arrêtées qu'il y a de dispositions apparentes.

« On a lieu de penser que plusieurs tribuns, auxquels on aurait pu supposer pour d'autres une déférence fondée sur l'estime ou l'intimité, ont voté diversement; et de ce fait résultent deux conséquences également satisfaisantes; l'une que les personnages à l'amour propre desquels il eût le plus importé de voir triompher leur opinion ont peu fait pour obtenir le sacrifice de celle de leurs amis; l'autre, que ceux-ci n'ont pas cru que des égards de société ou de petits ressentiments dussent entrer en concurrence avec les intérêts majeurs, urgents, impérieux de l'ordre public. Ainsi tout permet de conclure qu'il n'existe point dans le tribunat d'opposition combinée, d'opposition systématique, en un mot, de véritable opposition. Mais chacun a soif de gloire, chacun veut confier son nom aux cent bouches de la renommée; et quelques gens ignorent encore qu'on parvient moins sûrement à la considération par l'empressement à bien dire, que par la constance à servir utilement, obscurément même, ce public qui applaudit et juge. »

A la séance du corps législatif, Fourcroy, orateur du Gouvernement, répondit à toutes les objections faites contre le projet, et chercha à rassurer contre les inquiétudes exagérées qu'on avait exprimées. « Le Gouvernement, dit-il entr'autres choses, ne doit-il pas être instruit que, s'il pouvait jamais être assez déraisonnable pour vouloir empêcher ou tronquer la discussion du tribunat, et faire décider violemment le corps législatif, il briserait dans sa main le levier de sa propre force, et trouverait, dans la prudence et le *veto* des législateurs, une barrière qui résisterait à la ridicule proposition du Gouvernement? »

Le projet fut adopté par 203 voix contre 23.

On voyait, par le ton des discours du rapporteur et des orateurs qui parlèrent contre le projet, que le Gouvernement avait redouté l'opposition avant même qu'elle eût eu l'occasion de se déclarer; et que ceux des tribuns qui regardaient l'examen et la censure des projets de loi et des actes du Gouvernement comme leur droit et leur devoir, lui imputaient le dessein d'avoir voulu en gêner l'exercice. Le rapporteur Mathieu, dans sa ferme protestation de faire entendre chaque jour le langage austère de la vérité, poussait la franchise jusqu'à menacer éventuellement le despotisme.

D'un autre côté, le Gouvernement faisait attaquer l'opposition, tout en voulant donner à croire qu'il n'en existait pas; et il se disculpait par l'organe de son orateur de l'intention qu'on lui supposait de vouloir gêner la liberté des discussions. Ce début n'était pas propre à maintenir l'harmonie, et en effet cette petite guerre recommença le lendemain.

Un local dans le *Palais-Égalité* (Palais-Royal) avait été affecté aux séances du tribunat. Pour le rendre disponible, on annula des baux, on cassa des conventions et des contrats passés avec des particuliers. On ferma des maisons de jeu et de débauche. Le choix d'un semblable local fut aussi l'objet de quelques plaisanteries; on allait jusqu'à supposer qu'on avait eu par là le projet de déconsidérer le tribunat.

Un tribun fit une motion d'ordre à cet égard. Il félicita au contraire le tribunat « de ce que les soldats de la liberté étaient placés au lieu de son premier triomphe, où fut arborée la cocarde nationale; où, si l'ambition monarchique faisait reparaître des satellites armés contre la liberté, on pourrait rappeler que la liberté rangea sous ses drapeaux, jeunes encore, les vieux soldats de la monarchie; ce lieu où, si l'on osait parler *d'une idole de quinze jours*, nous rappellerions qu'on vit abattre *une idole de quinze siècles*. » Il s'éleva ensuite contre les formes violentes et illégales qu'on avait employées pour déplacer plusieurs locataires.

Cette sortie n'eut pas dans le moment d'autre suite, mais elle donna lieu à l'insertion au Moniteur du 15 d'un article intitulé : *Des Tribuns de*

Rome et des Tribuns de France. Sous le prétexte des craintes inspirées à quelques esprits par le nom de tribuns donné à une autorité chargée de concourir à la formation de la loi, on établissait, par la différence des temps et des lieux, celle qui existait entre les tribuns nouveaux et les tribuns anciens. C'était en même temps une leçon donnée au tribunat. « Également éloignés, y disait-on, d'une pusillanimité meurtrière et d'une agression inconsidérée, les tribuns se rappelleront que, si par la peur on inutilise ses forces, on les use par la témérité, et que la sagesse consiste à bien connaître ses moyens et à en faire un judicieux emploi. Instruits par une fatale expérience du danger qu'il y a de déconsidérer l'autorité, ils ne seront pas les premiers à l'insulter. Respectueux pour le guerrier qui a servi son pays, ils ne condamneront point Coriolan ou Camille à être précipités de la roche tarpéienne. »

Dans la séance du tribunat du même jour (15), Girardin réfuta le bruit répandu par la malveillance, que le tribunat était une opposition organisée, qui voulait censurer tous les actes du Gouvernement et dénoncer tous ses agents. Il recommanda la modération et s'éleva contre les vaines déclamations. « Nous n'entendrons plus, dit-il, aucun mot semblable à celui qui est échappé dernièrement à un de nos collègues, et que personne de nous n'a relevé, parce qu'il n'avait aucun sens, et ne pouvait recevoir aucune application; car nous ne connaissons point *d'idoles* en France. »

Cette explication ne détruisit point l'effet qu'avait produit la sortie violente de l'orateur; les impressions reçues de part et d'autre restèrent. Néanmoins, pendant le reste de la session, les accusations réciproques ne se renouvelèrent plus, et les discussions des projets de lois sortirent rarement des bornes de la liberté et de la décence.

Le tableau suivant des votes dans le tribunat et dans le corps législatif servira à faire parfaitement apprécier la marche de ces deux corps, leur esprit et la nature de l'opposition qu'ils apportèrent aux vues du Gouvernement. On a cru inutile d'y comprendre plusieurs projets de loi qui furent adoptés unanimement, ou avec une si petite contradiction qu'elle ne vaut pas la peine d'être comptée.

TABLEAU DES VOTES.

LOIS PROPOSÉES.	NOMBRE DE VOIX.				MAJORITÉ POUR			
	pour	contr	pour	contr	Adoption.		Rejet.	
	Tribunat.		Corps Légis.		Trib.	C. L.	Trib.	C. L.
Sur les opérations et les communications respectives des autorités chargées par la constitution de concourir à la formation de la loi.	54	26	203	23	28	180	»	»
Sur le droit de disposer de ses biens entre-vifs et par testament.....	53	35	213	53	18	160		
Sur les contributions de l'an IX...	45	40	248	19	5	229		
Sur la conscription............	60	20	246	22	40	224		
Sur l'organisation judiciaire.....	59	23	232	41	36	191		
Sur le Tribunal de cassation....	44	31	95	190	13			95
Établissement des péages au passage des ponts construits aux frais des particuliers............	25	49	76	203			24	127
Conseil des prises............	45	31	266	12	14	254		
Division du territoire et organisation administrative............	71	25	217	63	46	154		

D'abord, quant aux projets de lois rejetés, il faut remarquer que celui sur le tribunal de cassation fut cependant, quoiqu'à la faible majorité de deux voix, adopté par le tribunat, où était le véritable foyer de l'opposition, et rejeté par une majorité de 95 voix dans le corps législatif qui ne passait pas pour être trop récalcitrant. Ce rejet fut fondé sur une quantité de vices de détail, qu'on reprocha au projet, et si peu sur l'intention de contredire le Gouvernement, que le même projet, représenté ensuite seulement avec quelques modifications peu importantes, fut adopté dans le projet de loi général sur l'organisation judiciaire [1].

Quant à celui qui donnait au Gouvernement la faculté d'autoriser la perception des droits de passage sur les ponts que des particuliers feraient construire à leurs frais, il fut rejeté, parce que l'on crut que l'établissement de ces droits, qu'on assimilait à des contributions, était dans le domaine de la législation, et ne devait pas être délégué au Gouvernement. Cette doctrine, si elle n'était pas fondée, pouvait du moins se défendre.

Mais il était impossible de voir, dans ces deux exemples, la preuve d'un dessein formé de contredire à tout propos le Gouvernement, d'entraver sa marche et de le déconsidérer.

Pour ce qui concerne le tribunat en particulier, on voit que la plus forte opposition y eut lieu sur le projet de loi relatif aux contributions de l'an IX. Celle-ci était plus grave et intéressait essentiellement la marche du Gouvernement. Mais on reprochait au projet d'être incomplet et

---

[1] Il faut en convenir, la paresse influe tellement sur les opérations des assemblées délibérantes, qu'il est souvent plus facile de leur faire adopter un code tout entier, qu'une loi en une douzaine d'articles. (*Note de l'éditeur.*)

notamment de ne pas présenter des *recettes assez élevées* pour faire face aux dépenses. Ce reproche n'était pas sans fondement, et c'était une opposition assez nouvelle dans son genre et fort peu dangereuse, que celle qui voulait donner au Gouvernement plus d'argent qu'il n'en demandait.

En résultat on peut prendre pour constant que l'opposition dans le tribunat fut, terme moyen, pendant cette première session, de trente membres sur cent. Était-ce une opposition de principes ou de parti, de conscience ou d'hostilité accidentelle et variable, ou permanente et immuable? Rien n'était plus oiseux que toutes ces questions. Il y avait dans l'opposition de tous ces caractères à la fois, plus ou moins, comme dans toute opposition. La vraie question était de savoir si cette opposition entravait la marche du Gouvernement, et il n'en était nullement gêné; si elle nuisait à sa considération, et il était placé trop haut dans l'assentiment général pour avoir une semblable crainte; enfin si, susceptible de s'accroître avec le temps, elle pouvait devenir perturbatrice et dangereuse, et le Gouvernement avait dans ses mains tous les moyens possibles de s'opposer même sans violence à ses progrès; et tout portait à croire qu'à mesure qu'il acquerrait des forces, elle perdrait des siennes.

Succédant tout récemment au régime et à la prépondérance des assemblées législatives et permanentes, le Gouvernement devait s'estimer heureux d'en être quitte pour une opposition de cette nature, et il était difficile que Bonaparte, qui avait proclamé l'*ère des gouvernements représentatifs*, trouvât dans les conséquences naturelles de celui dont il était chef une résistance moins effrayante. Il en fut cependant alarmé, et dès les premiers pas de cette ombre de représentation, il ne cessa de travailler à sa ruine.

Le tribunat, chargé par la constitution de déférer au sénat, pour cause d'inconstitutionnalité seulement, les listes d'éligibles, les actes du corps législatif et ceux du Gouvernement, avait encore dans ses attributions le droit d'exprimer son vœu sur les lois faites et à faire, sur les abus à corriger, sur les améliorations à entreprendre dans toutes les parties de l'administration publique ; mais ses vœux n'avaient aucune suite nécessaire, et n'obligeaient aucune autorité constituée à une délibération.

La session annuelle du corps législatif ne durait que quatre mois, et le tribunat était permanent; quand il s'ajournait, il pouvait nommer une commission chargée de le convoquer, si elle le jugeait convenable.

Ces attributions et cette permanence surtout

s'accordaient mal avec l'idée que Bonaparte se faisait du pouvoir du Premier Consul. Cependant le tribunat lui-même parut bientôt embarrassé de cette permanence, et il n'en fit que l'usage le plus bénin et le plus modeste.

La plupart des pétitions adressées au tribunat étaient renvoyées presque sans examen et sans discussion aux ministres. Plusieurs voix s'étaient élevées contre cette légèreté avec laquelle on traitait un droit constitutionnel des citoyens.

Une commission fut chargée de présenter des vues à cet égard. Elle proposa d'ériger le bureau en une sorte de comité de pétitions. B. Constant examina la question non-seulement dans ses rapports avec un droit des citoyens, mais dans ses rapports avec la destination du tribunat, et proposa une série de mesures conformes à son but.

« Cette institution neuve, dit-il, n'est pas généralement comprise. Plusieurs bons esprits s'inquiètent de ce que nous ferons, si l'on ne nous présente pas de lois, ou lorsque le corps législatif sera ajourné. L'on n'aperçoit rien dans notre existence de fixe, de soutenu, de constant. Une destination si vague paraît convenir mal à des éléments si actifs. Mon projet dissiperait ces doutes et rectifierait ces erreurs. L'on verrait que ce qui est de règle chez vous, c'est l'amélioration, et ce qui est de hasard, l'opposition. L'opposition est votre droit, l'amélioration votre nature. Or l'on n'use pas toujours de ses droits, et l'on fait toujours ce qui est inhérent à sa nature. Constituez-vous donc ce que vous devez être, non pas chambre d'opposition permanente, ce qui serait absurde, et dans quelques circonstances, coupable; non pas chambre d'approbation éternelle, ce qui serait servile et coupable dans certains cas; mais chambre d'approbation ou d'opposition suivant les mesures proposées, et chambre d'amélioration toujours. Rassurez sur ce qu'on redoute de votre action inégale et tumultueuse, en vous donnant une action durable et tranquille de bienfaisance et de méditation. »

Le projet et les principes de B. Constant furent vivement combattus. Chauvelin nomma ce système un appel des pétitions aux pétitions. Le tribunat passa à l'ordre du jour sur le tout.

Dans la séance du 23 germinal, Chénier, un des membres de l'opposition, demanda que l'on déterminât le mode d'existence du tribunat pendant les vacances du corps législatif. Il ne voulait ni permanence de séances pendant huit mois, ni paralysie de toute espèce de forme du système représentatif. Il se bornait à demander au moins deux séances par mois. Il donna un aperçu d'une foule d'objets dont on pourrait s'occuper et fit sentir la nécessité de cette sentinelle vigilante.

Sa proposition fut adoptée, et il fut arrêté qu'il n'y aurait de séances que les 1 et 16 du mois. Ces séances furent assez nulles, et il ne s'y passa rien qui pût inquiéter le Gouvernement.

Pendant cette session, le Gouvernement proposa aussi des lois sur des objets d'un grand intérêt, tels que le concordat et ses lois organiques, l'instruction publique, la conscription, les colonies, la Légion-d'Honneur.

On avait jusqu'alors présenté séparément chaque projet de loi relatif aux échanges ou à des objets d'administration locale. Au conseil d'état il y en avait cent-vingt de cette espèce de prêts. Regnault de Saint-Jean-d'Angely fit observer qu'il conviendrait de les réunir, parce que sans cela ils occuperaient le corps législatif pendant trente séances. Le Premier Consul et Cambacérès dirent en riant : « Eh bien ! quel mal y a-t-il donc à cela ? Ce sera un os à ronger. »

On proposa d'attribuer au Gouvernement l'autorisation des échanges avec l'état et les communes qui occupaient beaucoup le corps législatif.

Le Premier Consul s'opposa à cette attribution.

« Sous l'ancien régime, dit-il, on a beaucoup crié contre les échanges. Il y avait en effet beaucoup d'abus. Pour les prévenir, il convient que ces questions soient traitées publiquement. D'ailleurs, il n'y a aucun inconvénient à laisser au corps législatif la connaissance des matières qui ne touchent qu'à la propriété, et qui ne sont pas faites pour exciter les passions. Il y a au contraire de l'avantage à lui donner cette occupation. »

Comment le Premier Consul, qui laissait une pleine liberté d'opinions dans le conseil d'état, ne put-il la supporter dans le tribunat? C'est qu'elle s'y exerçait publiquement, et qu'au conseil-d'état la discussion était secrète. Il avait dit quelquefois à des tribuns : « Au lieu de déclamer à la tribune, pourquoi ne venez-vous pas discuter avec moi dans mon cabinet? Nous aurions des conversations de famille comme dans mon conseil d'état. » En habile tacticien il cherchait à les attirer sur un terrain qui lui fût favorable. Mais la constitution avait créé un tribunat et une tribune publique.

La session du corps législatif pour l'an IX s'ouvrit le premier frimaire; il s'y manifesta, ainsi que dans le tribunat, la même opposition que dans la session précédente. Ces deux corps étaient restés composés des mêmes éléments. Le tableau suivant fait connaître à la fois les principaux projets de lois qui furent présentés, et l'opposition qu'ils éprouvèrent.

TABLEAU DES VOTES.

LOIS PROPOSÉES.	NOMBRE DE VOIX.				MAJORITÉ POUR			
	pour	contr	pour	contr	Adoption.		Rejet.	
	Tribunat.		Corps Légis.		Trib.	C. L.	Trib.	C. L.
Sur la notabilité nationale, commune, etc.	56	26	239	36	30	203		
Sur les demandes en concession de mines.	57	21	243	7	36	236		
Sur les contributions de l'an X.	56	30	229	28	26	201		
Sur la dette publique et les domaines nationaux.	30	56	227	58		169	26	
Sur un nouveau délai pour l'inscription des créances sur les émigrés.	57	20	229	34	37	195		
Pour réduire le nombre des moyens de cassation en matière criminelle.	19	71	91	195			52	104
Sur l'établissement de tribunaux spéciaux.	49	41	192	88	8	104		
Sur la réduction des juges de paix.	59	32	218	41	27	177		
Pour ôter aux juges de paix et donner à un agent spécial du gouvernem la poursuite des crimes.	63	25	226	48	38	178		
Sur les archives nationales.	5	85	58	209			80	151

La formation des listes de notabilité prescrites par l'article 7 de la constitution était une organisation politique de la nation. Jamais matière ne fut plus longuement discutée au conseil d'état. Elle fut l'objet d'une foule de rédactions successives dont les pages du Moniteur furent longtemps remplies. C'était de la métaphysique fort embrouillée dans laquelle Rœderer cherchait à porter de la clarté, et à laquelle le public ne prenait qu'un médiocre intérêt. En résultat, la loi appelait aux bénéfices et aux honneurs de la notabilité communale cinq cent mille citoyens, de la notabilité départementale cinquante mille, et de la notabilité nationale cinq mille. Tout le reste de la France, d'une nation de plus de trente millions d'individus, était exhérédé des droits d'élection et d'éligibilité. Ceux qui regardaient l'exercice de ces droits comme la base de tout gouvernement représentatif trouvaient celle-ci un peu étroite. Cette notabilité ressemblait, disaient-ils, à une aristocratie élective, patricienne, et trop concentrée pour une si grande nation. La question paraissait désormais assez oiseuse à ceux qui, voyant que la constitution avait enlevé au peuple l'élection médiate ou immédiate de toutes les magistratures et même de ses représentants, pensaient que tout mode d'élection était à peu près indifférent, quand il ne s'agissait plus que de présenter des candidats à la nomination d'un sénat placé dans la dépendance du Gouvernement. La discussion sur ce projet, composé de 154 articles, fut donc ce qu'on appelle étranglée, et il fut adopté à une assez grande majorité.

La loi sur la dette publique et les domaines nationaux fut rejetée, non pas à cause du fond, mais pour des vices que présentaient les moyens d'exécution.

La loi sur les archives nationales eut le même sort, comme incomplète, et ne faisant elle-même que servir de supplément à un arrêté du Gouvernement qui paraissait être du domaine de la législation.

Lorsque les orateurs du tribunat donnèrent au corps législatif les motifs du rejet, Regnault, orateur du Gouvernement, dit : « J'écarte la pensée d'une possibilité de jalousie de pouvoirs, aussi improbable qu'impossible, d'après l'heureuse harmonie qui règne entre eux; elle subsistera, fondée sur la conduite et les principes du Gouvernement, sur ce sentiment universellement vrai que l'usurpation est le partage de la faiblesse, et que le Gouvernement français, fort de l'opinion nationale et de son union avec les autres branches de la législature, ne peut vouloir porter atteinte à leurs droits, puisque ce serait toucher à sa propre prérogative. »

Jubé, orateur du tribunat, répondit : « L'harmonie sera toujours religieusement maintenue par le tribunat; s'il se livre ici des combats, ils seront de part et d'autre dirigés par une mutuelle et généreuse émulation. Ils auront *tous* et *toujours* pour but la plus noble et la plus sacrée des causes, la solidité du Gouvernement, l'honneur de la législation, l'affermissement de la liberté, le bonheur et la gloire des citoyens français. »

Ce fut à l'occasion du projet de loi sur la création des tribunaux spéciaux que se montra de part et d'autre le plus d'irritation. Le Gouvernement avait commencé par présenter deux projets de lois, l'un pour réduire le nombre des juges de paix et leur ôter la police judiciaire, l'autre pour donner cette attribution à des magistrats nommés *ad hoc*. On calculait qu'il y avait sur un territoire de trente mille lieues carrées six mille juges de paix, et que chacun d'eux avait environ cinq mille justiciables. On proposait de les réduire au nombre de trois mille à trois mille six cents. Le Gouvernement prétendait que dans les mains de ces juges l'action de la police de sûreté manquait de vigueur, et qu'elle en aurait davantage dans celles des magistrats plus relevés, et qui n'auraient pas autre chose à faire que de rechercher et poursuivre les délits et les crimes.

Pour cette fois, la question touchait de près à la sûreté et à la liberté individuelles ; elle était donc faite pour échauffer les esprits. L'opinion du tribunat ne parut pas favorable à ces projets de lois. Le Gouvernement crut devoir les retirer. Il en donna pour motif que ces deux projets devaient être suivis d'un troisième sur les tribunaux d'exception ; qu'il les avait présentés séparément pour ne pas embarrasser la discussion, mais que cette présentation partielle ayant fait naître des objections qui se trouveraient résolues par l'ensemble, il retirait les deux premiers projets et les représenterait tous trois.

Il les représenta en effet. Ils furent vivement attaqués au tribunat, surtout le projet de tribunaux spéciaux. On s'élevait avec raison contre l'article 32 qui tendait à rendre les citoyens justiciables du ministre de la police, et à décharger les ministres de toute responsabilité en ce qui concernait les atteintes portées à la liberté personnelle. Le Gouvernement céda et retira cet article. On n'en opposait pas moins que le projet ainsi amendé était inconstitutionnel, que la rédaction en était obscure, qu'il anéantissait l'institution des jurés, qu'il livrait les accusés, pour toutes sortes de crimes, à l'arbitraire, qu'il n'offrait aucun recours contre la violation des formes, que ; bien que dirigé seulement contre les brigands, il menaçait tous les citoyens. En un mot, on accumulait tous les arguments connus contre toute création de tribunaux d'exception.

En principe et d'après la constitution, les adversaires du projet avaient raison ; ils avaient le beau rôle. Mais la question était compliquée par des faits qui n'étaient que trop notoires, les excès du brigandage qui continuait à désoler la France et qui bravait les lois, la justice ordinaire et toute la puissance du Gouvernement. Il s'agissait donc bien moins de savoir si le projet de loi était une dérogation à la constitution, que d'examiner si l'on se trouvait dans l'une de ces situations rares, malheureuses et forcées où le salut public commande impérieusement de s'écarter des principes qui suffisent dans les temps ordinaires. Or la nécessité des tribunaux spéciaux n'était pas douteuse. Dans ce combat la victoire resta au Gouvernement, mais elle fut chaudement disputée et il tint rancune.

Le Premier Consul ne dissimula pas son humeur. Dans une audience donnée au sénat (9 pluviôse), il dit en parlant du tribunat : « Ginguené a donné le coup de pied de l'âne. Ils sont douze ou quinze métaphyciens bons à jeter à l'eau. C'est une vermine que j'ai sur mes habits... Il ne faut pas croire que je me laisserai attaquer comme Louis XVI, je ne le souffrirai pas. »

Quelques jours après, il parut avec le journal des *défenseurs de la patrie* un écrit dans le même sens, intitulé *Observations*.

Quand la loi fut adoptée, il témoigna sa satisfaction du discours qu'avait prononcé Français de Nantes et qui avait déplu au corps législatif. « Il vaut mieux, dit-il, perdre quelques voix et prouver que l'on sent les injures et qu'on ne veut pas les tolérer. » Il releva les consuls Lebrun et Cambacérès qui blâmaient le ton inconvenant de ce discours, et dit : « Ces gens-là sont comme le peuple qui a quelquefois des vapeurs ; je ne m'en inquiète guère. »

Pris dans son ensemble, le résultat de cette session n'avait donc rien de menaçant pour le Gouvernement, rien qui ne fût dans la nature et la marche du système représentatif. La chaleur des discussions, l'opposition, même le rejet de deux lois, tout cela n'était qu'un juste contre-poids à l'ascendant du Gouvernement et à la rapidité avec laquelle il étendait et fortifiait son pouvoir.

Un arrêté des Consuls (brumaire) régla le cérémonial pour l'ouverture de la troisième session du corps législatif. On y apporta plus de solennité. Le ministre de l'intérieur vint recevoir les députés; des conseillers d'état portèrent la parole. Il y eut un échange de petits discours d'apparat insignifiants et complimenteurs, tels qu'on en prononce quelquefois à l'ouverture du parlement anglais.

L'époque où s'ouvrait la session offrait de grands et d'heureux résultats ; tout s'améliorait dans l'intérieur, la République n'avait plus d'ennemis au-dehors.

Les premières délibérations du corps législatif eurent pour objet les traités de paix. Jamais elles ne commencèrent sous de plus brillants auspices. Le Gouvernement lui soumit dans l'espace de cinq jours les traités avec les États-Unis, les Deux-Siciles, la Bavière, la Russie et le Portugal. Ces traités discutés pour la forme furent la plupart adoptés à la presqu'unanimité. Qui eût osé alors montrer de l'opposition à une pacification qu'appelaient également et les vœux de l'Europe et ceux de la France ? D'ailleurs quant aux intérêts et à la dignité de la République, on pouvait en toute sûreté se confier au Premier Consul qui mettait sa gloire à stipuler pour eux.

Le traité avec la Russie fut le seul qui donna lieu à une vive discussion et pour un seul mot. Il y était dit, article 3 : « Les deux parties contractantes voulant, autant qu'il est en leur pouvoir, contribuer à la tranquillité des gouvernements respectifs, se promettent mutuellement de ne pas souffrir qu'aucun de leurs *sujets* se permette d'entretenir une correspondance quelconque, soit directe, soit indirecte, avec les ennemis intérieurs du gouvernement actuel des deux états, d'y propager des principes contraires à leurs constitutions respectives ou d'y fomenter des troubles ; et par une suite de ce concert tout *sujet* de l'une des deux puissances qui, en séjournant dans les états de l'autre, attenterait à sa sûreté, sera de suite éloigné dudit pays, et transporté hors des frontières, sans pouvoir en aucun cas se réclamer de la protection de son Gouvernement. »

Dès le 9 frimaire, à la lecture de cet article au tribunat, Thibaut l'avait interrompue par l'observation que les Français étaient des *citoyens* et non des *sujets*.

Dans la séance du 15, Costaz dit dans son rapport que l'emploi du mot *sujet*, qui ne s'accordait point avec la dignité du citoyen français, avait excité une forte attention. Il établit que ce mot n'avait été employé que par rapport aux *émigrés* qu'on n'avait pas cru devoir désigner nominativement.

Le tribunat se mit en conférence particulière pour discuter cette question. La discussion y fut violente. Chénier y dit : « Nos armées ont combattu pendant dix ans pour que nous fussions *citoyens*, et nous sommes devenus des *sujets* ! Ainsi s'est accompli le vœu de la double coalition ! »

Le traité fut adopté par 77 voix contre 14.

Cette opposition, quelqu'insignifiante qu'elle eût été dans toute autre matière, parut cependant au Gouvernement assez importante dans celle-ci pour ne pas être dédaignée.

A la séance du corps législatif du 18, le conseiller d'état Fleurieu donna lecture d'une note qui sortait directement du cabinet du Premier Consul. Elle avait pour objet de relever l'inexactitude dans le récit des faits rapportés au tribunat, de justifier l'emploi du mot *sujets*, et de proclamer la modération que le Gouvernement apportait dans sa politique. L'esprit général de la note était de rassurer les puissances sur leur indépendance, les dangers des révolutions et la guerre.

Le traité fut adopté par 229 voix contre 31.

L'Assemblée constituante avait restreint à quelques délits et crimes graves la peine de mort, si multipliée avant la révolution. La Convention l'avait entièrement abolie; ce fut son dernier acte. Mais elle avait ajourné l'effet de cette abolition jusqu'à la paix générale. Cette époque était arrivée, où devait se réaliser un vœu émis depuis longtemps par la philosophie et l'humanité. Mais le gouvernement consulaire en jugea autrement. Le Premier Consul faisait peu de cas de cette philantropie qui recule devant le sang même d'un coupable. On proposa donc au corps législatif d'ajourner indéfiniment l'abolition de la peine de mort. On se fondait sur la nécessité de réprimer par des exemples éclatants le brigandage qui ravageait encore l'intérieur.

Le projet de loi fut adopté au tribunat par 71 voix contre 10, et au Corps législatif par 234 contre 30.

Il fut question de rétablir la peine de la *marque* qui avait été abolie par l'Assemblée constituante. Dans la discussion qui eut lieu à ce sujet au conseil d'état, le Premier Consul dit : « La marque est principalement nécessaire pour le crime de faux. Les faussaires sont extrêmement multipliés. Presque toutes les pièces de comptabilité sont fausses. Voilà pourquoi l'on vend sur la place à 60, 50, ou 30 pour cent ce qu'on appelle des *exercices*. Il faut donc effrayer les faussaires par la peine. Le faussaire est ordinairement riche ; il est condamné aux fers, il s'échappe, rentre dans la société, et avec un beau salon, on va dîner chez lui. Cela n'arrivera pas quand la main du bourreau l'aura flétri. Le faussaire restera alors isolé. Ce châtiment est dans nos mœurs. En Angleterre on punit de mort le faussaire. Le roi ne peut lui faire grace. Cette rigueur est fondée sur la nécessité de prévenir la falsification du papier-monnaie.

« Appliquera-t-on la marque au voleur ? Cela n'est pas si urgent. Il y a cent voleurs à Paris, qui, la veille des fêtes nationales, se constituent prisonniers. Ils sont connus du préfet de police. »

On présenta au corps législatif un projet de loi qui rétablissait la marque pendant cinq ans, pour le crime de faux et pour tout individu condamné, en cas de récidive, à une peine de quatre ans de fers, ou davantage. Le tribunat ne parut point favorable à ce projet.

Ce fut surtout sur les premiers projets de loi du code civil présentés par le Gouvernement que l'opposition se manifesta avec le plus de vivacité.

Le tableau suivant des votes présente la force de l'opposition dans cette session.

TABLEAU DES VOTES.

LOIS PROPOSÉES.	NOMBRE DE VOIX.				MAJORITÉ POUR			
	pour	contr	pour	contr	Adoption.		Rejet.	
	Tribunat.		Corps Légis.		Trib.	C. L.	Trib.	C. L.
PREMIÈRE SESSION.								
1re loi du code civil............	13	65	139	142			52	3
2e loi du code civil............	31	61					30	
3e loi du code civil............	64	26			38			
Continuation de la peine de mort.	71	10	234	30	61	204		
Droits sur les marchandises importées du duché de Berg........	22	52	217	35		182	30	
Traité de paix avec la Russie....	77	14	229	21	63	208		
DEUXIÈME SESSION.								
Loi sur le concordat et les articles organiques....	78	7	228	21	71	207		
Instruction publique............	80	9	251	27	71	224		
La marque des condamnés......			241	23		218		
Conscription...................	58	11	246	21	47	225		
Douanes.......................			242	20		222		
Légion-d'Honneur..............	56	38	166	110	18	56		
Régime des colonies............	54	27	211	63	27	148		
Huit lois sur les finances........					à la presque unanimité.			

Pour la plupart de ces lois, l'opposition ne fut presque pas sensible. Elle fut assez forte contre le projet de loi sur les colonies, parce qu'il y maintenait l'esclavage, et très-imposante dans le corps législatif comme dans le tribunat, contre l'établissement de la Légion-d'Honneur (voyez ce chapitre, page 75). Mais ce fut la dernière. Le sénatus-consulte du 16 thermidor an X, qui proclama Napoléon Bonaparte Premier Consul à vie, réduisit en même temps le tribunat à 50 membres, à partir de l'an XIII.

Dès-lors s'évanouit l'ombre de gouvernement représentatif que la constitution avait conservé dans le tribunat, et le caractère essentiel de ce Gouvernement, la discussion libre et publique des lois; elle fut bientôt, pour la plus grande partie, transportée de la tribune dans le salon d'un consul.

Tous les projets de loi rédigés en conseil d'état finirent par être envoyés à la section compétente du tribunat, avant d'être présentés au corps législatif, discutés en comité privé, et ensuite dans des conférences entre deux ou trois délégués de la section et autant de conseillers d'état, sous la présidence du second ou du troisième consul. Dans ces conférences, on proposait les objections, on les discutait, on se mettait d'accord, et les projets de loi n'arrivaient plus au corps législatif qu'épurés par toutes ces manipulations préparatoires. Ce procédé ne laissait pas que d'offrir quelques avantages. Il en eut beaucoup pour la discussion des projets de loi du code civil; on élaguait ainsi, par voie de conciliation, beaucoup de discours; on améliorait aussi probablement les projets par des concessions réciproques. Mais d'un autre côté, la nation ne savait presque plus rien de la discussion de ses intérêts, et dans ces conférences secrètes le tribunat luttait presque toujours avec désavantage contre l'amour propre des auteurs des projets de loi, et le poids immense qu'apportaient dans la discussion les orateurs du Gouvernement.

Les membres éliminés par renouvellement du cinquième du tribunat furent Chénier, Daunou, B. Constant, Thiessé, Bailleul, Isnard, Chazal, Ganilh et Mailla-Garat, etc. On remarquait, parmi les nouveaux élus, Lucien Bonaparte, l'ex-ministre Carnot et Daru.

Quand le tribunat fut ainsi renouvelé, on mit à exécution des idées qu'avait émises le Premier Consul sur l'organisation de ce corps pour la discussion des projets de loi. Le tribunat, devenu un peu plus docile, délibéra (11 germinal an X) un simple règlement intérieur intitulé : *Du travail préparatoire*, qui le divisait en trois sections.

De son côté, le Gouvernement ordonna par un arrêté : « Que, dans le cas où il jugerait utile de donner en communication préalable, à une section du tribunat, la rédaction d'un projet de loi arrêté au conseil d'état, le secrétaire du conseil l'adresserait au président de la section que concernerait le projet.

« Que les conférences qui pourraient avoir lieu entre les membres nommés à cet effet par les sections du tribunat, et les conseillers d'état que le Gouvernement jugerait à propos d'y appeler, seraient présidées par un consul. »

Le Premier Consul, ne croyant plus avoir à redouter d'opposition dans le corps législatif et le tribunat, depuis leur épuration par le renouvellement du premier cinquième, convoqua une session extraordinaire pour le 15 germinal an X.

Plusieurs lois sur divers objets d'administration furent en effet adoptées sans difficulté, telles que le projet d'un canal de dérivation de la rivière de l'Ourcq pour amener des eaux à Paris, conçu par le célèbre Riquet et accueilli par Colbert.

L'établissement d'un droit sur la navigation des fleuves et canaux et affecté à leur entretien.

Plusieurs améliorations d'intérêt local.

La création de bureaux publics de pesage et de mesurage, établis pour répandre l'usage des nouveaux poids et mesures, et fournir des revenus aux communes.

Le réglement du poids des voitures dans une proportion relative à la forme de leurs roues, pour amener l'usage des roues à larges jantes et la conservation des routes.

L'attribution à l'autorité administrative de la répression des contraventions en matière de grande voirie.

Le rétablissement d'une nouvelle compagnie d'Afrique pour la pêche du corail.

L'amélioration de la perception du droit sur la fabrication du tabac.

Une amnistie aux militaires de terre et de mer.

Une loi nouvelle sur la marque. Elle était appliquée à la récidive du crime emportant peine afflictive, aux crimes de faux et de fausse monnaie. Cette disposition ne devait avoir d'effet que jusqu'à l'époque où la déportation pourrait être substituée à la peine de la flétrissure.

La loi attribuait la connaissance du crime de faux, de fausse monnaie, d'incendie de granges, meules de blé, et autres dépôts de grains, à un tribunal spécial composé de six juges *sans jurés*, dans la même forme de procéder que les tribunaux spéciaux établis par la loi du 18 pluviôse an IX contre le brigandage. Cette disposition devait durer autant que l'existence des tribunaux spéciaux.

Dès l'ouverture de la session du corps législatif (3 frimaire an X), Portalis apporta le premier projet de loi *sur la publication, les effets, et l'application des lois en général.* L'honneur d'entrer le premier dans cette belle carrière appartenait au jurisconsulte qui savait le mieux revêtir la science des couleurs du style et des charmes de l'éloquence. Il exposa dans un discours le plan et la division du code, les principes fondamentaux de la législation *des personnes*, et après avoir indiqué les bases de ceux *de la propriété*, il annonça que cette seconde partie ne serait point présentée dans la session.

Andrieux, rapporteur de la commission du tribunat, proposa le rejet de ce premier projet, d'après ces motifs.

« Le projet n'étant pas relatif au code civil seulement, mais à tous les autres codes et même à toutes les lois, ne devrait pas ouvrir un code auquel il n'appartient pas plus qu'à toutes les autres lois. »

Le projet contenait plusieurs dispositions qui ne paraissaient pas des articles de loi, mais des principes énoncés, des axiomes de morale ou de jurisprudence; quelques-unes de ces dispositions appartenaient plutôt au code judiciaire. On reprochait de l'incohérence à la rédaction générale et à l'ensemble du projet: une loi en huit articles non ordonnés entr'eux et dont la rédaction était en général vicieuse, n'était pas une introduction convenable au code civil, un portique digne de l'édifice qu'on voulait élever. Le projet fut donc rejeté par 65 voix contre 13. Malgré les efforts de Portalis devant le corps législatif, il y fut également rejeté par 142 voix contre 139.

Pendant cette discussion, le Gouvernement avait soumis deux autres projets de lois au corps législatif.

Boulay de la Meurthe avait présenté celui *sur la jouissance des droits civils* (le 11), et Thibaudeau celui *sur les actes de l'état civil* (le 21).

Siméon fit au tribunat un rapport sur le premier titre du premier de ces projets, et annonça que s'il n'avait été composé que de ce seul titre, la commission aurait proposé de l'adopter, quoiqu'elle y eût remarqué de légers vices de rédaction; mais que les défectuosités qui se trouvaient dans le titre second, sur lequel Thiessé devait faire un rapport le lendemain, avaient décidé la majorité de la commission à proposer le rejet de la totalité du projet.

Ce début était fait pour déplaire au Gouvernement; il mécontenta singulièrement le Premier Consul. On revint donc, au conseil d'état, sur la question de savoir quelle serait la meilleure forme de présentation du code civil, pour éviter les inconvénients de cette désunion apparente entre les premières autorités.

Le Premier Consul : « Citoyen Portalis, croyez-vous qu'il ne vaudrait pas mieux présenter le premier livre tout entier? »

Portalis : « Oui. »

Le Premier Consul : « Et vous, citoyen Cambacérès. »

Cambacérès : « Oui, mais il faudrait alors que ce livre fût revu et refondu ; sans cela, il y aura beaucoup de détails sur lesquels on trouvera à redire. Il vaudrait mieux se borner aux masses et aux règles, sur lesquelles on ne peut pas contester. »

Portalis : « En retirant les projets de loi, il faudra sans doute revoir le livre tout entier. On a rejeté le premier projet, on propose le rejet du second. Cela fait un mauvais effet et fournit des prétextes à la malveillance. »

Le Premier Consul : « Par exemple, quand je vois un homme fort, comme Siméon, demander si les individus nés dans les colonies sont Français, je me demande si la tête m'a tourné ; car c'est clair comme le jour. Quant au premier projet, j'ai lu le discours du citoyen Portalis; je ne vois pas ce qu'on peut y répondre. Il leur a arraché les dents. Si l'on n'avait présenté que des masses, tout cela ne serait pas arrivé; la discussion n'aurait porté que sur les grands principes. »

Portalis : « J'ai conversé avec des tribuns et je leur ai dit : Quand il ne s'agit que de savoir si une loi proposée est plus ou moins parfaite, la majorité doit l'adopter; car si l'on voulait épiloguer sur chaque article, quel gouvernement pourrait marcher? Voyez en Angleterre, il y a toujours majorité pour le gouvernement. Autrement on dira qu'il y a anarchie, absence d'ordre et de gouvernement. Discutez; fort bien : mais la majorité doit sacrifier ses opinions particulières à l'ordre public. Si vous ne savez pas votre métier, on sera obligé de vous mettre à la diète des lois. »

Defermon : « Cela est si vrai qu'il serait impossible de faire une loi de toutes les propositions qui ont été faites dans la discussion au tribunat. »

Thibaudeau : « En messidor dernier, j'avais émis l'opinion qu'il fallait présenter le code, autant que possible, en grandes masses, pour éviter les discussions de détail qui sont inévitables et interminables dans des assemblées représentatives. Il est probable que la discussion sur un livre ou sur le code tout entier ne serait ni plus longue ni plus verbeuse que sur deux ou trois projets, parceque les orateurs seraient obligés de s'imposer des bornes, de s'attacher aux bases principales et de négliger les détails. Je suis encore de cette opinion; ou bien si l'on persiste dans le système actuel, il faut trouver un moyen d'élaborer la discussion dans des conférences confidentielles avec le tribunat, où l'on apportera nécessairement plus de bonne foi qu'à la tribune. »

Le Premier Consul : « En effet il faut de la bonne foi, sans quoi il n'y a pas de code civil faisable. Quelle loi aurait passé dans le conseil, si on n'y avait pas mis de bonne foi? »

Rœderer : « Quand on ne discutera que les masses, les petits objets disparaîtront. »

Le Premier Consul : « Et puis nous répondrons au Tribunat par mémoires. Quelqu'éloquent qu'on soit, on ne peut pas dans vingt-quatre heures changer l'opinion d'un corps imbu, depuis un mois, de l'idée qu'une chose n'a pas de bon sens. Une heure avant que le citoyen Portalis eût parlé au corps législatif, ils disaient que les consuls et les conseillers d'état n'étaient que des ânes. »

Dumas : « Je ne conçois pas que deux corps puissent discuter un code civil. Le corps législatif n'a qu'une sanction à donner. Il n'y a pas un homme de bon sens qui puisse penser autrement. »

Cambacérès : « Cependant je ne suis pas de

l'avis du citoyen Tronchet sur les successions; eh bien, je rejeterai le code à cause de cela! »

Le Premier Consul : « Je distingue dans le code le dogme, ou la théorie de droit, et les choses de fait. Il n'y a que les dernières qui soient susceptibles de discussion. Il y a à choisir entre trois partis, suivre le mode actuel de présentation, ne présenter que les grands principes, ou enfin le code tout entier. Le dernier mode me paraît le meilleur. Le corps législatif est le peuple au petit pied. Le peuple ne peut résoudre des questions de science. »

Cambacérès adopte le second mode.

Le Premier Consul : « Il y en aurait encore deux autres. Ce serait de faire une loi sur la discussion d'adjoindre une commission du Tribunat au conseil d'état; ou bien de présenter le code tout entier avec un projet de loi approbatif comme pour un traité. Qu'en pense le citoyen Tronchet? »

Tronchet : « Il faut continuer comme on a commencé; si l'on adoptait un autre mode, cela pourrait produire un mauvais effet, donner lieu à beaucoup de raisonnements et exciter de l'humeur. On pourra rejeter quelques projets de loi; mais le corps législatif s'en lassera. Il y a dans le code des règles de droit naturel et des lois positives. Ce sont celles-ci qui forment principalement la législation d'un peuple; le reste concerne toutes les nations. Le premier livre est du droit positif. Les deux autres sont mixtes. Le législateur n'est pas maître absolu de s'écarter des lois positives, mais il ne peut s'écarter du droit naturel. Par exemple si l'on proposait de faire succéder les frères au lieu des enfants, on révolterait tout le monde. On pourrait donc régler ce qui concerne les personnes, et sauter au troisième livre. Alors on aurait donné au peuple ce dont il a le plus besoin; le reste, de droit naturel, viendrait quand il pourrait. Ce n'est pas que je veuille décharner le code, car il faut bien aussi du dogme pour arrêter le libertinage des opinions et la fureur des changements. »

Thibaudeau : « Alors il n'y aura plus de code; et cette discussion pourra durer des années. »

Le Premier Consul : Un code civil n'est pas une chose indispensable. La France a bien prospéré sans cela. Que voulez-vous faire avec des gens qui prétendent qu'on avait besoin de dire que les individus nés dans les colonies sont français? Nous avons à faire l'instruction publique et une foule d'autres choses. Il faut éviter les discussions oiseuses. »

Dumas : « L'article 29 de la constitution porte que le tribunat exprime son vœu sur les lois à faire. Ne pourrait-on pas profiter de cette disposition pour ouvrir avec lui des communications préliminaires ? »

Boulay : « Non : ce serait un moyen d'augmenter l'opposition ; nous deviendrions les bêtes noires du tribunat. »

Dumas : « Si vous supposez que le tribunat ne soit pas en harmonie avec le Gouvernement, il faut attendre. »

Le Premier Consul : « Il y a un terme moyen. Il y a deux projets de loi à la discussion. Il faut encore risquer une bataille, et nous verrons. Si on les rejette, nous prendrons nos quartiers d'hiver. Nous continuerons à discuter au conseil pour l'année prochaine. Nous pouvons supporter encore ces deux batailles. Nous aurons ensuite l'instruction publique et le budget. Ce qui m'a frappé, c'est l'expectative de neuf combats sur neuf projets de loi. »

Thiessé rapporta au tribunat le second titre du projet *sur la jouissance des droits civils*, et en proposa le rejet; et après une discussion de sept ou huit jours, il fut en effet rejeté par 61 voix contre 31.

Le projet *sur les actes de l'état civil* fut au contraire adopté par 64 voix contre 26 (le 7).

Mais le second rejet, prononcé par le tribunat, fit présumer que l'on ne serait pas plus heureux au corps législatif. Le Premier Consul ne voulut pas risquer de perdre tout-à-fait cette seconde bataille, déjà à moitié perdue, et il fit discuter et adopter au conseil d'état le message suivant au corps législatif.

« Le Gouvernement a arrêté de retirer les projets de loi du code civil et celui sur *le rétablissement de la marque*. C'est avec peine qu'il se trouve obligé de remettre à une autre époque les lois attendues avec tant d'intérêt par la nation ; mais il s'est convaincu que le temps n'est pas venu où l'on portera dans ces grandes discussions le calme et l'unité d'intention qu'elles demandent. »

Après que la séance du conseil d'état fut levée, le second consul dit : « L'étranger agit pour troubler l'intérieur, et il est servi par l'opposition du tribunat et du corps législatif. Le Premier Consul ne connaît rien à la conduite des grandes assemblées. Il n'a pas assez soigné la majorité qui existait l'an passé en faveur du Gouvernement. Il s'est laissé entraîner par le conseil d'état, et notamment par Régnier et Crétet, à de fausses mesures relativement aux émigrés. Les salons de Paris crient ouvertement contre le Gouvernement. On sera obligé de chasser quatre à cinq cents personnes de la capitale, et de prendre des mesures pour neutraliser l'opposition des grands corps. »

La discussion qui s'était élévée au sujet du traité avec la Russie, et surtout le rejet des premiers projets de loi du code civil, déterminèrent le Gouvernement à prendre, comme l'avait dit le Premier Consul, ses quartiers d'hiver. Suivant l'expression de Portalis, on mit le corps législatif et le tribunat à la diète des lois. On ne leur en présenta plus aucune; on les laissa chômer jusqu'à la fin de ventôse, c'est-à-dire jusqu'au renouvellement du cinquième, qui devait avoir lieu cette année d'après la constitution. On se proposait de profiter de cette circonstance pour éliminer de ces deux corps les membres qui gênaient, et pour se débarrasser de toute opposition.

Le 2 nivôse, à l'occasion du projet de loi sur l'instruction publique qu'il s'agissait de présenter au corps législatif, on annonça des craintes sur l'opposition du tribunat.

Le Premier Consul dit : Ils n'entendront pas un projet de loi fait pour constituer la nation, car c'est à cela que tendent les six mille élèves. Ils trouveront que la loi donne trop d'autorité au Gouvernement, comme si l'instruction publique n'était pas le premier ressort des Gouvernements. Ils se livreront à une foule de déclamations vagues; ils diront des injures pour se donner de l'importance, pour faire quelque chose.

Avec la nation française qui est toute prête à mépriser son gouvernement, si elle voit qu'on l'insulte impunément, il faut éviter ces injures. Il n'y a rien à gagner, même lorsque nous les réfuterions. N'ont-ils pas été jusqu'à trouver dans le code civil des occasions d'attaquer et d'injurier le Gouvernement? N'ont-ils pas vu, dans l'article sur l'effet rétroactif, l'abolition des effets de la nuit du 4 août 1789; dans la mort civile, une institution féodale? Je leur ai dit : Croyez-vous que si le Gouvernement voulait conspirer, vous l'en empêcheriez? Est-ce que la constitution ne lui donne pas autant de pouvoir qu'il en veut, et plus qu'il n'en peut porter? On a dit que le citoyen Boulay avait fait perdre des voix en leur disant des injures. Moi, je trouve qu'il n'en a pas dit assez. On ne peut pas marcher avec une institution aussi désorganisatrice. La constitution a créé un pouvoir législatif composé de trois branches; chacune d'elles n'a pas le droit de s'organiser, ce doit être la loi; il faut donc en faire une qui organise le mode de délibérations de ces trois branches. Il faut diviser le tribunat en cinq sections. La discussion des lois aura lieu secrètement dans chaque section; on y bavardera tant qu'on voudra; on pourra même introduire une discussion entre ces sections et celles du conseil d'état. Il n'y aura que le rapporteur qui parlera en public. Alors on aura des choses raisonnables. »

Le 17 nivôse on discutait au conseil d'état la question du renouvellement constitutionnel des membres du corps législatif et du tribunat. Le Premier Consul en prit occasion de faire une digression sur l'opposition et trancha le mot.

« Il n'en faut point, dit-il : en Angleterre elle n'a aucun danger. Les hommes qui la composent ne sont point des factieux, ils ne regrettent ni le régime féodal, ni la terreur. Ils ont l'influence légitime du talent et ne cherchent qu'à se faire acheter par la couronne. Chez nous, c'est bien différent; ce sont les anciens privilégiés et les jacobins qui forment l'opposition. Ces gens-là ne briguent pas seulement des places ou de l'argent; il faut aux uns le règne des clubs, aux autres l'ancien régime. Il y a une grande différence entre la discussion dans un pays depuis longtemps constitué et l'opposition dans un pays qui ne l'est pas encore. Dans le tribunat, les plus honnêtes gens courent après les succès, sans s'inquiéter s'ils ébranlent l'édifice. Qu'est-ce que le Gouvernement? Rien, s'il n'a pas l'opinion. Comment peut-il balancer l'influence d'une tribune toujours ouverte à l'attaque? Là où il n'y a pas de patriciens, il ne doit pas y avoir de tribunat. A Rome, c'était autre chose; encore les tribuns y ont-ils fait plus de mal que de bien. L'Assemblée constituante mit le roi au second rang, elle eut raison. Le roi avait dans sa main la noblesse et le clergé; il était d'ailleurs le représentant du régime féodal; le Gouvernement actuel est le représentant du peuple. Ces observations peuvent paraître étrangères à l'objet de la discussion, mais je suis bien aise de les faire pour que les bons esprits les propagent. Je crois que c'est la vérité. »

Portalis : « La division des pouvoirs est une erreur. Ils doivent être distincts les uns des autres, mais unis. Sans unité, il n'y a qu'anarchie. On a placé le pouvoir exécutif le dernier. Je ne suis point de cette opinion. Le corps législatif, le tribunat et le Gouvernement ne sont point des pouvoirs séparés, ce sont trois branches d'un même pouvoir. Le pouvoir le plus important est le Gouvernement, il diffère même du pouvoir exécutif; s'il cessait, tout périrait. Au contraire, on ne périt pas faute de lois; il y en a toujours assez, c'est plutôt leur multiplicité qui est pernicieuse. Il faut donc un moyen de prévenir l'inaction du Gouvernement. Il doit être dans le Gouvernement même. On dira que c'est le despotisme. L'action du Gouvernement doit être modérée et non arrêtée. Son arbitraire n'est qu'un mal passager; celui du corps législatif serait l'apoplexie du corps politique. Les corps délibérants et discutants ne doivent avoir que le pouvoir de modérer le Gouvernement, et celui-ci doit avoir les moyens de prévenir les abus de la discussion. Il faut profiter des circonstances actuelles et renouveler promptement les deux branches délibérantes du pouvoir législatif. »

Le 18 nivôse, le Premier Consul partait pour Lyon, où avait été convoquée la consulte cisalpine. Le conseil d'état alla lui *souhaiter un heureux voyage et un prompt retour*. Ce fut tout le discours de Boulay qui porta la parole. Le Premier Consul parla pendant plus d'une heure de la situation des choses, et notamment du corps législatif et du tribunat. Il établit ainsi son système :

Division du tribunat en cinq sections correspondantes à celles du conseil d'état.

Communication secrète des projets de loi à la section compétente.

Nomination, par la section, de trois orateurs chargés de discuter avec la section du conseil-d'état.

Discussion et rédaction de la loi.

Envoi du projet au corps législatif.

Rapport public.

Discussion publique entre les orateurs du Gouvernement et du tribunat.

On objecta que ce système détruirait la publicité des séances du tribunat.

Le Premier Consul : « Je ne vois pas cela. D'ailleurs, une constitution doit être faite de manière à ne pas gêner l'action du Gouvernement, et à ne pas le forcer à la violer. Aucune constitution n'est restée telle qu'elle a été faite ; sa marche est toujours subordonnée aux hommes et aux circonstances. Si un gouvernement trop fort a des inconvénients, un gouvernement faible en a bien davantage. Chaque jour on est obligé de violer les lois positives ; on ne peut pas faire autrement, sans cela il serait impossible d'aller. J'ai fait arrêter Bourmont et deux cents personnes dans l'Ouest, des contrebandiers de grain, etc. Il n'y a pas un seul ministre qui ne fût dans le cas d'être accusé. Le Gouvernement ne peut pas être despotique, parce qu'il n'a pour s'appuyer ni système féodal, ni corps intermédiaire, ni préjugés. Le jour où le Gouvernement serait tyrannique, il perdrait l'opinion publique, il serait perdu.

« Il faudrait un conseil extraordinaire pour les cas imprévus : le sénat serait très-propre à cela. J'avais à me plaindre de torts faits à un Français à Venise ; je demandai réparation, on m'opposa les lois ; je menaçai de les anéantir, et je dis qu'on avait le conseil des dix, les inquisiteurs, etc. Les inquisiteurs trouvèrent bien le moyen de me satisfaire.

« Mon projet assure l'examen calme et impartial

de la loi, et donne de la considération au tribunat. *Tribunat!* qu'est-ce que cela signifie? C'est seulement une *tribune*, une tribune sage qu'il nous faut. Le Gouvernement en a besoin. Il n'est pas nécessaire d'avoir cent hommes pour discuter les lois faites par trente. Ils bavardent sans rien faire; les trois cents sont sans parler. Trois cents hommes qui ne parlent jamais prêtent au ridicule. Il eût suffi que le corps législatif eût nommé, au commencement de chaque session, trente orateurs pour examiner et discuter les lois. Il faut enfin organiser la constitution de manière à ce que le Gouvernement marche. On n'est pas assez convaincu de la nécessité de l'unité entre les grandes autorités; sans cela rien ne peut aller. Alors il y a une inquiétude générale. Toutes les spéculations sont arrêtées. Chez une aussi grande nation, le plus grand nombre est hors d'état de juger sainement des choses.

« On parle souvent d'un événement possible, la mort du Premier Consul. Dans ce cas, si les autorités n'étaient pas unies, tout serait perdu. Au contraire, si elles étaient animées du même esprit, l'état ne serait point ébranlé, le peuple serait tranquille, il aurait une garantie. La France n'a point encore la république; la question de savoir si elle en aura une est encore très-problématique. Ce sont ces cinq ou six premières années qui en décideront. Si les autorités sont en harmonie, nous l'aurons; sinon, nous irons dix ou vingt ans, et ensuite les privilégiés l'emporteront. C'est la marche naturelle des choses; les hommes ont une tendance à cela. Encore une fois, il ne faut point d'opposition. Que voulez-vous faire avec des hommes comme Ganilh et Garat-Mailla [1] ? »

Regnault : « Je vous assure que Garat n'a pas de mauvaises intentions. Il se conduirait bien si son oncle (Garat, sénateur,) voulait lui dire un mot. »

Le Premier Consul : « Tout ce qui entoure Siéyes se conduit mal. On ne peut pas se dissimuler que c'est sa faute. Il regrette de n'être pas *grand-électeur*, c'est-à-dire maître du gouvernement. Il aurait fallu créer cette dictature exprès pour lui. Je désire qu'on écrive d'après les idées que je viens d'émettre, afin d'éclairer l'opinion. »

Lorsqu'il fut question de renouveler le cinquième du corps législatif et du tribunat, on discuta au conseil d'état la manière de procéder à cette opération. La constitution avait dit seulement que les membres de ces deux corps étaient *renouvelés par cinquième tous les ans.* Les con-

---

[1] Membres du tribunat.

seillers d'état qui penchaient pour conserver l'opposition proposaient la voie du sort; ceux qui voulaient anéantir l'opposition proposaient la voie du scrutin. Suivant Bonaparte, le sort était destructif du droit d'élection qui appartenait au sénat; on répondait qu'il exercerait ce droit en choisissant le nouveau cinquième, mais qu'il n'avait pas celui de désigner le cinquième sortant; que cette opération n'avait rien de commun avec le droit d'élection; que l'appliquer à ce cas, c'était procéder par voie d'exclusion et imprimer une sorte de flétrissure sur les membres sortants; que le sort était le moyen le plus impartial et le plus convenable. On finit par laisser cette question indécise, sur le motif que c'était au sénat lui-même à déterminer le mode qui lui paraitrait le meilleur. On savait bien qu'on y ferait passer celui de la désignation.

En effet le sénat adopta, comme plus conforme à la nature de ses fonctions, le mode d'un scrutin électif de ceux des membres composant le corps législatif et le tribunat qui devaient continuer leurs fonctions, et il arrêta qu'à compter du premier germinal an X les fonctions du corps législatif et du tribunat ne pourraient être exercées que par les citoyens qui se trouveraient inscrits sur les deux listes des membres élus pour continuer l'exercice de ces fonctions, et par ceux qui se trouveraient portés sur les listes des citoyens appelés à remplacer les sortants.

Cette déclaration passa à la majorité de 46 voix contre 13, malgré Garat, Lambrechts et Lecouteulx qui parlèrent pour le tirage au sort.

CHAPITRE XIV.

CONSULAT A VIE. — CHANGEMENTS A LA CONSTITUTION. — PROJET D'HÉRÉDITÉ.

Le Premier Consul avait dit (18 messidor an IX) : « La France n'a pas encore la république. « La question de savoir si elle en aura une est « encore très-problématique. Ce sont ces cinq ou « six années qui en décideront. » Mais il n'attendit pas si long-temps pour donner la solution de cette question. La république, comme on l'entendait alors, n'était point une forme vaine de gouvernement, puisée dans les définitions de l'école, un mot sonore, flatteur pour les oreilles de la multitude, une illusion de la philantropie rêvant des institutions parfaites pour un monde vieux et corrompu. Depuis long-temps on ne croyait plus à la possibilité d'établir en France une république à l'antique; mais on n'avait point renoncé à l'espérance d'un gouvernement conforme à la dignité de l'homme, à ses intérêts, à sa nature et à sa destination. On ne le croyait point incompatible avec *un* chef, et celui que la

France s'était donné semblait au contraire avoir été suscité par la Providence pour résoudre un problème depuis long-temps discuté par les publicistes et les philosophes. La révolution française, la plus digne peut-être dans les temps modernes de ce nom glorieux, lui avait ouvert et facilité la plus vaste et la plus belle carrière. Elle avait donné une violente commotion à l'esprit humain, elle avait réveillé les peuples et leur avait appris à connaître leurs droits. Les maux qui l'avaient accompagnée étaient passés ; chaque jour les traces s'en effaçaient; quelques années auraient suffi pour les faire entièrement disparaître. Les biens immenses qu'elle avait produits restaient ; il ne s'agissait donc plus que de les recueillir et de les conserver. Deux routes se présentaient pour gouverner la France; l'une, long-temps frayée, où le peuple n'est regardé que comme la propriété du monarque ; l'autre, dans laquelle le gouvernement n'est que le délégué du peuple et le défenseur de ses droits. On ne doutait pas que le Premier Consul ne voulût la prospérité de la France; mais on le voyait prendre la première route; on craignait qu'elle ne lui fît manquer son but, et qu'elle ne le conduisît et ne ramenât avec lui la nation vers les inconvénients et les abus inévitables dont elle est semée.

Il était plus simple, plus facile sans doute de

refaire une monarchie absolue; mais le prix inestimable qu'on entrevoyait au bout de la nouvelle carrière où la révolution avait lancé la France, semblait bien mériter qu'on en affrontât les dangers. Nul homme ne paraissait plus que le Premier Consul capable de les surmonter, s'il voulait franchement tenter cette grande entreprise et obéir à sa prédestination. Il en avait dévié dès le 18 brumaire; bientôt après il avait été facile de voir qu'il tendait à concentrer en lui tout le pouvoir, et à faire dépendre uniquement de sa propre fortune les destinées de la France. A l'époque dont il s'agit ici, on ne parlait plus que d'hérédité et de dynastie, de fortifier le Gouvernement et de diminuer l'influence des autres corps de l'État, surtout du tribunat, et d'organiser définitivement la nation. Lucien était un des plus ardents propagateurs de toutes ces idées [1]; Rœderer les appuyait de toute la puissance de sa métaphysique, et Talleyrand du suffrage de tous les cabinets. Parmi les hommes de la révolution, les uns, voyant qu'ils ne pouvaient plus arrêter ce mouvement, se taisaient; les autres le favorisaient, se consolant de la ruine de la République par les avantages personnels que leur offrirait la nou-

---

[1] Il avait dès l'an IX publié un pamphlet dans ce sens-là, que Bonaparte improuva comme une révélation prématurée de ses projets, et qui valut à Lucien, comme exil, l'ambassade en Espagne.

velle monarchie. On ne pouvait plus parler de liberté sans être signalé comme un idéologue, un jacobin, ou un terroriste. Le pouvoir s'avançait à grands pas avec ces mots *ordre* et *stabilité*, et tout conspirait en France et en Europe à sacrifier les droits du peuple en faveur du Premier Consul. A la cour une femme résistait encore au torrent; seule elle n'était point aveuglée par tous ces prestiges de grandeur. Jusque dans le lit du Premier Consul elle était tourmentée par les plus vives alarmes et assiégée par de sinistres présages. A la vérité Mme Bonaparte prévoyait peut-être sa chûte dans l'élévation de son mari au trône; mais un instinct délicat, qui chez les femmes tient souvent lieu de pénétration, ne lui laissait pas voir sans effroi régner sur les ruines de la République un homme qui devait à la République sa grandeur et sa gloire.

Depuis quelque temps on parlait dans le public d'un projet de proroger le Premier Consul pour dix ans, ou de le nommer à vie et de lui donner le droit de désigner son successeur. Il profita de la conclusion du traité de paix avec l'Angleterre qui complétait la pacification générale. Jamais homme ne s'était trouvé dans une circonstance plus favorable pour tout oser, pour tout entreprendre.

Le 16 floréal, des orateurs du Gouvernement apportèrent au sénat, au corps législatif et au tribunat, un message du Premier Consul pour annoncer le traité.

Le tribunat, sur la proposition de Siméon, arrêta d'envoyer une députation au Gouvernement pour le féliciter.

Le président (Chabot de l'Allier) quitta le fauteuil et dit :

« Chez tous les peuples on décerna des honneurs publics et des récompenses nationales aux hommes qui, par des actions éclatantes, avaient honoré leur pays, ou l'avaient sauvé de grands périls.

« Quel homme eut jamais, plus que le général Bonaparte, des droits à la reconnaissance nationale ?

« Quel homme, soit à la tête des armées, soit à la tête du Gouvernement, honora davantage sa patrie, et lui rendit des services plus signalés ?

« Sa valeur et son génie ont sauvé le peuple français des excès de l'anarchie, des fureurs de la guerre, et ce peuple est trop grand, trop magnanime, pour laisser sans une grande récompense tant de gloire et tant de bienfaits.

« Soyons, tribuns, soyons ses organes; c'est à nous surtout qu'il appartient de prendre l'initiative, lorsqu'il s'agit d'exprimer, dans une circonstance si mémorable, les sentiments et la volonté du peuple.

« Je propose que le tribunat prenne l'arrêté dont la teneur suit :

« Le tribunat émet le vœu qu'il soit donné au général Bonaparte, Premier Consul de la République, un gage éclatant de la reconnaissance nationale. Le tribunat arrête que ce vœu sera adressé par un messager d'état au sénat conservateur, au corps législatif et au Gouvernement. »

Cette proposition fut unanimement adoptée.

Le 17, Siméon, à la tête de la députation du tribunat, s'exprima en ces termes :

« Jamais les félicitations du tribunat n'avaient été déterminées par des événements si mémorables. Ce n'est plus une moisson brillante, mais sanglante et amère de lauriers ; ce sont les fruits d'une guerre glorieuse, adoucis et mûris par la paix. A côté du magnifique tableau que les orateurs du Gouvernement nous présentèrent hier de la situation où cette paix met l'Europe, nous pouvons placer celui de l'intérieur de la République, si embelli par la comparaison du passé, si riche des améliorations du présent, si heureux des espérances et des gages de l'avenir.

« Une nouvelle carrière s'ouvre devant le peuple français. Le même génie et la même habileté y guideront ses chefs, les mêmes efforts les y seconderont, le même attachement les y suivra.

« Elles méritèrent bien de la patrie, ces armées

qui l'ont sauvée, défendue, agrandie ; celui qui les conduisit tant de fois à la victoire a les mêmes droits sur la reconnaissance nationale. Ces droits sont écrits partout. Je les lis sur les drapeaux de ces braves soldats si fiers de la gloire de leur général ; ils sont gravés sur les sommets des Alpes comme dans les plaines de l'Italie.

« La victoire seule ne les a pas tracés : d'autres monuments les attestent.

« Qui a pacifié la Vendée, fait cesser les dernières proscriptions, rendu la paix aux consciences, la liberté aux cultes, aux familles des membres chéris et malheureux ?

« Je me hâte : je crains de paraître louer, quand il ne s'agit que d'être juste, et de marquer en peu de mots un sentiment profond que l'ingratitude seule aurait pu étouffer.

« Nous attendons que le premier corps de la nation se rende l'interprète de ce sentiment général dont il n'est permis au tribunat que de désirer et de voter l'expression. Quelle qu'elle soit, citoyen Premier Consul, elle ajoutera à vos honneurs les témoignages si précieux, pour une grande ame, de la reconnaissance publique. Vous appartiendrez au peuple français par ce lien de plus, bien autrement puissant que celui du pouvoir et des dignités ; il attachera plus que jamais votre bonheur au bonheur de la nation et votre gloire à sa liberté. »

Le Premier Consul répondit :

« Le Gouvernement est vivement touché des sentiments que vous manifestez au nom du tribunat.

« Cette justice que vous rendez à ses opérations est le prix le plus doux de ses efforts. Il y reconnaît le résultat de ces communications plus intimes [1] qui vous mettent en état de mieux apprécier la pureté de ses vues et de ses pensées.

« Pour moi, je reçois avec la plus sensible reconnaissance le vœu émis par le tribunat.

« Je ne désire d'autre gloire que celle d'avoir rempli tout entière la tâche qui m'est imposée. Je n'ambitionne d'autre récompense que l'affection de mes concitoyens ; heureux s'ils sont bien convaincus que les maux qu'ils pourraient éprouver seront toujours pour moi les maux les plus sensibles ; que la vie ne m'est chère que par les services que je puis rendre à la patrie ; que la mort même n'aura point d'amertume pour moi, si mes derniers regards peuvent voir le bonheur de la République aussi assuré que sa gloire. »

Cette noble réponse était digne à la fois et de

---

[1] Allusion aux mesures prises pour détruire l'opposition dans le tribunat.

la nation et de son premier magistrat. Mais malheureusement dans les grandes conjonctures les plus belles paroles n'ont souvent pour objet que de dissimuler des actions ou des projets qu'on n'ose pas encore avouer ouvertement.

Le 18 floréal, Mme Bonaparte dit au conseiller d'état N... : « Je n'approuve point tous les projets qu'on médite, je l'ai dit à Bonaparte ; il m'écoute avec assez d'attention ; mais les flatteurs le font bientôt changer d'opinion. Les nouvelles concessions qu'on lui fera augmenteront le nombre de ses ennemis. Les généraux crient qu'ils ne se sont pas battus contre les Bourbons pour leur substituer la famille Bonaparte. Je ne regrette point de n'avoir pas d'enfants de mon mari, car je tremblerais sur leur sort. Je resterai attachée à la destinée de Bonaparte, quelque périlleuse qu'elle soit, et tant qu'il aura pour moi les égards et l'amitié qu'il m'a toujours témoignés... Mais le jour où il changera, je me retirerai des Tuileries. Je n'ignore pas qu'on le pousse à s'éloigner de moi. Lucien donne les plus mauvais conseils à son frère. Cependant Bonaparte sait l'apprécier. Voulez-vous que je vous donne une idée des prétentions de ces messieurs : J'ai demandé à Jérôme pourquoi il n'était pas venu dîner le 15 ? Il m'a répondu : Je n'y viendrai pas tant qu'il n'y aura pas de place marquée pour moi ; les frères de

Bonaparte doivent avoir les premières places après lui. Je lui ai répliqué : « Rappelez-vous donc « ce que vous étiez. Allez, vous n'êtes qu'un en-« fant, toutes les places sont égales chez moi. » Si pareille chose m'eût été faite par mon fils je l'aurais mis à la porte. Il est bien étonnant que les personnes qui approchent du Premier Consul, telles que les conseillers d'état, n'osent pas l'éclairer sur les piéges qu'on lui tend... Le consul Cambacérès est d'avis de tous ces projets. »

« Comment voulez-vous, lui répondit N..., que quelques conseillers isolés puissent espérer de balancer auprès du Premier Consul sa tendance naturelle et les conseils qui de toutes parts le poussent à s'emparer du pouvoir absolu et à rétablir le trône pour lui? Vous savez comment il a traité Truguet dans plusieurs circonstances pour avoir dit la vérité, et comment il traite d'idéologues ou de terroristes ceux qui parlent de liberté. Il est assuré de la majorité du sénat, du conseil d'état et des autres corps, et la nation elle-même paraît indifférente à tout ce qui se fait, ou disposée à tout ce qu'il voudra faire. D'ailleurs toutes ces choses-là se préparent en secret, et nous n'en avons la plupart connaissance que lorsqu'elles sont arrêtées et qu'il n'y a plus de remède. Le conseil d'état n'est consulté que pour la forme. Vous connaissez assez mes principes et mes sentiments pour le Premier Consul; vous ne devez pas douter que je ne partage tout-à-fait votre opinion. Plus il recevra de pouvoir, plus il éloignera de lui ses véritables appuis, les hommes de la révolution. Ils se soumettront sans doute, mais ils n'auront plus d'affection pour lui. Il ne peut pas compter sur les nobles et les prêtres, quoi qu'il fasse pour eux; et s'il était jamais dans des circonstances difficiles, où trouverait-il des amis? Qui le soutiendrait? Que signifieraient des sénatus-consultes? Le testament de Louis XIV a-t-il été respecté? Qui peut-il désigner pour son successeur? Bonaparte, premier consul à temps, est plus puissant, plus grand qu'il ne le sera jamais, consul à vie. Puisqu'il vous écoute, répétez-lui sans cesse que toute sa gloire et toute sa sûreté sont dans le maintien d'un gouvernement libre; malheureusement les choses sont déjà bien avancées, et je doute qu'il veuille reculer. »

Elle promit de parler à son mari et engagea N... à en faire autant.

Le Premier Consul concertait ses plans avec quelques sénateurs, notamment Laplace, Lacépède, Fargues, Jacqueminot. On faisait circuler qu'il ne s'agissait que d'une prorogation de dix ans, que Bonaparte ne voulait point de nomination à vie. Les deuxième et troisième consuls disaient qu'il fallait lui forcer la main; qu'une prorogation de dix ans n'était qu'une demi-mesure, qu'on devait profiter de l'occasion pour en finir.

Lacépède fit son rapport au sénat pour la prorogation temporaire. Despinasse proposa de suite la nomination à vie. Garat, Lanjuinais et quelques autres combattirent tous ces projets. Fargues, que le consul Cambacérès mettait en avant, demanda en vain que l'on délibérât sur l'alternative de la prorogation pour dix ans ou de la nomination à vie. Le président Tronchet tint bon et posa la question de priorité; elle fut accordée à la prorogation qui fut ensuite adoptée à la majorité de soixante voix contre une, c'était celle de Lanjuinais. Tronchet n'était ni républicain, ni courtisan. Il préférait la monarchie; mais, tout en admirant Bonaparte, il le redoutait. Il avait dit dans des réunions de sénateurs : « C'est un jeune homme, il commence comme César et finira comme lui. Je lui entends dire trop souvent qu'il montera à cheval et qu'il tirera l'épée. »

Le sénatus-consulte était ainsi conçu :

« Considérant que dans les circonstances où se trouve la République, il est du devoir du sénat-conservateur d'employer tous les moyens que la constitution a mis en son pouvoir pour donner au gouvernement la stabilité qui seule multiplie les ressources, inspire la confiance au-dehors, établit le crédit au-dedans, rassure les alliés, décourage les ennemis secrets, écarte les fléaux de la guerre, permet de jouir des fruits de la paix, et laisse à la sagesse le temps d'exécuter tout ce qu'elle peut concevoir pour le bonheur d'un peuple libre ;

« Considérant de plus que le magistrat suprême qui après avoir conduit tant de fois les légions républicaines à la victoire, délivré l'Italie, triomphé en Europe, en Afrique, en Asie, et rempli le monde de sa renommée, a préservé la France des horreurs de l'anarchie qui la menaçaient, brisé la faux révolutionnaire, dissipé les factions, éteint les discordes civiles et les troubles religieux, ajouté aux bienfaits de la liberté ceux de l'ordre et de la sécurité, hâté le progrès des lumières, consolé l'humanité et pacifié le continent et les mers, a les plus grands droits à la reconnaissance de ses concitoyens, ainsi qu'à l'admiration de la postérité;

« Que le vœu du tribunat, parvenu au sénat dans la séance de ce jour, peut dans cette circonstance être considéré comme celui de la nation française ;

« Que le sénat ne peut pas exprimer plus solennellement au Premier Consul la reconnaissance de la nation, qu'en lui donnant une preuve éclatante de la confiance qu'il a inspirée au peuple français;

« Considérant enfin que le second et le troisième consuls ont dignement secondé les glorieux travaux du Premier Consul de la République;

« D'après tous ces motifs, et les suffrages ayant été recueillis au scrutin secret,

« Le sénat décide ce qui suit :

Art. I. « Le sénat-conservateur, au nom du peuple français, témoigne sa reconnaissance aux consuls de la République.

II. « Le sénat-conservateur réélit le citoyen Napoléon Bonaparte, Premier Consul de la République française, pour les dix années qui suivront immédiatement les dix ans pour lesquels il a été nommé par l'article 39 de la constitution. »

La nomination à vie ayant échoué, on se proposa de la reproduire d'une autre manière.

Le Premier Consul fit une réponse évasive en ces termes :

« Sénateurs, la preuve honorable d'estime consignée dans votre délibération du 18 sera toujours gravée dans mon cœur.

« Le suffrage du peuple m'a investi de la suprême magistrature. Je ne me croirais pas assuré de sa confiance, si l'acte qui m'y retiendrait n'était encore sanctionné par son suffrage.

« Dans les trois années qui viennent de s'écouler, la fortune a souri à la République; mais la fortune est inconstante, et combien d'hommes qu'elle avait comblés de ses faveurs ont vécu trop de quelques années!

« L'intérêt de ma gloire et celui de mon bonheur sembleraient avoir marqué le terme de ma vie publique, au moment où la paix du monde est proclamée.

« Mais la gloire et le bonheur du citoyen doivent se taire, quand l'intérêt de l'état et la bienveillance publique l'appellent.

« Vous jugez que je dois au peuple un nouveau sacrifice; je le ferai si le vœu du peuple me commande ce que votre suffrage autorise. »

Le 20 floréal, il y eut une séance extraordinaire du conseil d'état. Les deuxième et troisième consuls y étaient, ainsi que tous les ministres, excepté Fouché. Voici ce qui s'y passa.

LE DEUXIÈME CONSUL : « Cette séance extraordinaire a été convoquée pour des objets extrêmement importants. On va donner lecture d'un sénatus-consulte et de la réponse qu'y a faite le Premier Consul. On discutera ensuite le parti qu'il convient de prendre. Le Gouvernement compte dans cette circonstance sur votre zèle, vos lumières et votre attachement. »

Le secrétaire d'état Maret fait la lecture du sénatus-consulte et de la réponse du Premier Consul.

LE DEUXIÈME CONSUL : « L'objet de la discussion

est donc maintenant de savoir 1° comment on consultera le peuple? 2° sur quoi on le consultera? 3° quand on le consultera? »

Bigot de Préameneu, endoctriné par le deuxième consul, commence par des compliments pour le Premier Consul, et dit qu'il faut consulter le peuple dans les formes établies pour toutes les élections, et le plus tôt possible; et qu'il ne faut pas restreindre l'émission du vœu public dans les limites du sénatus-consulte.

Rœderer, après avoir pris son texte dans cette phrase du sénatus-consulte, *pour donner de la stabilité au Gouvernement* : « Une prorogation de dix ans ne donne point de *stabilité*; le commerce, le crédit public, tout enfin exige une mesure plus forte. Le sénat s'est borné à dix ans, parce qu'il n'a pas cru avoir le pouvoir de faire davantage; mais il faut soumettre au peuple la question de savoir si le Premier Consul sera *nommé à vie*, et *s'il aura le droit de désigner son successeur*. »

Le ministre de la justice appuie cette opinion. Il pense qu'il faut une loi pour convoquer le peuple et une proclamation du Gouvernement.

Regnault est du même avis sur le fond, et ne croit pas qu'on ait besoin de loi.

Portalis s'étend en éloges sur le Premier Consul : « Cet homme au sort duquel est attaché le sort du monde, cet homme devant qui la terre se tait. »

Dubois : « D'après tous mes rapports de police, l'opinion publique s'est fortement prononcée contre le sénatus-consulte. On demande hautement la nomination à vie du Premier Consul, et qu'il ait le droit de désigner son successeur. Je pense qu'on pourrait se borner à faire voter les *notables.* »

Le deuxième consul résume la discussion, dit qu'il voit qu'il y a unanimité dans le conseil, et met aux voix la nomination à vie; elle est adoptée.

Il consulte sur la désignation du successeur : elle est adoptée à la majorité. Cinq membres ne votent point [1]. On ne fait point de contre-épreuve.

Le deuxième Consul : « Il se présente des questions de forme tellement importantes qu'elles tiennent au fond. Par exemple, convient-il que le Premier Consul joue en sa qualité un rôle actif dans une matière qui le concerne personnellement? On pourrait nommer un commission qui ferait un rapport demain. »

Regnault : « Le sénatus-consulte est connu, il a été envoyé par le sénat au corps législatif et au tribunat. Pour ne pas laisser divaguer l'opinion publique, il faut prendre de suite un parti. Par exception à l'usage, le conseil d'état pourrait,

---

[1] Emmery, Dessolles, Berlier, Bérenger et Thibaudeau.

dans cette circonstance, exprimer le vœu des deux propositions délibérées *par forme d'avis sur le renvoi à lui fait du sénatus-consulte et de la réponse du Premier Consul.* On pourrait même suggérer aux trois grands corps de l'état de se réunir à notre vœu, ce qui serait encore plus imposant. »

PORTALIS : « Il faut agir promptement. »

LE DEUXIÈME CONSUL : « C'est aussi l'avis du consul Lebrun. Je vais donc nommer une commission qui se retirera pour travailler séance tenante à une rédaction. »

Il composa cette commission de Rœderer, Portalis, Dubois, Regnault, Bigot de Préameneu, Muraire, et du ministre de la justice. Le deuxième consul sortit un moment pour diriger le travail de la commission; elle rentra au conseil moins d'une heure après.

Rœderer, rapporteur, donna lecture de la délibération du conseil et d'un arrêté des consuls.

Cambacérès demanda si quelqu'un avait des observations à faire; personne n'ayant répondu, il mit aux voix la rédaction. Quelques conseillers d'état ne votèrent point, il n'y eut point de contre-épreuve et la séance fut levée.

Tout cela se passa sans enthousiasme, sans démonstration de joie. La majorité du conseil ne fut pas trop glorieuse de sa victoire, et la minorité parut honteuse de sa défaite.

L'arrêté suivant parut le lendemain dans le journal officiel.

« Les consuls de la République,

« Considérant que la résolution du Premier Consul est un hommage éclatant rendu à la souveraineté du peuple; que le peuple, consulté sur ses plus chers intérêts, ne doit connaître d'autres limites que ses intérêts mêmes, arrêtent ce qui suit:

Art. I. « Le peuple français sera-t-il consulté sur cette question :

« Napoléon Bonaparte sera-t-il consul à vie?

II. « Il sera ouvert, dans chaque commune, des registres où les citoyens seront invités à consigner leur vœu sur cette question.

III. « Ces registres seront ouverts au secrétariat de toutes les administrations, aux greffes de tous les tribunaux, chez tous les maires et tous les notaires.

IV. « Le délai pour voter dans chaque département sera de trois semaines, à compter du jour où cet arrêté sera parvenu à la préfecture, et de sept jours, à compter de celui où l'expédition sera parvenue à chaque commune. »

Le 21, le conseil d'état s'assembla sous la présidence du deuxième consul. Le secrétaire d'état Maret donna lecture de cet arrêté.

Le deuxième consul : « Le Gouvernement s'est réuni hier soir après votre séance. Je suis chargé de vous dire les motifs du changement notable qui se trouve dans l'arrêté. Le Premier Consul a été très-sensible au vœu unanime [1] que le conseil avait émis dans sa délibération, mais il a pensé,

1º «Que le droit de nommer son successeur appartenait au peuple; qu'il ne pouvait pas l'aliéner ;

2º «Qu'il y aurait une disparate trop frappante entre son refus d'accepter la prorogation pour dix ans sans l'approbation du peuple, et la demande du droit de désigner son successeur;

3º «Que de deux choses l'une; ou des années de tranquillité se succèderaient, comme on doit l'espérer, ou bien des crises telles que celles dont nous avons été témoins se renouvelleraient. Dans le premier cas, on serait toujours à temps de pourvoir à la désignation du successeur; dans le second, toutes les précautions prises à l'avance seraient illusoires.

« D'après cela, le Premier Consul a formellement déclaré qu'il ne voulait pas de la désignation de son successeur.

« Le conseil n'étant plus réuni et ne pouvant plus être convoqué pour être consulté sur ce

---

[1] Il ne l'avait pas été.

changement, les consuls ont pris l'arrêté, *le conseil d'état entendu*, comme cela s'est plusieurs fois pratiqué. »

Cet exposé ne donna lieu à aucune observation.

Voilà comment le Premier Consul prit seul l'initiative d'une convocation du peuple pour se faire nommer à vie contre le vœu des grands corps de l'état, et surtout du sénat où cette proposition avait été formellement faite et écartée.

Le message suivant fut adressé au sénat par le Gouvernement.

« Sénateurs, les consuls de la République vous transmettent l'arrêté qui a soumis au peuple français la proposition de proroger la magistrature du Premier Consul.

« Ils doivent, dans cette circonstance, exprimer leur sensibilité pour les témoignages honorables contenus dans la délibération du sénat, en date du 18 de ce mois. Leur vœu constant est de conserver l'estime du premier corps de l'état et de mériter toujours l'approbation du peuple français. »

Le Gouvernement adressa aussi, au corps législatif et au tribunat, la réponse du Premier Consul au sénatus-consulte du 18, et l'arrêté des consuls du 20.

Le corps législatif, après des discours du président Rabaut et du député Vaublanc, qui exaltaient la mesure prise par le Gouvernement, et le respect du Premier Consul pour la souveraineté du peuple, arrêta qu'une députation composée d'un député par département irait exprimer la reconnaissance du corps législatif au Gouvernement, pour cette grande marque de respect pour la volonté nationale. Cette proposition fut renvoyée à une commission pour en faire son rapport.

Au tribunat, Siméon et Chabot de l'Allier parlèrent dans le même sens et firent adopter les mêmes mesures.

Le Premier Consul reçut les députations. Vaublanc, au nom du corps législatif, dit :

« Citoyens Consuls, le corps législatif, après avoir félicité le Gouvernement sur la paix générale, devait, d'après la nature de ses fonctions, attendre que le sénat-conservateur et le tribunat prissent l'initiative de la reconnaissance nationale.

« En recevant le vœu prononcé par le tribunat, nous avons regretté que les bornes constitutionnelles de nos fonctions ne nous permissent pas de nous unir à une démarche qui n'était que l'expression du vœu de tous les Français.

« L'arrêté que le Gouvernement nous a transmis consacre l'hommage que le Premier Consul a rendu à la souveraineté nationale. Le corps législatif a vu, dans cet appel fait à une nation libre, le seul moyen digne de proclamer une noble récompense des plus nobles travaux. Il a cru qu'il devait annoncer son opinion par une démarche solennelle. Il partage la reconnaissance exprimée par les actes du sénat et du tribunat, et rend hommage, comme le Gouvernement, au principe de la souveraineté nationale.

« Il reconnaît que c'est à elle de prononcer; c'est à elle qu'il appartient de marquer les premières années d'une magistrature si glorieuse, par une résolution utile aux intérêts de la République, rassurante pour le repos de l'Europe, autant qu'honorable pour le magistrat illustre qui en est l'objet.

« Citoyen Premier Consul,

« Lorsque le génie de la France vous confia ses destinées, vous nous promîtes la paix. Cette promesse solennelle retentit dans tous les cœurs, et aux difficultés de ce grand ouvrage une confiance inébranlable opposait la promesse du premier magistrat : elle est accomplie aujourd'hui; la France n'a plus d'ennemis.

« Nous attendons de vous maintenant le plus haut degré de gloire et de prospérité auquel un peuple puisse parvenir par la liberté politique, civile et religieuse, par l'agriculture, le commerce, les arts de l'industrie et du génie : vos principes et vos talents en sont le gage assuré, et aux obstacles que présentera la nature des choses la confiance nationale opposera la magnanimité de vos desseins et la constance de vos travaux.

« Ainsi toujours entre le peuple et vous subsistera le lien inaltérable d'une auguste et mutuelle confiance, qui lui garantit vos efforts pour son bonheur et vous assure des siens pour vos succès.

« Bientôt par une résolution nationale sera satisfaite la reconnaissance publique et le Gouvernement affermi. Bientôt seront récompensés les travaux d'une magistrature couverte par vous d'un éclat digne de la grandeur du peuple qui l'a instituée. »

Le Premier Consul répondit :

« Les sentiments que vous venez d'exprimer et cette députation solennelle sont pour le Gouvernement un gage précieux de l'estime du corps législatif.

« J'ai été appelé à la magistrature suprême dans des circonstances telles, que le peuple n'a pu peser dans le calme de la réflexion le mérite de son choix.

« Alors la République était déchirée par la guerre civile ; l'ennemi menaçait les frontières ; il n'y avait plus ni sécurité ni gouvernement. Dans une telle crise, ce choix a pu ne paraître que le produit indélibéré de ses alarmes.

« Aujourd'hui la paix est rétablie avec toutes les puissances de l'Europe ; les citoyens n'offrent plus que l'image d'une famille réunie, et l'expérience qu'ils ont faite de leur gouvernement les a éclairés sur la valeur de leur premier choix. Qu'ils manifestent leur volonté dans toute sa franchise et dans toute son indépendance ; elle sera obéie : quelle que soit ma destinée, consul ou citoyen, je n'existerai que pour la grandeur et la félicité de la France. »

Le tribunat fit parvenir son vote au Gouvernement par l'adresse suivante :

« Citoyens Consuls, nous venons déposer dans les mains du Gouvernement les votes individuels des membres du tribunat sur cette question soumise à la décision du peuple : Napoléon Bonaparte sera-t-il consul à vie? Voter sur cette grande question, c'était pour le tribunat voter sur l'exécution même du vœu qu'il avait solennellement émis à sa séance du 16 floréal, et il était convenable, sans doute, qu'ayant pris l'initiative de la mesure, il fût aussi le premier à l'exécuter [1].

«Mais bientôt ce peuple tout entier va manifester sa volonté suprême ; et comment ne s'empresserait-il pas d'attacher à ses destinées, par le lien le plus durable, l'homme dont la valeur et le génie ont déjà fait tant de prodiges; qui, toujours vainqueur à la tête des armées, fut toujours grand

---

[1] Carnot seul vota contre.

et magnanime à la tête du Gouvernement ; qui sauva la liberté publique, termina la guerre la plus sanglante par la paix la plus honorable, rétablit la morale et la religion, ramena l'ordre et la sécurité, et qui veut encore ajouter à tant de bienfaits celui de consacrer sa vie tout entière au bonheur de ses concitoyens.

« C'est donc sur ses intérêts les plus chers que le peuple français est appelé à émettre son vœu, et c'est aussi sous les rapports politiques de la plus haute importance, qu'il doit considérer la proposition qui lui est faite de nommer à vie le chef de sa magistrature suprême.

« Il verra que cette mesure a surtout pour objet d'assurer le repos dont il a si grandement besoin, de donner au Gouvernement la stabilité qui fait sa force, de calmer les inquiétudes et les craintes sur les événements futurs, d'éloigner pour jamais les prétentions et les espérances de tous les partis, de fixer en un mot l'avenir et de terminer pour toujours la révolution.

« Tels sont les grands motifs qui ont déterminé le tribunat dans les résolutions qu'il a prises ; et sans doute la nation tout entière les sanctionnera bientôt par ses suffrages.

« Une autre considération importante s'offre encore aux amis de la liberté.

« Trop souvent, pendant le cours de la révolution,

on n'avait invoqué la souveraineté du peuple que pour faire, en son nom, les actes les plus contraires à ses droits.

« Aujourd'hui le premier magistrat de la nation demande lui-même qu'elle soit consultée sur la durée de ses fonctions, et la nation est convoquée pour exprimer son vœu. Que cet hommage éclatant rendu à la souveraineté du peuple soit solennellement proclamé !

« Mais qu'avait-on besoin de cette garantie nouvelle ?

« Bonaparte a des idées trop grandes et trop généreuses pour s'écarter jamais des principes libéraux qui ont fait la révolution et fondé la République.

« Il aime trop la véritable gloire pour flétrir jamais par des abus de pouvoir la gloire immense qu'il s'est acquise.

« En acceptant l'honneur d'être le magistrat suprême des Français, il contracte de grandes obligations et il les remplira toutes. La nation qui l'appelle à la gouverner est libre et généreuse; il respectera, il affermira sa liberté, et ne fera rien qui ne soit digne d'elle.

« Investi de sa confiance entière, il n'usera du pouvoir qu'elle lui délègue que pour la rendre heureuse et florissante.

« Il distinguera ses véritables amis, qui lui diront

la vérité, d'avec les flatteurs qui chercheront à le tromper.

« Il s'entourera des hommes de bien, qui, ayant fait la révolution, sont intéressés à la soutenir.

« Il sentira qu'il est de son intérêt, comme de sa gloire, de conserver aux autorités chargées de concourir avec lui à la formation des lois de l'état, la dignité, la force et l'indépendance que doivent avoir les législateurs d'un grand peuple.

« Bonaparte enfin sera toujours lui-même ; il voudra que sa mémoire arrive glorieuse et sans reproche jusqu'à la postérité la plus reculée, et ce ne sera jamais de Bonaparte qu'on pourra dire qu'il a vécu trop de quelques années. »

Le Premier Consul répondit :

« Ce témoignage de l'affection du tribunat est précieux au Gouvernement. L'union de tous les corps de l'état est pour la nation une garantie de stabilité et de bonheur. La marche du Gouvernement sera constamment dirigée dans l'intérêt du peuple, d'où dérivent tous les pouvoirs et pour qui travaillent tous les gens de bien. »

La réponse du Premier Consul au discours de Vaublanc était écrite, et verbale à celui de Chabot. Lorsque les députations furent sorties, il rit du discours du président du tribunat de manière à faire croire qu'il en était affecté. Fouché lui dit avec sa légèreté ordinaire : « Chabot est un honnête homme, qui a cru devoir dire tout cela seulement pour plaire à ses commettants et pour l'acquit de sa conscience. »

A l'exemple des grands corps de l'état, tous les fonctionnaires, toutes les autorités civiles, militaires, firent des adresses où l'on félicitait le Premier Consul d'avoir pris l'initiative de sa prorogation à vie [1].

Tous les discours du Premier Consul prouvaient clairement qu'il méditait des changements radicaux dans la constitution; et des écrits qu'on laissait ou qu'on faisait circuler demandaient de grandes réformes.

Le 6 prairial le conseiller d'état N... alla à la Malmaison, il trouva le Premier Consul dans son cabinet, seul, assis, lisant les journaux. Après avoir terminé l'affaire pour laquelle N... était venu, ils eurent une conversation d'environ une heure, dont voici la substance :

LE PREMIER CONSUL : « — Eh bien! qu'est-ce qu'il y a de nouveau à Paris ? — Rien que vous ne sachiez. — Qu'est-ce qu'on dit ? — On parle

---

[1] « Chaque citoyen, disait Beugnot, croira tout faire pour lui et fera beaucoup pour la patrie, en exprimant le vœu que la durée de vos pouvoirs soit la même que celle de votre vie. Si elle pouvait égaler celle de votre gloire, les destinées de la France seraient fixées; mais la nature compte et termine les jours de celui même qui a le plus de droits à l'immortalité. »

beaucoup du sénatus-consulte. — Ah! ah!... Eh bien? — Chacun en parle suivant qu'il est affecté, les uns pour, les autres contre. — Et vous, qu'en pensez-vous? — Maintenant tout est dit, c'est un procès jugé.... — Et perdu, n'est-ce pas? — Il ne vous est pas difficile de me deviner. — Je ne vous en veux pas pour cela ; je sais que vous êtes un honnête homme. Mais, mon cher, vous vous guérirez de vos rêves... Nous ne pouvions pas aller comme cela........ La France n'en sera pas moins libre,.... Elle sera la première puissance....., — Croyez-vous que le sénatus-consulte et un vote du peuple soient de bien fortes garanties, et que vous n'eussiez pas conservé le consulat sans cela ? — Je sais bien que c'est une faible garantie dans l'intérieur, mais c'est une bonne chose pour l'extérieur. Je suis dès ce moment au niveau des autres souverains ; car au bout du compte ils ne sont aussi quelque chose qu'à vie. Eux et leurs ministres me respecteront davantage. Il ne faut pas que l'autorité d'un homme qui mène toutes les affaires de l'Europe soit précaire ou du moins le paraisse. — L'opinion de l'étranger est bien moins importante que celle de la France. — Excepté quelques insensés qui ne veulent que le désordre, et quelques honnêtes gens qui rêvent la république de Sparte, la France veut de la stabilité et de la force dans le gouvernement. — Il y a plus de rêveurs que vous ne croyez qui rêvent, non la république de Sparte, mais la république française. L'empreinte de la révolution est encore toute fraîche, et la transition à un autre ordre d'idées et de choses bien rapide. — Les hommes de la révolution n'ont rien à craindre ; je suis leur meilleure garantie. — Que deviendront les hommes quand la chose n'existera plus ?..... Cette affaire-là a été mal conduite. Il eût été à désirer du moins que le sénat eût pris l'initiative sur cette mesure : cela eût paru plus légal. — C'est vrai. La commission du sénat a eu tort de ne pas se concerter avec moi. Si le président m'eût apporté la délibération au lieu de l'envoyer de suite au corps législatif et au tribunat, j'aurais fait des observations qui eussent amené un autre résultat. Mais vous savez ce que c'est que les corps, on ne les manie pas toujours comme on veut. Je me serais mis dans sa dépendance, car celui qui a le droit d'élire peut aussi destituer. Le recours au peuple a le double avantage de légaliser la prorogation, et de purifier l'origine de mon pouvoir. Autrement il aurait toujours paru équivoque. J'ai fait ce que vous avez fait vous-même à la Convention, lors de vos décrets des 5 et 13 fructidor qui ont causé tant de bruit. »

Passant ensuite à la question de la désignation de son successeur.—« Je suis bien aise que vous ayez eu plus de courage que le conseil d'état, et que vous ayez rejeté cette mesure. — Vous savez que nous sommes cinq qui ne l'avons pas votée. Cambacérès nous a épargné la contre-épreuve. Nous avons pensé que c'était une aliénation de la souveraineté du peuple..... — M'interrompant vivement : C'est Rœderer qui a fait officieusement cette proposition. Je n'en savais rien du tout. J'avais chargé Cambacérès de présider le conseil pour délibérer sur la nomination à vie et nullement sur l'autre question. Dès qu'ils m'apportèrent la délibération, je partageai vos principes et je leur dis : « Eh bien ! qui voulez-vous que je désigne ? Un de mes frères ? La nation a bien consenti à être gouvernée par moi, parce que j'avais acquis une grande gloire et rendu de grands services, mais elle dira qu'elle ne s'est pas aliénée à une famille. Sera-ce le consul Cambacérès ? Se sent-il le courage de l'entreprendre ? Il ne suffit pas d'avoir le droit de désigner son successeur ; le plus difficile est de le désigner, et je ne sais personne qui eût les qualités nécessaires et dont la nation voulût. » Ils furent aussi embarrassés que moi. [1] On a cru que c'était Joseph qui pous-

---

[1] Cette question avait été agitée entre les trois consuls et Talleyrand. Le Premier Consul parla de trois individus, Cambacérès, Lucien, Moreau, pour dire qu'il ne voudrait pas des deux derniers. Talleyrand appuyait fortement la désignation du successeur.

sait à cela. — Non, mais Lucien, et cette idée effrayait un peu. — Mes frères ont de la fortune, ils ne demandent qu'à en jouir tranquillement. — Enfin l'attente de je ne sais quels événements cause partout de l'inquiétude et du mal-aise. Il y aurait peut-être de l'inconvénient à prolonger cette situation. — Que voulez-vous? on demande des garanties pour la nation : on veut de grands corps composés de grands propriétaires, à vie, et même héréditaires. Du moins j'ai entendu cela, comme vous, dans la société. Il n'y a rien d'entamé là-dessus. — Voilà la quatrième constitution depuis 12 ans; si l'on change encore celle-ci, où s'arrêtera-t-on? Cette instabilité est toujours un grand mal, même lorsqu'on aurait l'espoir de faire mieux. Si l'on ne met pas de bornes à la manie d'innover, on n'aura plus de confiance à rien. — C'est vrai; il vaudrait beaucoup mieux environner la constitution actuelle de considération. D'ailleurs je leur dis : vos grands corps seront comme toutes les autres institutions; elles n'ont pas de bonté absolue, leur succès dépend des hommes, et comme rien n'est plus variable que leurs opinions et leurs passions, ce que vous auriez cru bien fait en principes paraîtra détestable six mois après, surtout chez une nation comme les Français. En Angleterre, la majorité du parlement est constamment la même dans une session; en France, cela change tous les jours. Enfin désignez-moi vos deux ou trois cents individus qui doivent composer un corps, vous verrez qu'il y en aura beaucoup sur lesquels on trouvera à redire. Ce sont les hommes de 91 qui veulent revenir, Rœderer, Mounier et autres. On composerait les grands corps de tous ces hommes-là, de Lafayette[1], de Latour-Maubourg; eh bien! ces deux-là m'ont écrit, au sujet du consulat à vie, qu'ils disaient *oui*, à condition que la liberté de la presse serait rétablie. Jugez maintenant ce qu'on peut espérer de ces hommes-là qui sont toujours à cheval sur leur métaphysique de 89. La liberté de la presse! Je n'aurais qu'à la rétablir, j'aurais de suite 30 journaux royalistes, et quelques journaux jacobins. Il me faudrait gouverner encore avec une minorité, une faction, et recommencer la révolution, tandis que tous mes efforts ont tendu à gouverner avec la nation. Et puis l'opinion de ces messieurs, de ces grands propriétaires, serait contre la révolution; ils ont plus ou moins souffert, ils ont en horreur tout ce qui tient à la révolution. Je les entends tous les jours. Tenez, j'ai dans ce moment sous les yeux un mémoire de six raffineurs; eh bien! à propos de sucre, c'est une diatribe contre la révolution, une réaction continuelle, on croit me faire sa cour. Que j'aille donc

[1] Voyez la lettre du général Lafayette à la fin de ce chapitre.

proposer à des grands corps ainsi composés une conscription, des contributions; ils résisteront, ils allègueront les intérêts du peuple. Que j'aie besoin d'une mesure forte dans des circonstances difficiles : ils auront peur, ils m'abandonneront par lâcheté. Que j'aie une opposition de principes révolutionnaires, elle ne sera pas dangereuse; la nation ne se passionnera pas. Que ces grands corps me forment une opposition contre-révolutionnaire, ils auront une grande partie de la nation. Il faut que le gouvernement reste aux hommes de la révolution, ils n'ont que cela pour eux. Ces corps viendraient crier à l'arbitraire, me dénoncer tel ou tel ministre. Aujourd'hui, s'il y a quelque intrigue contre un ministre, je laisse dire et je vais mon train. Il ne faut pas que le Gouvernement soit tyrannique; il ne le serait pas impunément. Mais il est impossible qu'il ne fasse pas quelques actes arbitraires. J'ai 200 chouans détenus; que je les mette en jugement, ils seront acquittés. — Vous n'aurez pas de peine à croire que je partage tout-à-fait votre opinion sur les hommes. Mais je vous assure que je crois bien sincèrement que l'intérêt général et le vôtre se trouvent ici d'accord avec le mien. Je n'entends point prononcer sur ceux de 91, ni sur ceux de 93. Il y a eu dans toutes les époques du bon et du mauvais. Je ne parle que des hommes de la révolution, et là-dessus il est facile de s'entendre. On sait ce que c'est en masse. Il n'y a qu'eux qui puissent défendre leur ouvrage et ce grand changement qu'il a produit dans les idées de la France et de l'Europe. Il n'y a qu'eux qui soient vos vrais amis, car vous êtes des leurs et leur plus forte garantie. Quant aux privilégiés, ils sont irréconciliables. Ils prendront bien les places, ils ne demandent pas mieux; ils seront dissimulés, souples, rampants, c'est leur métier; mais qu'il arrive une catastrophe, ils reparaîtront avec leur naturel, et vous sacrifieront à leurs anciennes idoles. Ils ne vous regarderont jamais comme de leur bord. — Je le sais bien, ces gens-là et les cabinets étrangers me haïssent plus que Robespierre. — Quant aux garanties nationales, je ne sais pas bien ce qu'on veut dire. Je n'en connais pas d'autres qu'un bon système représentatif des intérêts nationaux où l'opinion et les besoins publics puissent se manifester sans ébranler le Gouvernement, ni nuire à son action. Les institutions viennent ensuite peu à peu conformes à ces besoins et à cette opinion. Je sais que la Constitution actuelle est loin d'être parfaite. Il n'y en a point qui le soit, mais avec le temps on peut la perfectionner. Les secousses violentes sont toujours fâcheuses..... — C'est Siéyes qui nous a fait tout cela, un rêve creux, un homme médiocre. J'eus la faiblesse de vouloir lui laisser organiser le corps législatif ; heureusement, je m'occupai davantage du gouvernement. Il voulait son *grand électeur* résidant à Versailles avec six millions de revenus. Je lui dis : « croyez-vous que la nation verra avec plaisir un cochon dépenser tant que cela sans rien faire ? » Et ses deux consuls, l'un de l'intérieur, et l'autre de l'extérieur ! Je lui dis encore : « Mais si j'étais grand électeur, ayant le droit d'élire et de destituer ces deux magistrats, pensez-vous qu'ils osassent rien faire sans mon assentiment ? » Le sénat a été manqué, il n'a pas assez à faire ; on n'aime pas en France à voir des gens bien payés pour ne faire que quelques mauvais choix. Regnault était un de ceux qui criaient le plus fort que la garantie de la nation était dans le sénat, mais pour cela il eût fallu lui donner d'autres attributions. — On pourrait réparer cette faute et utiliser réellement le sénat dans le système représentatif. — Est-ce que vous voudriez une chambre haute ? — Je l'aimerais mieux que rien et le sénat n'est rien. — Vous voyez donc bien qu'on ne peut pas laisser les choses comme elles sont. Il vaudrait mieux donner tout de suite une forte réparation à l'édifice que d'attendre qu'il tombe en ruine. — Si vous le pensez, cela se fera ; il ne s'agit plus que de savoir comment. — Oui, c'est là la question. Avez-vous quelques idées là-dessus ? —

Je vous demanderais quelques jours de réflexion. — Vous me les remettrez. — Je vous demande la permission d'être franc. — Cela va sans dire. »

En sortant de chez le Premier Consul N... trouva madame Bonaparte qui, dès qu'elle l'aperçut, quitta Bourienne avec qui elle était, vint au-devant de N... et l'emmena dans le parc ; là dans une allée retirée, regardant autour d'elle avec l'inquiétude d'être entendue, elle lui dit en lui demandant le secret : « Vous ne savez pas ce qui se passe ? Lucien vient ici très-souvent, il a de longues conférences avec Bonaparte. Hier il a été encore quatre heures seul avec lui. Il veut absolument l'hérédité. Il y travaille avec Rœderer, Talleyrand, Regnault et Fontanes. En sortant de chez Bonaparte, Lucien me dit : « Vous allez aux eaux, il faut y faire un enfant. — Comment pouvez-vous donner un semblable conseil à la femme de votre frère ? — Oui, il le faut, puisqu'il ne peut pas vous en faire. Si vous ne le pouvez pas, ou si vous ne le voulez pas, il faut que Bonaparte en fasse un à une autre femme et que vous l'adoptiez. C'est dans son intérêt, dans le nôtre et dans le vôtre. Il faut assurer l'hérédité. — J'aimerais mieux travailler pour gagner ma vie que de consentir à une action aussi infame. Croyez-vous d'ailleurs que la nation consentît à tout cela et à se laisser gouverner par un bâtard ?

Il faut que vous n'ayez guère de respect pour elle. Vous perdez votre frère. » Lucien persista et se retira.[1]

« Je suis sûre que Talleyrand a remis à Bonaparte le plan d'une nouvelle constitution, l'hérédité y est proposée. Ce matin j'ai eu une longue conversation avec Bonaparte à ce sujet. Il m'a avoué que Lucien lui avait fait toutes ces propositions. Alors je lui ai dit : « Mais comment peux-tu avoir confiance en Lucien? Ne m'as-tu pas dit, toi-même, que tu avais vu une lettre qu'il écrivait à ton oncle (l'abbé Fesch) dans laquelle il menaçait ta vie? Ne m'as-tu pas dit qu'il ne serait jamais rien tant que tu serais Premier Consul? Et cependant tu écoutes ses conseils. » Bonaparte est convenu de tout cela : Je connais bien, m'at-il dit, les caractères des personnages et toutes leurs intrigues. — Mais à force de les écouter ils t'entraîneront dans leurs piéges. — Mêle-toi de filer. — Oui, mais quand je vois qu'on veut te perdre, je ne garderai pas le silence. Ces messieurs

---

[1] Las Cases fait dire à Napoléon que lorsque Joséphine dut renoncer à l'espoir d'avoir un enfant, elle le mit souvent sur la voie d'une grande supercherie politique; qu'elle finit même par oser la lui proposer directement. (Tom. III, p. 354.)

On voit, par les conversations de Joséphine, que cette supercherie lui fut au contraire proposée, et qu'elle la repoussa avec indignation. (*Note de l'éditeur.*)

peuvent faire ce qu'ils voudront contre moi, mais je t'éclairerai toujours sur leurs manœuvres. »

N... rapporta alors à madame Bonaparte la conversation qu'il venait d'avoir avec le Premier Consul. « Vous avez bien fait, répliqua-t-elle ; les flatteurs le perdront. Sur la désignation de son successeur il n'a pas dit vrai. Il y avait eu ici des dîners et de longues conférences avec des sénateurs, Laplace, Lacépède, Jacqueminot, etc., et tout cela avait été convenu. Mais la stupeur que cette proposition causa dans le conseil d'état fit renoncer à cette mesure.... Ils se vantent d'avoir gagné Bourienne, j'ai peine à le croire, il faut que vous le sondiez. Ils veulent faire renvoyer Chaptal et Fouché. Fouché les gêne parce qu'il dit la vérité à Bonaparte. Il est perdu s'il renvoie Fouché. Ils donnent pour motifs de l'hérédité, que l'opinion publique la réclame ; ils vont le faire écrire par les préfets ; ils disent que de riches capitalistes étrangers n'osent pas placer leurs fonds en France à cause de l'instabilité du gouvernement. Que sais-je ce qu'ils inventent ? Dans tout ceci Lucien travaille pour lui, Rœderer pour Lucien, Talleyrand pour je ne sais qui, car avec lui on ne sait sur quoi compter. D'ailleurs Bonaparte ne paraît pas donner dans ces idées, mais il les écoute ; et comme presque personne ne les combat auprès de lui, il peut finir par être entraîné.

Je lui redis souvent : « Il y a deux choses qui perdent les hommes, la faiblesse et l'ambition. » Ce n'est pas pour moi que je parle, car je n'ai aucunes prétentions. Mais quel dommage qu'un jeune homme qui a de si grands titres à la gloire et aux hommages de son siècle et de la postérité soit corrompu par des flatteurs ! En causant avec moi de tous ces projets de stabilité il me dit : « C'est aussi dans ton intérêt et dans celui de tes enfants, car si je mourais, tu serais égorgée. » Je lui réponds : « Je suis contente de ma situation, je ne désire rien de plus, ni pour moi, ni pour ma famille. Je ne crains rien pour l'avenir. » Je ne me suis point enrichie aux dépens de la nation. Je ne possède rien que ce j'avais avant de l'épouser. Mes diamants, ils m'ont été donnés par le pape et la république cisalpine. Je n'ai point d'argent, car je ne sais pas refuser 25 louis à ceux qui en ont besoin. Je n'ai que des dettes. Je n'ai pas voulu que mon fils eût un grade qu'il ne l'eût mérité..... Ah ! mon cher, ces hommes-là sont capables de tout pour en venir à leur but. J'envie souvent la paix et l'obscurité de la femme d'un laboureur. Il serait utile de les démasquer dans quelques journaux. Pour Bonaparte lui-même, il n'y a que cela qui puisse le tempérer ; il est très-sensible aux sarcasmes qui sont dans les journaux anglais. Aussi l'entendez-vous déclamer contre les écrivains et les avocats. Cependant je crois que son père était avocat. Et Lucien qui s'est appelé *Brutus!* et qui aujourd'hui projette un grand mariage avec je ne sais quelle princesse! Pourquoi n'a-t-il pas épousé une infante pendant qu'il était en Espagne? Cela n'est-il pas ridicule?»

Dans tout le cours de cette conversation, N... donna à madame Bonaparte les consolations que pouvaient lui suggérer son éloignement de tout système d'hérédité et son attachement pour elle, il lui recommanda d'être moins confiante envers des gens qui la trahissaient, de n'entrer dans aucune intrigue, et de se borner à dire franchement au Premier Consul lui-même tout ce qu'elle croirait propre à contredire les projets vers lesquels on le poussait. N... lui dit qu'étant conseiller d'état, il ne pouvait ni ne devait rien écrire contre le Premier Consul; que du reste elle se trompait fort, si elle croyait qu'un homme comme lui reculerait devant des articles de journaux; qu'il aimait mieux lui remettre ouvertement ses réflexions puisqu'il le lui avait permis, que de combattre clandestinement ses projets.

N... remit le surlendemain au Premier Consul une note dans laquelle il proposait ses vues sur l'organisation d'un gouvernement véritablement représentatif, et sur les institutions propres à garantir les libertés nationales.

Rœderer, conseiller d'état, chargé de l'instruction publique, écrivait aux préfets, en apparence de son chef, mais probablement de l'aveu du Premier Consul, des circulaires qui donnaient lieu à toutes sortes de commentaires et qui répandaient l'inquiétude dans les départements. On disait à Paris qu'il provoquait des votes pour l'hérédité. Dans le fait par une circulaire du 25 floréal, il avait excité simplement le zèle des préfets pour recueillir le plus grand nombre de suffrages possibles sur le consulat à vie. « La reconnaissance et l'attachement au Gouvernement, le désir de sa stabilité sont, disait-il, les sentiments qui se partagent les cœurs français. »

Par une circulaire du 14 prairial, il avait indiqué, comme un des moyens exempts d'inquisition qui pouvaient concourir à faire connaître l'esprit public, et le plus sûr, de fixer quelques idées sur l'existence civile des plus grands propriétaires de la nation, parce que c'étaient eux qui par la triple influence de l'exemple, des discours et de la dépense, déterminaient dans les temps calmes les opinions et les affections générales. Il demandait comme travail provisoire le nom du plus imposé aux rôles des contributions directes de chaque arrondissement avec des détails statistiques, et ensuite la liste des 60 citoyens les plus imposés. « Quoique les instructions que le Gouvernement souhaite de recueillir, disait-il, ne portent ni sur les opinions, ni sur les actions de personne, et que l'unique objet de ce programme soit de connaître l'état de la propriété en France, il sera sage d'éviter que votre travail n'acquière de la publicité. Après les secousses que la France a éprouvées, les esprits s'inquiètent facilement et la malveillance est toujours prête à se réveiller. »

On avait à cœur de savoir positivement ce que contenaient les lettres de Rœderer; on en demandait confidentiellement des copies à Lapparent, préfet de la Vienne, et à Doulcet-Pontécoulant, préfet de la Dyle.

Ces deux préfets envoyèrent copie des circulaires. Doulcet-Pontécoulant mandait : « Que sans le sénateur Lecoulteux, qui avait passé 24 heures à Bruxelles, il n'aurait pas su ce que voulait dire la circulaire du 14 prairial et qu'encore très-certainement il ne savait pas tout ; qu'il détestait les ambitieux et qu'il n'aimait pas beaucoup les novateurs. » Lapparent écrivait : « Qu'il n'avait rien reçu de relatif à l'hérédité, excepté sous enveloppe plusieurs votes imprimés où on la demandait. (probablement en votant sur le consulat à vie). »

Plus de vingt préfets écrivirent au ministre de l'intérieur Chaptal, en le prévenant de ces circulaires, que ce qui en avait percé dans le public, malgré le secret recommandé, causait beaucoup d'inquiétudes et faisait craindre de grands changements. Chaptal qui regardait cette circulaire comme un empiétement sur son ministère, et qui paraissait être contre les projets de stabilité, même du consulat à vie, s'en plaignit au Premier Consul qui soutint n'avoir point autorisé Rœderer à écrire et en parut très-mécontent : Chaptal disait à ses amis : « Ces gens-là ne savent ce qu'ils veulent, ils vont toujours de l'avant, pour rétablir l'ancien régime sans en prévoir les conséquences. Malheureusement ils nous entraîneront avec eux dans leur perte. » Il désignait ainsi, avec Rœderer, Beugnot, préfet à Rouen, qui poussait aussi à l'hérédité et que Lucien poussait au ministère de l'intérieur. Outre les adresses sur le consulat à vie dans lesquelles on réclamait des mesures encore plus décisives, la France était inondée de pamphlets où l'on émettait hautement le même vœu. Quand on en parlait au Premier Consul, il répondait que *c'étaient des sottises.*

Il y eut cependant aussi quelques écrivains qui osèrent réclamer les droits de la nation. Camille Jordan publia un écrit très-remarquable intitulé: *Vrai sens du vote national sur le consulat à vie.* Il votait pour, il expliquait son intention et faisait ses conditions comme organe de l'opinion publique. Il demandait des institutions, la garantie de la liberté civile et politique, et le rétablissement préalable des garanties contenues dans la constitution et actuellement suspendues, savoir, la cessation des détentions arbitraires, la responsabilité des agents du pouvoir, l'indépendance de l'ordre judiciaire fondée sur de bons choix, la nomination par le peuple aux fonctions municipales et le rétablissement de la liberté de la presse. « Qu'on la délivre, disait-il, de cette puissance vague empruntée aux gouvernements despotiques, la police. Toutes ces améliorations sortent de la constitution elle-même. Mais il en est d'autres à faire, dans un moment où elle est altérée, à l'article si essentiel de la nomination d'un premier magistrat ; 1° déterminer le droit de cité, ne l'accorder qu'aux propriétaires ; 2° une représentation nationale nommée par le peuple, chambre des citoyens ; un corps de magistrats à vie, chambre haute, plus forte propriété. Organiser la puissance militaire d'une manière plus sûre pour l'état. Le pouvoir exécutif doit la diriger et non la composer à son gré. Indiquer par des institutions la prééminence de l'autorité civile. Faire une milice de propriétaires. Déterminer le mode de remplacement de la première magistrature. L'élection est préférable à l'hérédité. L'hérédité n'aurait plus aujourd'hui pour elle les prestiges de l'ancienne dynastie. Les mêmes illusions n'existent plus. Consulter du reste le peuple sur cette question. Si l'hérédité était adoptée, que ce fût au moins avec les réformes indiquées. Il faut stipuler notre charte. Les Français feront la réponse des députés des Cortès. « Prendre le titre d'*empereur des Gaules*, ce serait remonter à la barbarie ; c'est un terme en usage chez le Grand-Mogol et à Maroc. Il vaudrait mieux président, protecteur, consul, même roi. »

Tout cela était assaisonné de sorties énergiques contre les flatteurs. Ils criaient que l'auteur était un royaliste. Il est vrai qu'il l'avait été ; mais on le disait converti, depuis l'accueil que le Premier Consul lui avait fait à Lyon, lors de la consulte italienne. En tout cas, ce royaliste-là n'était pas aussi dangereux que ces révolutionnaires qui, sans stipuler les garanties de la nation, ne se faisaient aucun scrupule de prêter les mains au rétablissement du trône. L'ouvrage fut saisi. Duchesne, fils du tribun, qui l'avait remis à l'imprimeur, fut arrêté. Il refusa d'abord d'en nommer l'auteur, et ne le nomma que sur l'assurance qu'il ne lui serait rien fait. Camille Jordan se justifia auprès du ministre de la police sur ce que son ouvrage était apologétique de Bonaparte. Fouché lui répondit que le Gouvernement n'avait pas besoin d'apologie, et qu'il n'en voulait pas plus que de critique.

Le 10 thermidor, les consuls envoyèrent au sénat, par un message signé Cambacérès, les registres des votes sur le consulat à vie pour en faire le dépouillement et proclamer le vœu du peuple. Il se trouva 3,577,885 votants, et pour le consulat à vie, 3,368,259.

Cependant le Premier Consul continuait de travailler à la réforme constitutionnelle. Les plans se mûrissaient; on n'en faisait plus mystère. Lucien disait à Truguet : « Tout sera de la part de Bonaparte désintéressement et générosité. »

Madame Bonaparte dit à N... (12 thermidor) : « Les affaires vont bien ; l'on va en effet faire quelques changements à la constitution, *des lois organiques*. Les deuxième et troisième consuls seront nommés à vie : il n'y aura ni hérédité, ni désignation de successeur. Le sénat conservera la nomination du Premier Consul en cas de vacance. J'ai dit il y a quelques jours à Bonaparte : *Eh bien, quand me fais-tu impératrice des Gaules?* Il a ri et m'a dit : *Quoi! la petite Joséphine impératrice!* Je lui ai répondu en lui citant ce vers :

« Le premier qui fut roi fut un soldat heureux. »

La femme de ce soldat partage son rang. Il a répliqué que c'était une absurdité. — Le Premier Consul vous trompe, il nous trompe tous. — Je vous assure que Bonaparte voit bien, il a de bonnes intentions, c'est un honnête homme; on peut l'éblouir quelquefois : qui peut résister à tant de flatteries? mais la raison le ramène toujours dans le bon chemin. »

Le même jour, à un dîner de conseillers d'état et de sénateurs chez Defermon, on se parla tout bas des changements; ils étaient généralement improuvés, quoiqu'on ne les connût pas positivement. Lanjuinais était indigné du rôle que l'on faisait jouer au sénat. « On veut, dit-il, que nous nous donnions, que nous donnions un maître à la France. Qu'y faire? Toute résistance est désormais inutile, il faudrait des armées pour s'opposer à tout cela; il ne reste plus qu'à se taire, c'est le parti que je prends. »

Le 14, madame Bonaparte, à Malmaison, dit à N... : « Je crois les changements très-prochains, après-demain, demain peut-être. Il y a eu hier ici une assemblée de plusieurs sénateurs et des consuls, depuis midi jusqu'à cinq heures. Il s'agit toujours de nommer aussi à vie les deuxième et troisième consuls; il est question de réduire le tribunat et d'augmenter le sénat, de donner à Bonaparte le droit de présenter au sénat trois candidats pour le premier consulat, je tiens cela d'une personne sûre. Bonaparte ne m'en dit mot, mais lorsque je le mets sur la voie, il ne s'en défend que faiblement. On m'a assuré que le projet était très-populaire. Je ne cesse de recommander à Bonaparte de ne rien ajouter à son pouvoir, et de rejeter tous les nouveaux titres qu'on lui propose, de bien se garder surtout de désigner de son vivant son successeur. S'il en vient à le désigner, ce sera Joseph; Bonaparte le présentera avec deux mannequins. Cambacérès m'a dit : « *On répand que vous ne voulez ni de roi, ni d'empereur.* Je lui ai répondu : *On a tort si l'on prétend que je l'ai dit, on a raison si l'on croit m'avoir devinée.* Enfin il faut attendre le résultat de cette grande affaire. »

Il fut connu le lendemain 15; c'était le jour de l'audience du corps diplomatique. Tout fut arrangé pour rendre les représentants des souverains de l'Europe témoins de l'élévation de Bonaparte au consulat à vie. L'audience, fort nombreuse, était commencée lorsque le sénat fut annoncé; elle fut interrompue et le sénat introduit. Barthélemy, président, porta la parole en ces termes :

« Le peuple français, reconnaissant des immenses services que vous lui avez rendus, veut que la première magistrature de l'état soit inamovible entre vos mains. En s'emparant ainsi de votre vie tout entière, il n'a fait qu'exprimer la pensée du sénat, déposée dans son sénatus-consulte du 18 floréal. La nation, par cet acte solennel de gratitude, vous donne la mission de consolider nos institutions.

« Une nouvelle carrière commence pour le Premier Consul. Après des prodiges de valeur et de talents militaires, il a terminé la guerre et obtenu partout les conditions de paix les plus honorables. Les Français, sous ses auspices, ont pris l'attitude et le caractère de la véritable grandeur. Il est le pacificateur des nations et le restaurateur de la France. Son nom seul est une grande puissance.

« Déjà une administration de trois années a presque fait oublier cette époque d'anarchie et de calamités, qui semblait avoir tari les sources de la prospérité publique.

« Mais il reste des maux à guérir et des inquiétudes à dissiper. Les Français, après avoir étonné le monde par des exploits guerriers, attendent de vous, citoyen Premier Consul, tous les bienfaits de la paix que vous leur avez procurée. S'il existait encore des semences de discorde, la proclamation du consulat perpétuel de Bonaparte les fera disparaître. Tout est maintenant rallié autour de lui. Son puissant génie saura tout maintenir et tout conserver. Il ne respire que pour la prospérité et le bonheur des Français. Il ne leur donnera jamais que l'élan de la gloire et le sentiment de la grandeur nationale. En effet, quelle nation mérite mieux le bonheur? et de quel peuple plus éclairé et plus sensible pourrait-on désirer l'estime et l'attachement?

« Le sénat-conservateur s'associera à toutes les pensées généreuses du Gouvernement. Il secondera de tous ses moyens toutes les améliorations qui auront pour but de prévenir le retour des maux qui nous ont affligés si long-temps, d'étendre et de consolider les biens que vous avez ramenés parmi nous. C'est un devoir de concourir ainsi à l'accomplissement des vœux du peuple, qui vient de manifester d'une manière si éclatante son zèle et son discernement.

« Le sénatus-consulte, que le sénat en corps vient vous remettre, citoyen Premier Consul, contient l'expression de sa reconnaissance particulière. Organe de la volonté souveraine, il a cru devoir, pour mieux remplir les intentions du peuple français, appeler les arts à perpétuer le souvenir de ce mémorable événement. »

Sénatus-consulte du 14 thermidor.

Vu le procès-verbal fait par la commission spéciale, et qui constate que trois millions cinq cent soixante-dix-sept mille deux cent cinquante-neuf citoyens ont donné leur suffrage, et que trois millions trois cent soixante-huit mille cent quatre-vingt-cinq citoyens ont voté pour que Napoléon Bonaparte soit nommé Premier Consul à vie ;

Considérant que le sénat établi par la constitution, organe du peuple pour ce qui intéresse le pacte social, doit manifester d'une manière éclatante la reconnaissance nationale envers le héros vainqueur et pacificateur, et proclamer solennellement la volonté du peuple français de donner au Gouvernement toute la stabilité nécessaire à l'indépendance, à la prospérité et à la gloire de la République, décrète ce qui suit :

Art. I. Le peuple français nomme et le sénat proclame Napoléon Bonaparte, Premier Consul à vie.

II. Une statue de la paix, tenant d'une main le laurier de la victoire et de l'autre le décret du sénat, attestera à la postérité la reconnaissance de la nation.

III. Le sénat portera au Premier Consul l'expression de la confiance, de l'amour et de l'admiration du peuple français.

Le Premier Consul répondit :

« La vie d'un citoyen est à sa patrie. Le peuple français veut que la mienne tout entière lui soit consacrée... J'obéis à sa volonté...

« En me donnant un nouveau gage, un gage permanent de sa confiance, il m'impose le devoir d'étayer le système de ses lois sur des institutions prévoyantes.

« Par mes efforts, par votre concours, citoyens sénateurs, par le concours de toutes les autorités, par la confiance et la volonté de cet immense peuple, la liberté, l'égalité, la prospérité de la France seront à l'abri des caprices du sort et de l'incertitude de l'avenir. Le meilleur des peuples sera le plus heureux, comme il est le plus digne de l'être, et sa félicité contribuera à celle de l'Europe entière.

« Content alors d'avoir été appelé par l'ordre de celui de qui tout émane à ramener sur la terre la justice, l'ordre et l'égalité, j'entendrai sonner la dernière heure sans regret... et sans inquiétude sur l'opinion des générations futures.

« Sénateurs, recevez mes remercîments d'une démarche aussi solennelle. Le sénat a désiré ce que le peuple français a voulu, et par-là il s'est plus étroitement associé à tout ce qui reste à faire pour le bonheur de la patrie.

« Il m'est bien doux d'en trouver la certitude dans le discours d'un président aussi distingué. »

Le Premier Consul rassembla les présidents de section du conseil d'état et leur communiqua les changements arrêtés. Ce fut le soir le sujet de la conversation au cercle des Tuileries. Le second consul dit : « Les gens qui croyaient au rétablissement de la royauté et ceux qui y poussaient seront bien attrapés, en voyant un système aussi populaire. Le Premier Consul a bien senti que s'il rappelait jusqu'aux anciennes dénominations, il n'y aurait plus qu'un homme de l'ancienne dynastie à y placer, et qu'on ne manquerait pas d'alléguer que les hommes de la révolution avaient eux-mêmes décidé la question. Le Premier Consul a même été un peu loin dans ses principes populaires. Il faut qu'il compte bien sur sa force pour courir cette chance. Cependant les précautions sont prises pour prévenir les abus. Ces changements sont nécessaires, parce que tout le système du gouvernement ne repose que sur un homme, et il est indispensable d'avoir des points d'appui dans le cas où il cessera de vivre. C'est le Premier Consul lui-même qui a tout combiné et arrangé. »

Il y eut le 16 une séance extraordinaire du conseil d'état. Les trois consuls, les neuf ministres et Joseph Bonaparte y étaient présents.

Le Premier Consul annonça qu'il y avait des lacunes dans la constitution, des parties à compléter, que la lettre était contraire à l'esprit; et il fit donner lecture par le secrétaire-d'état d'un projet de sénatus-consulte qui était déjà imprimé. Ensuite il exposa ainsi les motifs de chaque titre.

Titres I, II et III.

« Tous les pouvoirs sont en l'air, ils ne reposent sur rien. Il faut établir leurs rapports avec le peuple. C'est ce que la constitution avait omis. Elle avait établi des listes de notabilité, mais elles n'ont point atteint le but. Il a été très-difficile d'organiser cette partie de la constitution. Si les listes étaient à vie, ce serait la plus épouvantable aristocratie qui ait jamais existé. Si elles étaient temporaires, elles mettraient toute la nation en mouvement pour un but illusoire. Car ce qui flatte le plus un peuple, ce qui caractérise sa souveraineté, c'est l'usage réel et sensible qu'il en fait. Dans le système des listes de notabilité, le peuple, qui présente en définitif cinq mille candidats pour les hautes fonctions, ne peut pas se flatter de concourir assez aux élections pour voir nommer ceux qui ont le plus sa confiance. Pour la stabilité du gouvernement, il faut donc que le peuple ait plus de part aux élections et qu'il soit réellement représenté. Alors il se ralliera aux institutions; sans cela il y restera toujours étranger ou indifférent.

« On conserve les listes communales jusqu'au renouvellement, parce qu'elles sont l'ouvrage du peuple et le résultat d'un grand mouvement qui ne doit pas être inutile, et que d'ailleurs elles contiennent un grand nombre de noms. Le système des assemblées provinciales avait satisfait les provinces. Comment espérer que les conseils municipaux et ceux d'arrondissement et de département prennent de l'intérêt à leurs fonctions et exercent une bonne surveillance, lorsqu'ils n'ont aucun rapport avec leurs concitoyens. La composition sera meilleure et les fonctions seront mieux remplies, quand les citoyens auront part à l'élection de ces conseils. Il y a d'autant moins d'inconvénient que l'administration reste confiée à un agent direct du Gouvernement.

« Les colléges électoraux rattachent en outre les grandes autorités au peuple et réciproquement. Ce sont des corps intermédiaires entre les pouvoirs et le peuple, c'est une classification des citoyens, une organisation de la nation. Dans cette classification, il fallait combiner les intérêts opposés des propriétaires et des prolétaires, éviter les excès également redoutables des uns et des autres. Il fallait appeler dans les colléges les propriétaires, puisque la propriété est la base fondamentale de toute association politique. Il fallait y appeler aussi des non-propriétaires, pour ne pas fermer la carrière aux talents et au génie. Il y avait à redouter que les colléges électoraux ne prissent tous les candidats dans leur sein; c'est pourquoi on leur a imposé l'obligation d'en prendre la moitié en dehors. »

Sur le titre 4.

« On a cherché à résoudre le problème le plus difficile et à prévenir les troubles que pourrait occasioner le choix du Premier Consul. On a pris toutes les précautions qui ont paru compatibles avec la constitution et prescrites par la prévoyance. »

Après avoir terminé l'exposé dans lequel il n'y avait d'important que ce qui vient d'être rapporté, le Premier Consul ajouta :

« On a proposé la constitution anglaise comme étant la meilleure : je dois dire les raisons qui m'ont fait penser le contraire. Il y a dans la constitution anglaise un corps de noblesse qui réunit la plus grande partie de la propriété et une ancienne illustration. Ces deux circonstances lui donnent une grande influence sur le peuple, et l'intérêt de ce corps le rattache au Gouvernement. En France, ce corps manque. Voudrait-on l'établir ? Pour le composer des hommes de la révolution, il faudrait réunir dans leurs mains une grande partie de la propriété, ce qui est impraticable. Si on le composait des hommes de l'ancienne noblesse, on ferait la contre-révolution. D'abord l'institution en elle-même serait la contre-révolution des choses qui amènerait bientôt celle des hommes. Le caractère des deux peuples est d'ailleurs trop différent. L'Anglais est brutal, le

Français est vain, poli et léger. Voyez l'Anglais se soûlant pendant quarante jours aux frais de sa noblesse; jamais le Français ne se livrerait à un semblable excès. Il aime l'égalité par-dessus tout. On objectera que l'inégalité a bien duré pendant quatorze cents ans. Mais on n'a qu'à consulter l'histoire depuis les Gaulois jusqu'à nos jours; dans tous les mouvements, dans toutes les révolutions, le peuple a manifesté à cet égard ses prétentions. Je pense donc que la constitution anglaise est inapplicable à la France. Je dis cela afin que les membres du conseil puissent le répéter dans l'occasion et y donner plus de développements. »

Il semblait que cette dissertation fût adressée à Rœderer. Il prit la plume dès que le Premier Consul la commença, et parut l'écrire.

Le secrétaire-d'état lut ensuite le projet, titre par titre, pour qu'il fût discuté.

Titre I et II. Des assemblées de canton.

Le second consul cherche à prouver que le projet est très-populaire et qu'il faut que le Gouvernement soit bien sûr de sa force pour faire un semblable essai, et bien généreux pour faire de telles concessions au peuple.

Art. 10.

Le Premier Consul : « La mesure a été restreinte aux villes de cinq mille ames, parce qu'elles renferment encore des hommes qui ont quelqu'instruction, quelque sentiment de leurs droits et qui les exerceront dans l'intérêt de leur commune. Au lieu que dans les campagnes ce serait presque toujours l'ancien seigneur qui se ferait présenter. D'ailleurs on verra par la suite s'il conviendra d'accorder ce droit même aux communes de campagne. »

Art. 11.

Réal : « Je propose qu'il y ait un quart des membres des conseils municipaux élu sans condition de contribution. »

Le Premier Consul : « Les plus imposés portent plus d'économie dans les dépenses de la commune ; ils n'abusent pas des centimes additionnels ; ils sont intéressés à créer d'autres ressources. Cependant je consens à l'amendement. »

Le conseil consulté le rejeta, moins libéral encore que le Premier Consul.

Tit. III. *Des colléges électoraux.*

Art. 18 et 19.

Regnault : « Il résulte de ces articles que les petits départements sont beaucoup plus favorisés que les grands. Le département des Basses-Alpes aura un collége électoral de deux cents, tandis qu'à Paris il ne sera que de trois cents. »

Le Premier Consul: « L'observation est juste, et c'est pour cela que les articles sont bons. La fixation du nombre des membres du collége n'est pas seulement basée sur la population, mais sur un rapport combiné de la population et du territoire. Les départements peu populeux ont ordinairement un plus grand territoire. D'ailleurs, quel que soit le nombre des membres du collége, il fait toujours la présentation aux places du département. On a pensé qu'une assemblée de trois cents personnes était déjà très-nombreuse. »

Truguet: « Il vaudrait mieux que les membres des colléges fussent nommés à temps qu'à vie. »

Le Premier Consul : « Eh bien ! le citoyen Truguet va contre le but qu'il se propose ; car c'est aujourd'hui qu'on y nommera plus d'hommes de la révolution. Plus on attendra, moins on en aura. Il est temps cependant de songer à fixer les hommes et les choses. Tout ce qu'on a jusqu'à présent appelé *constitution* en était tout le contraire. Je ne peux pas mieux comparer une constitution qu'à un vaisseau. Le citoyen Truguet, qui est marin, entendra cette comparaison. Si vous abandonnez votre vaisseau au vent avec toutes ses voiles, vous ne savez où vous allez, vous changez au gré du vent qui vous pousse.

Mais, au contraire, si vous vous servez de votre gouvernail, vous allez à la Martinique malgré le vent qui vous mène à Saint-Domingue. Que sont devenus les hommes de la révolution ? Une fois sortis de place ils ont été entièrement oubliés. Il ne leur est rien resté. Ils n'ont eu aucun appui, aucun refuge naturel. Voyez le sort de Barras et de Rewbell, etc.! Ce qui est arrivé arrivera tous les jours, si l'on ne prend pas des précautions. C'est par ce motif que j'ai fait la Légion-d'Honneur. Il faut nécessairement des corps intermédiaires entre le peuple et les pouvoirs; sans cela on n'aura rien fait. Chez tous les peuples, dans toutes les républiques, il y a eu des classes. Nous ne pouvons pas porter atteinte à l'égalité. C'est la première fois que l'on fait des corps intermédiaires sur la base de l'égalité. Il faut du moins que la propriété soit représentée ; il faut aussi ouvrir et fixer une carrière civile. Il n'y a rien d'organisé dans l'état que l'armée. Les militaires ont pour eux l'éclat des faits d'armes. Les services civils sont moins positifs, moins brillants, plus contestables. A l'exception de quelques hommes qui ont été sur un grand théâtre, dans de grandes occasions, qui ont concouru à un traité de paix, occasions qui deviendront chaque jour plus rares, tout le reste est dans l'isolement et dans l'obscurité. Voilà une lacune importante à remplir. Il faut que le camp cède à la cité. Il est donc nécessaire d'organiser la cité. Pourquoi la Convention avait-elle une si grande puissance ? C'est qu'il y avait des conseils généraux, des administrations populaires, des corps électoraux, une organisation enfin. C'étaient les pères des militaires qui composaient ces corps ; il y avait des points de contact et des moyens d'équilibre qui n'existent plus et qu'il faut rétablir. Si les colléges électoraux devaient se renouveler souvent, ils n'auraient aucune considération, aucune influence. »

Titre IV. Des Consuls.

Petiet : « La personne désignée par le testament du Premier Consul doit être nommée de droit. »

Le Premier Consul : « Elle sera nommée si le sénat le veut ; s'il ne le veut pas, il n'aura aucun égard au testament. »

Roederer : « J'insiste sur la proposition du citoyen Petiet. Cela est très-important. Le Premier Consul connaîtra mieux qu'aucun autre celui qui conviendra pour lui succéder. C'est d'ailleurs le vœu public. Il y a eu cent mille votes émis pour cela à l'occasion du consulat à vie. Si l'on ne prend pas ce parti, le sénat pourra nommer un successeur au choix duquel le Premier Consul n'aura eu aucune part. »

Le Premier Consul : « Le Premier Consul peut désigner son successeur de son vivant, et il est hors de doute qu'avec l'influence qu'il aura sur le sénat il sera maître du choix. Il donnera à son successeur de l'appui, de la consistance, de la considération. Si le Premier Consul ne le désigne que par son testament, (l'on n'aime pas à désigner son successeur de son vivant, à cause des brouilleries et des factions auxquelles cela peut donner lieu); les articles proposés lui donnent, pour être nommé, toutes les probabilités que la prudence humaine peut imaginer en pareil cas. Car on ne peut pas se dissimuler qu'un homme mort n'est plus rien ; et celui qui aura les moindres prétentions sera plus fort que sa mémoire. Lorsque le plus grand homme, celui qui a rendu le plus de services à son pays, meurt, le premier sentiment qu'on éprouve est d'en être satisfait. C'est un poids dont on est déchargé. Cela met en mouvement toutes les ambitions. On le pleurera peut-être un an après, lorsque des troubles déchireront la patrie ; mais dans le premier moment, on ne le regrettera point, on ne tiendra aucun compte de ses dernières volontés. Un testament n'est qu'un chiffon. C'est une erreur de la révolution de croire qu'un papier puisse avoir quelque valeur, quand il n'est pas appuyé par la force. »

Le second consul : « Le Premier Consul pourrait par son testament désigner les trois candidats. »

Le Premier Consul : « La difficulté serait toujours la même, car si le sénat ne veut pas des désignés, il n'en tiendra aucun compte. »

Regnault : Le successeur désigné aurait cependant un titre, un droit acquis, qu'il pourrait soutenir, s'il avait du caractère. »

Le Premier Consul : « S'il forçait la main au sénat, il serait obligé de tout renverser, tandis que ce qui importe au contraire le plus à la nation, c'est que dans cette circonstance il n'y ait point de déchirement et que toutes les autorités marchent d'accord. »

Regnault insiste.

Dumas ne doute pas que le testament du Premier Consul ne soit scrupuleusement exécuté.

Le Premier Consul reproduit ses arguments et fait une digression sur l'hérédité. « Elle est, dit-il, absurde, non pas dans ce sens qu'elle n'assure pas la stabilité de l'état, mais parce qu'elle est impossible en France. Elle y a été établie pendant long-temps, mais avec des institutions qui la rendaient praticable, qui n'existent plus et qu'on ne peut ni ne doit rétablir.

« L'hérédité dérive du droit civil; elle suppose la propriété : elle est faite pour en assurer la transmission. Mais comment concilier l'hérédité de la première magistrature avec le principe de la souveraineté du peuple? Comment persuader que cette magistrature est une propriété? Lorsque la couronne était héréditaire, il y avait un grand nombre de magistratures qui l'étaient aussi; cette fiction était une loi presque générale. Il n'y a plus rien de tout cela.

« Qu'on lise le titre V, du sénat! »

Colloque à voix basse entre le Premier et le second consuls.

Truguet : « Qui remplacera le Premier Consul en cas de maladie? »

Le Premier Consul : « Personne. Autrement on dirait toujours que je suis malade. »

Regnault : « Quel âge devra avoir le successeur désigné? Vingt et un ans? »

Le Premier Consul : « Pourquoi tout prévoir? On fera ce qui conviendra le mieux aux circonstances. »

Titre VI. Du conseil d'état.

Art. 57.

Petiet : « Les projets de sénatus-consulte devraient être discutés et rédigés en conseil d'état. »

Le Premier Consul : « Comme ils seront presque toujours relatifs à des mesures qui exigeront le secret, il est impossible d'espérer qu'on le garde dans un conseil de trente ou quarante membres. »

MARMONT : « Cependant le conseil l'a bien gardé jusqu'à présent. »

Le Premier Consul s'aperçoit du mauvais effet que cet article produit sur le conseil et paraît embarrassé.

Regnault détaille les attributions que le sénatus-consulte enlève au conseil d'état pour les donner au sénat : « Elles ne seront pas, dit-il, aussi bien placées pour l'intérêt du Gouvernement. En outre, en constituant le conseil privé, on réduit le conseil d'état à peu de chose, on le déconsidère. Le Premier Consul est bien le maître de convoquer des conseils privés, mais il est fâcheux pour la considération du conseil d'état que le conseil privé soit constitué. »

LE PREMIER CONSUL : « Si je viens communiquer au conseil d'état ce qui aura été arrêté en conseil privé, c'est ouvrir une nouvelle discussion. Il faut bien donner pour cela deux ou trois jours. Dès-lors il n'y aura plus de secret. Le conseil privé est nécessaire. Des ministres qui ne disent mot au conseil d'état, parce qu'il faut une certaine habitude de la parole, parleront au conseil privé. On y appellera aussi des citoyens instruits dans les matières que l'on voudra traiter. »

Le second consul propose une transaction de

simple politesse, consistant dans un changement de rédaction qui ne touche point au fond. Elle est adoptée.

Titres VI, VII, VIII, IX, X. *Du corps législatif, du tribunat, de la justice, des tribunaux, du droit de faire grace.*

LE PREMIER CONSUL : « Citoyen Regnault, que pensez-vous de la réduction du tribunat ? »

REGNAULT : « C'est bon. D'ailleurs on l'assimile au conseil d'état. Cela est très-honorable. »

Muraire et le ministre de la justice, interpellés par le Premier Consul, approuvent la rédaction.

Defermon combat le droit de faire grace qui est défendu par le second consul.

La séance est levée à six heures du soir.

Le projet de sénatus-consulte avait été communiqué au conseil d'état, plus par courtoisie que pour être réellement discuté; car pendant cette séance le sénat était assemblé. Le projet imprimé lui avait été distribué. Dans la discussion au conseil d'état, on n'aborda nullement le fond du système; on savait que c'était une chose irrévocablement arrêtée par le Premier Consul; on se borna donc à des observations de détail assez indifférentes. Cependant, rentré chez lui, le Premier Consul montra quelqu'humeur de la froideur avec laquelle le sénatus-consulte avait été accueilli par une partie du conseil.

Le projet fut porté de suite par les orateurs du Gouvernement au sénat, qui l'adopta sans discussion, à la majorité de 48 voix contre 3.

Le sénatus-consulte fut inséré dans le Moniteur du 18, précédé de ces réflexions :

« Le sénatus-consulte organique qui vient d'être présenté au sénat est le troisième.

« Par le premier, du 22 ventôse dernier, le sénat détermina de quelle manière devaient sortir les membres du corps législatif, et suppléa ainsi au silence de la constitution. Dans ce sens, on peut l'appeler un sénatus-consulte supplémentaire.

« Le second est celui du 6 floréal, par lequel le sénat a expliqué l'article 93 de la constitution, relatif aux émigrés. Ce sénatus-consulte, ayant pour but de concilier l'esprit et la lettre de la constitution, en était une interprétation.

« Celui d'hier, 16, tient à la fois de la nature du premier et de celle du second. En effet, il est dirigé vers quatre buts principaux et distincts ;

« 1° Rattacher les grandes autorités de l'état à la masse de la nation, d'où dérive nécessairement toute autorité nationale, et à cet effet substituer au système des listes nationale et départementale, qui ne remplissait d'aucune manière l'objet que s'était proposé la constitution, des assemblées de canton et des colléges électoraux d'arrondissement et de département.

« 2° Organiser l'article de la constitution qui défère la nomination des consuls au sénat.

« 3° Donner au sénat les attributions qui lui sont nécessaires, pour qu'il se trouve vraiment revêtu du pouvoir conservateur.

« Enfin le 4° but a été atteint par les titres *de la justice et des tribunaux*, qui ont organisé la hiérarchie dans l'ordre judiciaire, dont l'influence est si grande sur le maintien des propriétés et sur le bonheur des citoyens. »

Le 27, toutes les autorités vinrent présenter leurs félicitations. Il y eut réception d'ambassadeurs et présentation d'étrangers. Les autorités allèrent complimenter aussi les second et troisième consuls. Les illuminations et les feux d'artifice surpassèrent tout ce qu'on avait vu jusqu'alors. Au centre d'une étoile de trente pieds de diamètre, placée à quarante pieds au-dessus de la plate-forme de l'une des tours de Notre-Dame, brillait le signe du zodiaque sous lequel se lève le 15 août, jour de la naissance du Premier Consul. La façade de l'Hôtel-de-Ville était illuminée comme autrefois dans les plus grandes cérémonies. Le bouquet du feu d'artifice était composé de plus de douze mille fusées. Des orchestres furent envoyés sur différentes places pour faire danser le peuple.

Les adresses recommencèrent de toutes parts [1].

Tous les évêques publièrent des mandements pour ordonner de chanter un *Te Deum* en actions de graces des sénatus-consultes [2].

---

[1] Il y avait des gens qui n'étaient pas encore contents. Beugnot disait : « Ainsi tout le bien qui était aujourd'hui possible est fait; *tout celui que le temps prépare* sera facile, puisque la France, libre d'une législation timide et superstitieuse, peut perfectionner ses institutions sans secousses et sans danger. »

[2] Dubelloy, archevêque de Paris : « A quelle époque le Seigneur notre Dieu a-t-il jamais plus puissamment déployé sur le peuple français l'immensité de sa miséricorde? Les voies incompréhensibles de sa providence se déroulent à nos yeux d'une manière adorable, et d'abord celui que le Seigneur destinait à relever son saint temple et à rassembler les tribus dispersées naît le jour même fixé dans les décrets de Dieu pour être dans l'avenir comme le jour d'une nouvelle alliance... Nous vous appelons au pied des autels pour y former des vœux ardents pour la conservation des jours précieux de notre Premier Consul, pour que vous vous écriiez en face du saint des saints, comme autrefois les Hébreux : *Vivat Salomon!* »

De Boisgelin, archevêque de Tours : « Que d'autres voix s'élèvent pour publier les événements de la guerre, ces victoires qui reculent du nord au midi les bornes de la France, ces volontés respectées du vainqueur qui partage ou réunit, et distribue à son gré les empires, les nations en silence obéissant à sa voix, et son nom seul devenu la première puissance de l'Europe. Pour nous, nous nous rappellerons Constantin élevant l'étendard du Seigneur dans le jour de sa gloire, ramenant les ministres de l'Église dans

Le 3 fructidor, le Premier Consul alla présider pour la première fois le sénat. Ce fut pour la première fois aussi qu'il déploya réellement en public tout l'appareil de la suprême puissance. Dès le matin, les ponts et les rues par où devait passer le cortége étaient gardés. Des troupes formaient

l'enceinte du sanctuaire. Protecteur des saints enseignements, il rétablit dans sa liberté cette église si long-temps persécutée. »

De Noé, évêque de Troyes : « Que le chef et les ministres des autels embouchent la trompette sacrée, qu'ils appellent et rassemblent les fidèles, nous rendrons justice au père des lumières d'avoir inspiré l'unanimité au peuple et la sagesse aux sénateurs. Nous lui demanderons de conserver les jours du Premier Consul, de les prolonger au-delà du terme commun... et qu'après avoir consommé l'ouvrage de notre bonheur et en avoir joui, le juste rémunérateur l'appelle parmi ses bienheureux dans le ciel, et place son nom sur la terre parmi les noms des plus grands hommes qui ont jamais régi, conquis, rendu illustres et heureuses ces vastes contrées. »

Osmond, évêque de Nancy : « Si le droit de se choisir un successeur, accordé par la nation au Premier Consul, comble les vœux des amis de la paix; s'il détruit toute inquiétude sur l'avenir, la religion, dont les intérêts sont si étroitement liés à ceux de l'état, ne peut être indifférente à un événement qui consolide l'autorité du restaurateur de la religion. »

Cambacérès, archevêque de Rouen : « Sur cet amas de ruines que la religion contemple en silence, s'élève un ordre de choses déterminé, quelquefois par la loi du vainqueur, quelquefois aussi par la volonté ou le suffrage unanime des peuples. La raison, les saintes écritures, la tradition constante de l'Église, et récemment encore la décision solennelle du souverain pontife, nous enseignent que ce nouveau gouvernement succède à tous les droits de celui qui n'est plus; que nous lui devons, par une conséquence néces-

une double haie depuis les Tuileries jusqu'au Luxembourg. Le Premier Consul était dans une voiture à huit chevaux. Il était suivi de six voitures du Gouvernement pour les second et troisième consuls, les ministres et les orateurs du conseil d'état, et accompagné d'une escorte nombreuse et magnifique d'aides-de-camp, de généraux de la garde, d'inspecteurs généraux des différentes armes.

Une députation de dix sénateurs vint le recevoir au pied de l'escalier.

Les orateurs du conseil d'état présentèrent cinq projets de sénatus-consultes qui avaient été délibérés en conseil privé. Ils étaient relatifs 1º aux séances du sénat et au cérémonial ; 2º à l'ordre dans lequel les cinq séries seraient appelées à présenter des députés au corps législatif et à la désignation des membres du tribunat qui sortiraient pendant quatre ans ; 3º au mode à suivre en cas de dissolution du corps législatif ou du tribunat, ou de l'un et de l'autre ; 4º à la désigna-

saire, le même hommage, la même déférence, la même soumission. Ce principe, qui s'applique même à un régime qui serait tyrannique, qu'on ne peut contester sans détruire les fondements de l'ordre social, devient d'une exécution douce et facile vis-à-vis d'une autorité qui répare, autant qu'il est en elle, les injustices passées, qui donne la paix à l'Europe, qui rétablit et protége la religion sainte dont nous sommes les ministres. »

Tous les évêques suivirent ces exemples.

tion des vingt-quatre villes dont les maires seraient présents au serment du citoyen nommé pour succéder au Premier Consul ; 5° à la réunion de l'île d'Elbe au territoire de la République.

Le ministre des relations extérieures fit ensuite un rapport sur les arrangements pris pour l'exécution du traité de Lunéville relativement aux indemnités des princes et états de l'Allemagne.

Le Premier Consul et le troisième (le second restant au sénat pour le présider) retournèrent aux Tuileries avec le même cortége. Ils vinrent au conseil d'état. Le Premier Consul avait un air radieux ; il dit en riant que les consuls étaient allés prendre possession de la présidence du sénat ; qu'il avait voulu que les sénatus-consultes fussent présentés par des conseillers d'état, quoiqu'ils n'eussent pas été appelés au conseil privé où ils avaient été discutés, et cela pour remplir un vœu du conseil d'état.

C'était une allusion à ce qui s'était passé dans la discussion du sénatus-consulte du 16 thermidor et une petite consolation donnée au conseil d'état pour les pertes qu'il avait faites dans ces nouveaux arrangements.

Les sénatus-consultes furent adoptés, tels qu'ils avaient été proposés, excepté celui relatif au cérémonial. Il y était dit qu'une députation de dix membres viendrait recevoir les consuls au bas de l'escalier, ainsi qu'on venait de le pratiquer. Lucien et Joseph Bonaparte combattirent cette disposition comme avilissante, puisque les consuls étaient membres du sénat ; elle fut rejetée.

Jusque-là le conseil d'état avait été de fait la première des autorités nationales, et, pour ainsi dire, à la fois le conseil, la maison, la famille du Premier Consul. Les conseillers d'état l'environnaient dans les cérémonies, arrivaient facilement dans son intérieur, mangeaient souvent à sa table, conversaient familièrement, et traitaient directement avec lui. Tous les projets de lois et la plus grande partie des décrets étaient discutés au conseil d'état. Le Premier Consul présidait presque toutes les séances. L'ordre du jour y était réglé d'avance et suivi. La discussion y était libre et franche, le Premier Consul la provoquait, l'écoutait, y prenait une part très-active, et s'y conduisait comme le président d'un corps, et pour ainsi dire, le premier entre des égaux.

A l'audience du corps diplomatique du 15, l'étiquette se trouva déjà changée. Le sénat fut appelé le premier dans le cabinet du Premier Consul, les sénateurs se placèrent à sa droite. Le conseil d'état fut appelé ensuite et les conseillers se placèrent à gauche, tandis que jusque-là ils avaient à eux seuls et en première ligne occupé la droite et la gauche avant les sénateurs. Ce fut une affaire d'état; des conseillers et surtout Rœderer en murmurèrent. Cependant tout cela était désormais dans l'ordre.

N... alla voir madame Bonaparte; elle lui dit: « Soyez sûr qu'ils n'ont pas renoncé à leur projet d'hérédité et que cela arrivera un peu plus tôt, un peu plus tard. Ils veulent que Bonaparte ait un enfant de qui que ce soit. Ils voudraient ensuite me le faire adopter, parce qu'ils sentent bien que Bonaparte se ferait tort s'il renvoyait une femme qui s'est associée à lui dans un temps où il n'avait aucune puissance, et avec la fille de laquelle il a marié son frère. Mais jamais, je le leur ai déclaré, je ne me prêterai à cette infamie. D'ailleurs ils s'aveuglent s'ils croient qu'on laisserait succéder un bâtard. Je pense plutôt que Lucien, ayant fait établir l'hérédité, ne manquerait pas ensuite, sous ce prétexte, de faire valoir ses droits. Ils commenceront par faire tout leur possible pour éloigner Bonaparte de moi. Ils ont parlé d'une forte pension à me faire s'il divorçait; mais je lui ai bien dit que si cela arrivait, je ne voudrais rien de lui. Je vendrais mes diamants, et j'acheterais une campagne où je vivrais heureuse, si ces messieurs voulaient m'y laisser tranquille. Il y a quelques jours que cette pauvre Hortense ressentit quelques douleurs; quoiqu'elle soit dans son neuvième mois, je tremblais qu'elle n'accouchât [1], à cause des bruits infames qu'on a fait courir. Je le dis à Bonaparte ; il me répondit : « Ces bruits n'ont été accueillis dans le public que parce que la nation voudrait que j'eusse un enfant. » Je lui répliquai qu'il se trompait grandement s'il attribuait ces bruits à un semblable motif, que c'étaient au contraire ses ennemis qui avaient répandu ces calomnies. Mais cette réponse de Bonaparte vous donne une idée de ses projets et de l'aveuglement dans lequel le plongent ses idées de grandeur. Il est plus faible et plus mobile qu'on ne croit ; car ce ne peut être que par cette raison que Lucien a un si grand empire sur lui. Il n'ignore pas tout ce que Lucien a dit et écrit de lui, et cependant il se laisse mener ! En le voyant par fois dans son intérieur on pourrait dire que c'est un bon homme, et il l'est en effet. Heureusement qu'il est juste, car sans cela on lui ferait faire bien plus de mauvaises choses. Il me demandait un jour : « Quels sont mes défauts ? » Je lui répondis : « Je t'en connais deux, la faiblesse et l'indiscrétion ; tu te laisses influencer par des gens qui ne veulent que ta perte, et tu aimes tant à discuter, qu'on te fait dire tes secrets. » « C'est vrai, dit-il. » Et il me serra dans ses bras. Il me demandait hier ce que je pensais du choix de

---

[1] Elle accoucha d'un garçon le 18 vendémiaire suivant.

Regnier[1]? Je lui répondis : « C'est un honnête homme, mais un peu flatteur, » et que je lui avais dit : « Le Premier Consul a fait en vous un bon choix, il pouvait en faire un aussi bon, il ne pouvait pas en faire un meilleur, mais je vous conseille de lui dire toujours la vérité et de ne pas le flatter..... » Bonaparte a toujours de l'amitié pour moi, mais il ne me parle jamais des affaires politiques. Les frères ont pour moi toutes sortes d'égards, mais je n'en suis pas dupe. Il se plaignait un jour à moi de n'avoir point d'amis. « C'est vrai, lui répondis-je, tu n'as que des admirateurs. Pour avoir des amis il faut faire un peu plus de frais que tu n'en fais et savoir les conserver. » Je suis bien avec Bourienne ; c'est lui qui me donne les extraits les plus piquants des journaux anglais ; il n'est d'aucun parti ; mais pour se faire pardonner une affaire d'argent, il laisserait Bonaparte tout faire sans rien dire. Il faudrait auprès de lui des gens qui n'eussent rien à se reprocher. »

Les idées de centralisation étaient tellement en vogue que, si on l'avait osé, ou si le Premier Consul l'avait voulu, on aurait réuni de droit comme de fait tout le pouvoir sur sa tête. Les faiseurs poursuivaient partout jusqu'aux plus petites traces de la démocratie. Ils voulaient con_

---

[1] Nommé grand juge.

centrer l'autorité depuis le maire du dernier village jusqu'au consul à vie, et n'avoir que quelques grosses masses, dans l'idée qu'ils les dirigeraient plus facilement vers son but. Par ce moyen on désintéressait de plus en plus les citoyens de la chose publique, en attendant qu'ils y devinssent tout-à-fait étrangers. Les projets affluaient donc pour réduire le nombre des communes, celui des préfectures et celui des tribunaux. On citait comme des modèles excellents à suivre, pour l'administration, les anciennes intendances de provinces; et pour la justice, les parlements. Il n'y avait pas une institution décriée par ses abus et proscrite par le vœu national, qui ne retrouvât alors des défenseurs.

Dans une discussion sur l'insuffisance des centimes additionnels pour subvenir aux dépenses communales, le Premier Consul avait dit : « Il faut réduire les municipalités à 20,000 ; fixer par un arrêté le maximum et le minimum de chaque département et charger les conseils généraux de faire ce travail. »

On avait déjà dépouillé le corps législatif pour centraliser dans le sénat; on avait attiré au conseil privé une bonne partie des attributions du conseil d'état; c'était maintenant le tour des ministères.

Il se répandait dans le public qu'on allait les fondre tous dans trois grands départements dont on nommait déjà les chefs, savoir : finances et trésorerie, Talleyrand ; intérieur et justice, Lucien ; relations extérieures et marine, Joseph. Louis devait remplacer, dans le gouvernement du palais, Duroc, que l'on envoyait ambassadeur à Berlin.

Le 4 vendémiaire, madame Bonaparte raconta à N... une conversation qu'elle avait eue avec le Premier Consul, à qui elle s'était plainte qu'il ne lui disait plus rien. « Eh bien, me demanda-t-il, qu'est-ce que tu sais de nouveau ? »

— « On dit que tu vas créer trois grands ministères et que tu les donnes à tes frères et à Talleyrand. »

— « C'est une absurdité ; je les multiplierais plutôt que de les diminuer. Je ne peux pas empêcher qu'on ne tienne de tels propos ; mais je ne suis pas assez fou pour me mettre dans la dépendance de mes ennemis. Je reçois tous les jours des plaintes contre Lucien. J'en ai encore reçu dernièrement de Madrid. »

Cependant ces bruits prenaient tant de consistance que le Premier Consul les fit démentir dans le Moniteur du 10 en ces termes : « On inquiète les départements, en supposant qu'il y a un projet de présenter à la législature prochaine un plan de réunion de plusieurs départements en un seul. Ce projet est faux. Les départements doivent être tranquilles, il n'y aura aucun changement sur cet objet. On fait circuler le bruit de la réunion de tous les ministères en quatre : ce bruit est tout aussi absurde. »

Le premier Consul eut sur les derniers événements une conversation, d'une demi-heure au moins, avec le conseiller d'état N... En voici le résumé :

— « Eh bien, le dernier sénatus-consulte contrarie vos idées. »

— « Je ne peux pas vous le dissimuler, je vous les ai soumises franchement, et je crains bien que tout ceci ne nous fasse dévier de plus en plus du but de la révolution et ne nous ramène à l'ancien régime. »

— « Au contraire, c'est pour en empêcher. Si je vous montrais tous les projets de constitution qui m'ont été remis pendant plusieurs mois avant le sénatus-consulte, vous y verriez que ce sont les ennemis de la révolution qui plaident le plus chaudement en faveur de la liberté politique; ce sont des hommes comme Malouet et Talon. On ne peut pas dire que ces gens-là, Talon surtout, soient des hommes qui croient bonnement à l'excellence de leurs plans; ils ont trop d'esprit : c'est une conspiration permanente. Ils auraient voulu me faire comme au roi en 89, rétablir des assemblées primaires et toutes les idées de ce temps-là. S'ils avaient pu me faire faire un faux pas, tout était perdu ; je les ai laissé aller et dire ; j'ai écouté tout le monde, j'ai reçu tous leurs plans et j'ai été mon train. Ces messieurs veulent faire la contre-révolution des hommes, bien sûrs qu'elle entraînerait celle des choses. Les hommes de la révolution, éclairés, sentent bien cela. Mon système est fort simple. J'ai cru que dans les circonstances il fallait centraliser le pouvoir et accroître l'autorité du Gouvernement, afin de constituer la nation. C'est moi qui suis le pouvoir constituant ; j'ai donc proposé le sénatus-consulte. Il faut actuellement attendre le résultat des colléges électoraux, car lorsque je fais une institution, je ne peux pas savoir si elle réussira. Si les colléges électoraux sont bien composés, et animés d'un bon esprit, on s'occupera d'une meilleure organisation du corps législatif. Car ces sourds-muets sont ridicules ; c'est de l'invention de Sieyes. Il n'y a de bon que les deux chambres. Nous avons déjà le sénat. »

— « Étranger aux intrigues, je ne sais quelles ont été les vues des Malouet et des Talon en défendant les libertés publiques, mais cela ne me paraît pas une raison pour les anéantir. Malouet est devenu l'ami de Fouché ; je le crois homme d'honneur, et si vous l'avez consulté, je trouve qu'il vous avait bien conseillé. Car je persiste à croire que la centralisation du pouvoir nous mène bien plus à l'ancien régime qu'à un système représentatif sagement organisé. Vous convenez que le corps législatif est une institution ridicule, pourquoi ne l'avoir pas changé? »

— « Le moment n'était pas venu. »

— « Des législateurs nommés par un sénat ne seront jamais qu'une ombre de représentation. Tout s'y fera par compérage. Un candidat qui aura quelque dignité dédaignera d'aller y mendier les suffrages, et les choix tomberont toujours sur ce qu'il y aura de plus mauvais. C'est le résultat infaillible d'une élection qui se passe dans l'obscurité. Il n'y a que la publicité qui puisse donner de bons députés. »

— « Et des brouillons. »

— « C'est possible, » en riant; « il faut bien que tout le monde soit représenté. Cependant on doit croire que les électeurs, pénétrés de leurs véritables intérêts, ne feraient en général que de bons choix. Il y a dans une grande assemblée de citoyens, déjà eux-mêmes choisis, un sentiment de patriotisme qui garantit la rectitude de ses opérations. Au contraire, quand ils n'auront que des candidats à proposer au choix du sénat, ils n'y prendront plus le même intérêt, et s'ils ne nomment pas des brouillons, ils ne présenteront le plus souvent que des hommes nuls. Qui peut avoir d'ailleurs l'ambition de venir à un corps législatif où l'on ne parle pas ? »

— « Tous nos maux sont venus de la tribune. »

— « Et tous nos biens. Elle a fait la révolution, elle a électrisé la nation, créé des armées. »

— « Nous n'avons plus besoin de cela, il nous faut maintenant conserver. »

— « Qui peut répondre de l'avenir ? Tout prospère, vous êtes là, c'est très-bien. Mais les choses peuvent changer. »

— « Nous aurons le temps d'y revenir, on ne peut pas tout faire à la fois, l'essentiel est d'assurer le présent. Il faut voir marcher nos colléges électoraux. »

— « Si les préfets recevaient au moins du Gouvernement une meilleure direction ! Ils sont très-embarrassés. Ils n'entendent parler que de centralisation de pouvoir, de grands propriétaires, etc.; ils croient faire leur cour, la plupart, en outrant la mesure et ils versent du côté de l'ancienne noblesse. »

— « Cela est vrai; je ferai donner des instructions. L'incohérence dans la conduite des préfets tient un peu à la différence qui existait entre la correspondance de Fouché et celle de Chaptal. Fouché avait des coups de fibre qui produisaient un mauvais effet. Regnier a plus de sang-froid et de maturité. D'ailleurs le Gouvernement a le moyen d'améliorer les colléges électoraux par la nomination des présidents et d'un certain nombre de membres. Enfin si les colléges n'allaient pas bien, on y pourvoirait par autre chose. »

— « C'est une chose décidée, il n'y a plus rien à dire. »

— « Cela ne fait rien, j'aime toujours à entendre l'opinion d'un honnête homme..... »

Lorsque Bonaparte, commandant l'armée d'Italie, fut nommé pour traiter de la paix à Campo-Formio, le Directoire le chargea, par une délibération unanime, de réclamer la liberté du général Lafayette, et de messieurs Latour-Maubourg et Bureau de Pusy, prisonniers dans la forteresse d'Olmutz depuis 1792. Bonaparte y mit beaucoup de zèle et toute la force de son caractère. Il a souvent dit publiquement, que de toutes les demandes qu'il eut à faire, celle-ci avait été la plus difficile à obtenir. Enfin au bout de cinq mois ces prisonniers furent délivrés. Leur refus de donner un assentiment formel aux mesures du 18 fructidor les retint encore en pays neutre. Ils ne rentrèrent en France qu'après le 18 brumaire. Le général Lafayette ne vit le Premier Consul qu'à son retour de la bataille de Marengo. Il passa quelques jours avec lui à Morfontaine chez Joseph Bonaparte, à l'occasion de la fête donnée aux Américains, lors du traité d'amitié et de commerce conclu le 8 septembre 1800 avec les États-Unis. Le Premier Consul proposa au général Lafayette la place de sénateur; celui-ci refusa et prit sa retraite militaire, sans cesser de le voir et d'être bien avec lui. Leurs rapports ne furent interrompus qu'à l'époque du consulat à vie, et après la lettre et le vote dont voici la copie.

Lagrange, 1er prairial, an 10.

GÉNÉRAL,

« Lorsqu'un homme, pénétré de la reconnaissance qu'il vous doit, et trop sensible à la gloire pour ne pas aimer la vôtre, a mis des restrictions à son suffrage, elles sont d'autant moins suspectes que personne ne jouira plus que lui de vous voir premier magistrat à vie d'une république libre. Le 18 brumaire a sauvé la France, et je me sentis rappelé par les professions libérales auxquelles vous avez attaché votre honneur; on vit depuis dans le pouvoir consulaire cette dictature réparatrice qui, sous les auspices de votre génie, a fait de si grandes choses; moins grandes, cependant, que ne le sera la restauration de la liberté. Il est impossible que vous, Général, le premier dans cet ordre d'hommes, qui, pour se comparer et se placer, embrassent tous les siècles, vouliez qu'une telle révolution, tant de victoires et de sang, de douleurs et de prodiges, n'aient pour le monde et pour vous d'autre résultat qu'un régime arbitraire. Le peuple français a trop connu ses droits pour les avoir oubliés sans retour; mais peut-être est-il plus en état aujourd'hui, que dans son effervescence, de les recouvrer utilement; et vous, par la force de votre caractère et de la confiance publique, par la supériorité de vos talents, de votre existence, de votre fortune, pouvez, en rétablissant la liberté, maîtriser tous les dangers, rassurer toutes les inquiétudes. Je n'aurais donc que des motifs patriotiques et personnels pour vous souhaiter dans ce complément de faire établir à votre gloire une magistrature permanente. Mais il convient aux principes, aux engagements, aux actions de ma vie entière d'attendre, pour lui donner ma voix, qu'elle ait été fondée sur des bases dignes de la nation et de vous.

« J'espère que vous reconnaîtrez ici, Général, comme vous l'avez déjà fait, qu'à la persévérance de mes opinions politiques se joignent des vœux sincères pour votre personne, et un sentiment profond de mes obligations envers vous.

« Salut et respect, LAFAYETTE.

A cette note était joint le vote suivant.

« Napoléon Bonaparte sera-t-il consul à vie ? »

« Je ne puis voter une telle magistrature, jusqu'à ce que la liberté politique soit suffisamment garantie : alors je donne ma voix pour Napoléon Bonaparte. »

CHAPITRE XV.

OPPOSITION MILITAIRE. — SUPPRESSION DU MINISTÈRE DE LA POLICE. — MUTATIONS, PROMOTIONS AU SÉNAT ET AU CONSEIL D'ÉTAT. — TRIBUNAT.

Tout semblait sourire au Premier Consul. Rien ne paraissait plus contrarier ses vues. Dans le parti républicain, tout ce qui était civil s'était converti au consulat à vie, ou s'enveloppait du silence. L'armée était dévouée ou soumise. Cependant forts de leurs services et de leur épée, un certain nombre de militaires s'agitaient encore et semblaient vouloir résister aux progrès du pouvoir, lorsque tout le reste de la nation lui cédait. Dans cette opposition, les uns regrettaient de bonne foi la liberté, les autres étaient jaloux de l'élévation d'un guerrier dont ils se prétendaient les égaux. Dans l'armée, Moreau, Bernadotte, étaient regardés comme les derniers des Romains. Tout ce qu'il y avait de mécontents se ralliait autour d'eux.

Beau-frère de Joseph Bonaparte, Bernadotte passait sa vie à se brouiller avec le Premier Consul et à solliciter des raccommodements. Il avait quitté le commandement de l'armée de l'Ouest et se trouvait à Paris dans l'attitude de la disgrace. Il y avait eu, à cette armée, des pamphlets contre la nomination à vie du Premier Consul, et des votes négatifs. On citait entre autres la plupart des officiers de la 82ᵉ demi-brigade, en garnison à Rennes On imputait tout cela à Bernadotte. Il y avait lieu de croire qu'il n'y était pas étranger. Plusieurs officiers de son état-major furent arrêtés, entre autres Simon et Marbot.

Le chef de brigade Fournier et l'adjudant-général Donadieu le furent aussi comme accusés d'avoir comploté contre la vie du Premier Consul.

Moreau opposait au faste de la cour une simplicité affectée. Au milieu de brillants uniformes, il ne paraissait qu'en habit bourgeois. On regardait cet excès de modestie comme un excès d'orgueil. Un jour le Premier Consul l'ayant invité à un dîné de cérémonie, il refusa en disant qu'il aimait mieux dîner en petit comité. Une autre fois, Moreau vint à Malmaison, au moment où le Premier Consul allait se rendre à une revue qui devait être suivie d'un grand dîné. Le Premier Consul invita le général à monter à cheval avec lui ; il refusa encore, et ne vint point au dîné. Invité, comme tous les généraux, au Te Deum chanté pour le concordat et au repas qui le suivit, il n'alla point au Te Deum et ensuite en présence du ministre de la guerre il s'en moqua avec d'autres généraux qui dînaient chez lui. Il y eut encore un grand repas aux Tuileries, à l'occasion d'une autre fête. Moreau n'y était point, on en témoigna de l'étonnement : le Premier Consul dit qu'ayant été refusé deux fois, il ne voulait plus l'être, et Moreau ne fut plus invité. Ces petits incidents et une foule d'autres ne firent qu'accroître la froideur. Elle dégénéra en inimitié. Madame Hulot, belle-mère de Moreau, ne pouvait supporter qu'on la fît attendre un moment ainsi que sa fille dans les salons de madame Bonaparte, lorsqu'elle y allait faire visite. Elle disait que la femme du général Moreau ne devait pas faire anti-chambre chez la femme du général Bonaparte, qu'elle était son égale, etc. Elle montait la tête de son gendre et l'entretenait dans son éloignement du Premier Consul. Les choses en étaient au point que Moreau écrivait à Petiet : « N'étant pas en position de m'intéresser directement à un officier, je vous prie de recommander au Premier Consul N.... » Les journaux anglais soufflaient la guerre en commentant ces mésintelligences, en exaltant les grandes qualités de Moreau, et en l'opposant avec affectation au Premier Consul. Ces oppositions, ces incidents, qui occupaient les salons et les cafés de Paris, n'étaient pas même aperçus dans le reste de la France.

Après sa nomination à vie, le Premier Consul fit dans le Gouvernement de nouvelles dispositions. Une des plus remarquables fut sans doute la suppression du ministère de la police et la nomination de Fouché au sénat.

Fouché, né plébéien, avait été ardent révolutionnaire. Il tenait à la révolution par sa famille, par ses amis et par tous ses rapports, à l'égalité par son éducation, à la liberté par sentiment et par principes, à la République par la mort du roi qu'il avait votée, et même à la terreur par ses missions à Nevers et à Lyon. Il avait des manières libres et des formes communes. Dévoué au gouvernement consulaire par intérêt, mais sans bassesse et sans flatterie, il était plutôt fait pour être factieux que courtisan. Sa conscience n'était point inflexible : il obéissait ; mais il raisonnait et disputait. A l'aide du vague de la police, il s'immisçait dans toutes les affaires de l'état, de la cour, de la famille Bonaparte. L'avenir l'attirait vers les gens de l'ancien régime, le passé le retenait encore du côté des hommes de la Révolution. Quoiqu'il les eût plusieurs fois, et notamment au 3 nivôse an IX, sacrifiés contre sa conviction, il avait encore quelque prédilection pour eux. Il voulait être bien avec tous les partis, surtout les diriger à sa volonté, et qu'ils le regardassent comme leur protecteur. Les honneurs et la fortune n'avaient point altéré la simplicité de ses mœurs; il avait cependant pris le goût du pouvoir. Habitué à l'arbitraire, il restait volontiers dans les bornes de la justice, mais il en dédaignait les formes. Peu familier avec les diverses branches de l'administration, il suppléait aux connaissances qui lui manquaient par un coup-d'œil juste et prompt et par de l'activité et de l'assurance. Il traitait avec légèreté les affaires les plus sérieuses; il dédaignait les distractions et les plaisirs. Il aimait l'argent, non pour le dépenser, mais pour faire sa fortune. Son ministère était une mine très-riche, et le produit des jeux un Pactole qui coulait de lui-même dans ses mains. Il parlait peu dans les conseils et beaucoup en conversation; c'était son principal moyen de police. Il servait au Premier Consul de répertoire des hommes et des choses de la Révolution, comme Talleyrand pour l'ancien régime. Ce n'était pas assez pour Fouché d'être utile, il avait la prétention de se rendre nécessaire à Bonaparte. Il exagérait indiscrètement sa résistance aux coups de l'autorité, se représentait trop souvent comme le réparateur des excès ou des erreurs du pouvoir, et les ennemis de la Révolution chantaient les louanges du ministre aux dépens du chef de l'état.

Le Premier Consul attachait une grande importance à la police; il en avait de toutes les espèces. En supprimant le ministère, il n'est pas probable qu'il eût en vue la morale publique, ni la liberté civile. Il regardait ce ministère, tel que Fouché l'avait organisé, comme une institution qui pouvait être éminemment dangereuse *pour le Gouvernement*; et cette opinion s'était surtout fortifiée par les craintes que lui inspirait le caractère du ministre. Bonaparte avait souvent montré de la défiance; impatient de l'ascendant qu'il prenait, il s'en était plusieurs fois vengé en l'attaquant vivement en public, sur l'affaire du 3 nivôse, sur les journaux, les écrits, les pièces de théâtre, les agitations intérieures, les prêtres, les théophilantropes, les émigrés, etc.

Fouché avait pour principe de ne point répondre à ces attaques, afin de ne pas divulguer des choses qui devaient rester secrètes. Il aimait mieux se donner momentanément l'air d'avoir tort, que de nuire par sa justification à l'action de la police. Il s'expliquait ensuite tête à tête. Ce silence d'un ministre inculpé irritait Bonaparte, quoiqu'il en pénétrât très-bien le motif. Les ennemis de Fouché, et il n'en manquait pas, en tiraient avantage et disaient au Premier Consul : « Il a pris du temps pour vous faire un roman. » A leur tête était Talleyrand. Fouché et lui étaient en guerre ouverte et se haïssaient cordialement.

Dubois, préfet de police, était aussi en guerre ouverte contre son propre ministre.

Bonaparte, malgré toute la force de son caractère, avait long-temps hésité. Il se trouvait des hommes sous le charme desquels il était enchaîné, en dépit de ses dégoûts et de ses défiances, et Fouché était un de ces hommes-là. Il tourna, pour ainsi dire, plusieurs fois autour de son ministre pour s'en débarrasser. Il lui parla de la suppression du ministère, comme d'une mesure qui ferait beaucoup d'honneur au Gouvernement, et qui prouverait la haute opinion qu'il avait de sa force ; il avait même été convenu entre lui et Fouché que cette suppression aurait lieu en l'an XII.

Le ministre n'était point la dupe de tous ces subterfuges ; il ne s'aveuglait point sur l'orage qui le menaçait ; seulement, quand il fut frappé, il ne croyait pas le coup si près.

La résolution en fut prise, le 26 fructidor, dans un voyage que le Premier Consul fit à Morfontaine. Il ne voulut pas l'annoncer lui-même à Fouché, avec lequel il travailla le 27, et il chargea Cambacérès de cette commission. Aucune autre personne n'en fut informée d'avance. Madame Bonaparte, qui avait un véritable attachement pour ce ministre, n'apprit son renvoi qu'après coup et par Dubois, qui le regardait comme une victoire.

La police fut donc réunie au ministère de la justice, auquel Regnier fut nommé, à la place d'Abrial. C'étaient deux hommes instruits, plus jurisconsultes qu'hommes d'état. L'un avait la sécheresse d'un avocat consultant, l'autre la boursouflure d'un avocat plaidant. Bonaparte, qui cependant connaissait assez bien son monde, prit cela pour de la dignité et de la profondeur. On ne peut pas dire que Regnier fût précisément déplacé à la tête de la magistrature, mais il n'était point taillé pour la police, ce n'était pas du reste un défaut.

La nomination de Fouché au sénat fut ainsi motivée : « Ministre de la police dans des circonstances difficiles, il a répondu par des talents, par son activité, par son attachement au Gouvernement, à tout ce que les circonstances exigeaient de lui. Placé dans le sein du sénat, si d'autres circonstances redemandaient encore un ministre de la police, le Gouvernement n'en trouverait point un qui fût plus digne de sa confiance. » (Message au sénat du 28.)

N.... alla le 28 à Malmaison, chez madame Bonaparte. Elle était triste et lui dit de revenir la voir un matin. Abrial et Regnier y étaient et se fesaient beaucoup de compliments. Abrial, nommé sénateur, ainsi que Fouché, affectait du contentement dans sa disgrace, et Regnier de la modestie dans sa faveur.

N... retourna chez madame Bonaparte, le 30 au matin : « Je viens de voir Fouché, » dit-elle ; « je n'ai pu m'empêcher de pleurer. » En disant cela les larmes lui venaient réellement aux yeux. « Il a vu Bonaparte. Je crains bien que son renvoi et la suppression du ministère n'aient des suites fâcheuses. Je l'ai dit à Bonaparte qui me demandait si Fouché était content. Ils sont parvenus à leur but. Il leur déplaisait, parce qu'il disait la vérité et qu'il n'était point flatteur. On veut écarter de Bonaparte tous les hommes de la Révolution, tous les hommes francs. Tout cela s'est fait avec les frères, le 26 à Morfontaine. Talleyrand y a contribué. Personne n'en a rien su, pas même Cambacérès qui me l'a assuré et que Bonaparte a envoyé chercher le 27. Fouché travaillait dans ce moment même, ici, avec Bonaparte, qui n'a pas osé le lui dire en face. Je n'en ai rien su du tout. Je plains moins Fouché que Bonaparte ; comment ira la police ? Est-ce avec celle de Duroc, de Junot, de Davoust, de Moncey, qu'il découvrira les complots de ses ennemis ? Ce ne sont pas des polices, ce sont de vils espionnages. Il n'y a pas jusqu'à Savary qui n'ait aussi la sienne. »

Regnault de Saint-Jean-d'Angely fut nommé président de la section de l'intérieur, à la place de Rœderer. Regnault entendait mieux que son prédécesseur le positif et la pratique des affaires. Il avait de l'esprit, un bon jugement et une facilité extrême. Une constitution robuste lui permettait de fournir à la fois à ses plaisirs, à ses affaires domestiques et au travail. Le Premier Consul aimait les hommes qui, bien loin de se plaindre de leur fardeau, ne le trouvaient jamais assez lourd, étaient toujours prêts à se rendre à ses ordres, et à faire, à point nommé, ce qu'il voulait. Regnault était violent, colère, et cependant excellent camarade, bon homme et très-obligeant, quelquefois jusqu'à la faiblesse. Il était entièrement dévoué au Premier Consul, à sa gloire, à sa puissance ; mais c'était un courtisan qui conservait extérieurement de la rondeur et une certaine familiarité qui pouvait passer pour de la dignité et de l'indépendance.

Il y avait depuis long-temps une guerre déclarée entre Rœderer et Chaptal. *Le conseiller d'état chargé de l'instruction publique* appartenait au ministère de l'intérieur, ne voulait pas cependant travailler avec le ministre, et prétendait n'avoir de rapports qu'avec le Premier Consul. Lorsqu'il demandait à Chaptal des renseignements sur l'instruction publique, celui-ci répondait : « Adressez-vous au citoyen Rœderer, il ne me rend aucun compte. » Bonaparte se fâchait alors contre Rœderer. Il formait avec Regnault et

Fourcroy, dans la section de l'intérieur, une sorte de cabale contre le ministre. Rœderer était sans contredit un homme instruit, de talent, et possédant à un haut degré celui de l'analyse. Il avait travaillé activement aux projets de stabilité pour la dynastie ; mais il n'y marchait pas toujours par le même chemin que Bonaparte. Il avait échoué dans ses listes de notabilité. Absolu dans ses systèmes et obstiné dans ses opinions, il avait plus d'une fois heurté l'amour-propre du Premier Consul. Ses liaisons intimes avec les frères de Bonaparte ressemblaient à de l'intrigue et le lui rendaient un peu suspect. Il avait l'ambition de mener les affaires les plus délicates. Cynique dans son langage, il se permettait souvent des railleries amères sur les hommes et sur les choses. Il s'attirait chaque jour la défaveur en se donnant lui-même l'air d'un serviteur disgracié. Ses plaintes étaient des reproches d'ingratitude. Depuis plusieurs mois le Premier Consul le traitait avec une froideur marquée, et rejetait toutes ses propositions. Les présidents de sections et quelques conseillers d'état ayant été réunis (le 3 messidor) à Malmaison, Rœderer exhala devant ses collègues son mécontentement contre Bonaparte : « On ne peut rien faire, dit-il, avec cet homme-là. Je fais mon devoir en proposant ; si l'on n'accepte pas, je m'en moque; si j'avais ici mes chevaux, je ne resterais pas à dîner. »

Cependant le Premier Consul, fatigué de ces tiraillements et au fond attaché à Rœderer, chargea le consul Lebrun de le réconcilier avec Chaptal. Il les réunit le 27 fructidor. Ils dirent l'un et l'autre qu'ils ne s'en voulaient pas personnellement. Rœderer persista à dire, que, comme *conseiller d'état chargé de l'instruction publique*, il ne pouvait pas consentir à travailler avec le ministre, qu'il y travaillerait comme membre d'un conseil, si l'on voulait en créer un pour cette partie de l'administration. Chaptal consentit à cet arrangement. Dans le cours de la conférence, Rœderer dit : « Je suis un courtisan disgracié. On ne daigne pas depuis six mois abaisser un regard sur moi. J'ai écrit dix fois à Bonaparte pour avoir une audience, il ne m'a pas répondu. Je la lui ai demandée verbalement, il m'a tourné le dos. Je ne sais pas même si l'on voudrait me nommer au sénat. Cependant j'en ai été membre à la création, et si j'ai préféré le conseil d'état, c'était pour mieux servir Bonaparte. »

— « Vous êtes mieux au conseil, vous y êtes plus utile, » dit le consul Lebrun.

Il rendit compte par écrit de cette séance au Premier Consul; en lisant l'arrangement proposé par la création d'un conseil d'instruction publique, il dit : « Cela ne se peut pas ; point de mezzo termine. » Et à la fin de la lettre : « Ah ! il veut être sénateur ! » Il dicta sur-le-champ l'arrêté de sa nomination. Rœderer dit ensuite qu'on l'avait nommé sénateur pour se débarrasser de lui, et qu'il ne l'avait point demandé.

Le Premier Consul motiva ainsi sa nomination : « Déjà destiné au sénat dès sa formation, il s'est constamment distingué au conseil d'état. Ses talents et son attachement à la patrie seront encore plus éminemment utiles dans le premier corps de la République. »

Le Premier Consul dit à N... « Rœderer a demandé que je le nommasse au sénat. Il m'a écrit d'abord pour me remercier, et puis ensuite qu'il en était fâché. Il ne voulait pas travailler avec le ministre de l'intérieur ; c'était ridicule ; car il n'avait été nommé qu'à cette condition. Il aurait pu se plaindre si on la lui avait imposée depuis. »

Boulay de la Meurthe obtint le *contentieux des domaines nationaux* qu'avait eu Regnier. Le Premier Consul qui avait promis à N... un département, lui dit : « Je voulais vous donner les *domaines nationaux*, parce qu'il faut là un homme qui ait des principes sûrs ; car c'est un point du maintien duquel dépend la Révolution. Boulay est systématique, il s'abandonne quelquefois un peu trop. Mais j'ai voulu lui donner cette marque de satisfaction, parce qu'il a des ennemis pour le rapport qu'il a fait contre les nobles, et pour les services qu'il a rendus au 18 brumaire. Je trouverai quelqu'autre chose pour vous. » Le Premier Consul avait raison ; personnellement il devait une récompense à Boulay, et celle-là était bien loin d'être au-dessus de sa capacité et des services qu'il pouvait rendre encore.

Il laissait vacante la présidence de la section de législation. Si le vœu de ses collègues eût pu y faire quelque chose, elle eût été donnée à Emmery. Il la méritait par son ancienneté, ses connaissances, la solidité de ses principes et la noblesse de son caractère. Mais c'était un brave homme, tout-à-fait étranger à la société et à la cour, qui ne connaissait que le conseil d'état et son cabinet. Le Premier Consul lui fit un passe-droit et lui préféra Bigot de Préameneu, sans contredit homme de mérite et jurisconsulte éclairé, mais qui était poussé par Cambacérès, et qui montrait beaucoup de zèle pour l'agrandissement du pouvoir.

Fourcroy eut la direction de l'instruction publique à la place de Rœderer. Un nom aussi célèbre dans les sciences figurait bien à la tête de l'enseignement ; mais comme la plupart des savants, il ne possédait pas à un haut degré les qualités administratives.

D'après la constitution consulaire de l'an VIII, les sénateurs étaient à jamais inéligibles à toute autre fonction publique. On avait cru par cette exclusion les soustraire à l'influence du Gouvernement et maintenir leur indépendance.

Le sénatus-consulte du 16 thermidor an X dérogea à cette disposition en statuant que les sénateurs pourraient être consuls, ministres, membres de la Légion-d'Honneur, inspecteurs de l'instruction publique et employés dans des missions extraordinaires et temporaires.

Le sénatus-consulte du 14 nivôse an XI donna une dotation au sénat, et présenta aux sénateurs, dans la création des sénatoreries, l'appât de bénéfices à vie. Ils furent donc entourés légalement par tous les moyens de séduction.

Le Premier Consul ne parut plus aussi souvent au conseil d'état; il en abandonna souvent la présidence au consul Cambacérès.

On portait au sénat les grandes affaires politiques. Une fois que le sénat avait statué sur un objet, il sortait par cela même du domaine de la législature et entrait, en vertu des sénatus-consultes, dans celui du Gouvernement.

Il s'agissait au conseil d'état de proroger par un arrêté dans les départements du Piémont, les délais prescrits par la loi du 11 brumaire an VII sur les hypothèques. On disait qu'il fallait une loi. Le second consul répondit que le Gouvernement tenait pour principe qu'il avait le droit de prendre toutes les mesures d'exécution des sénatus-consultes ; que le Piémont ayant été réuni à la France par un sénatus-consulte, le Gouvernement pouvait y disposer par des arrêtés sur les matières législatives ; que le sénat était le conseil politique de la nation. On voit où tendait cette doctrine.

On traitait en conseil privé les affaires qu'on voulait bien appeler secrètes.

Le Premier Consul faisait sur le rapport des ministres, et sans entendre le conseil d'état, des réglements généraux et d'administration publique. Ceux sur l'instruction publique et sur la création des chambres de commerce le furent de cette manière.

On réduisait peu à peu le conseil d'état à n'être plus qu'un tribunal supérieur du contentieux administratif où les ministres et les conseillers à département dédaignaient de paraître. Que le conseil d'état perdît de sa considération, c'était un petit malheur; mais en perdant de ses attributions, c'était encore, toutes faibles qu'elles étaient, une gêne de plus dont le pouvoir s'affranchissait.

Ségur alors membre du corps législatif fut nommé conseiller d'état. C'était un homme d'esprit, peut-être moins propre aux affaires qu'aux travaux littéraires ; il avait des opinions libérales ; mais élevé dans les cours, il savait se plier à leurs exigences ; nul homme n'avait plus de souplesse dans le caractère, plus de dignité dans la politesse, plus de gravité dans l'étiquette. C'était une bonne acquisition pour la nouvelle cour. Le Premier Consul y trouvait réunis un de ces noms de l'ancien régime dont il faisait cas, un citoyen qui n'avait point boudé contre la République, mais qui s'accommodait encore mieux de la monarchie.

Comme Ségur avait autrefois servi dans la carrière diplomatique, et y avait acquis quelque renommée par ses succès auprès de Catherine II, quelques personnes crurent qu'il était destiné au ministère des affaires étrangères ; on parlait déjà de la disgrace de Talleyrand.

Cette nomination de Ségur excédait le nombre de 50 conseillers d'état fixés par le sénatus-consulte. Mais on se tira de cette petite difficulté en décidant que les conseillers d'état en service extraordinaire ne comptaient pas dans ce nombre. Par ce moyen il devenait réellement indéterminé.

Des arrêtés réglèrent le costume du grand juge, rendirent la simarre à S. E., la robe rouge aux tribunaux et la robe noire aux avocats et aux procureurs, cette robe que Molière avait tant ridiculisée, et dont, pendant la Révolution, ceux qui la portaient s'étaient débarrassés avec tant de plaisir. On disait sérieusement que l'attirail de la robe, en gênant les mouvements des juges et des avocats, augmentait leur considération et inspirait au public plus de respect pour la justice. Ce costume donna certainement de l'orgueil aux sots, et ne fit pas peser les mauvais jugements une once de plus. Quand le tribunal de cassation fut habillé de neuf, le grand juge alla le présider. On rétablit aussi la messe *rouge* dans la Sainte-Chapelle ; elle fut célébrée par l'archevêque. Le consul Cambacérès était grand partisan de ces petits emprunts faits à l'ancien régime, et les vieilles têtes du palais en étaient enchantées. On rêvait déjà le retour des parlements.

Par une conséquence naturelle, on recherchait les noms historiques de la magistrature, sans s'inquiéter si ceux qui les portaient étaient en état de les soutenir. De leur côté, ils ne se faisaient plus de scrupule de se présenter dans une carrière où ils trouvaient des places honorables, de bons traitements, et surtout les insignes dont s'était parée la vanité de leurs ancêtres.

Treilhard, président de la cour d'appel de Paris, ayant été nommé conseiller d'état, fut remplacé par le citoyen Séguier, émigré rentré depuis le 18 brumaire, et commissaire du Gouvernement près le tribunal de première instance. Il ne manquait pas de magistrats de fortune qui tels que

Treilhard, par leur mérite et de longs services, s'étaient élevés de la barre au siége des juges; mais le nom de Séguier était une trouvaille, et il avait l'honneur d'être l'allié du consul Cambacérès. Dans son discours d'installation, le nouvel élu eut le bon esprit de ne pas dissimuler qu'il devait sa nomination à son nom et à sa parenté. Le commissaire du Gouvernement, Mourre, passa en revue tous les Séguier. « Mais, » ajouta-t-il, d'un ton un peu sévère, « quand je rappelle les vertus de ces hommes illustres, je ne prétends pas parler des titres du citoyen Séguier. Commander le respect au nom de ses aïeux, c'est se prévaloir d'un préjugé tyrannique; ce sont des modèles que je lui présente. »

CHAPITRE XVI.

COMMERCE DE L'INDE. — JURANDES ET MAITRISES. — SOIES DU PIÉMONT.

On discutait au conseil d'état le point de savoir si l'on maintiendrait le retour des armements pour l'Inde dans les ports de Lorient et de Toulon, ou s'il serait libre dans tous les ports. Dans cette discussion s'éleva une autre question : si le commerce de l'Inde serait libre ou confié à une compagnie privilégiée ? La section de la marine était pour le privilége, et la majorité du conseil pour la liberté.

Le Premier Consul : « J'ai été d'abord pour une compagnie privilégiée. Mais depuis deux ans j'ai réuni des négociants de tous les ports ; ils ont tous été pour la liberté. Ils m'ont donné de bonnes raisons ; ils ont détruit tous les arguments des partisans de la compagnie. Le commerce de l'Inde doit se faire par compagnies, mais par compagnies libres. C'est ainsi que le faisait la compagnie Rabaud à Marseille. Elle prenait des fonds en commandite et cependant l'on ne connaissait qu'elle. Avec de telles compagnies dans les ports, on fera mieux le commerce de l'Inde qu'avec une compagnie privilégiée ; car une semblable compagnie est, comme le gouvernement, ses opérations sont toujours plus chères que celles des particuliers, son administration est plus coûteuse. Elle se forme une marche dont elle ne s'écarte pas. C'est un canal qui a sa longueur et sa largeur et qui est parcouru uniformément. Les particuliers, au contraire, se détournent de ce canal suivant qu'ils y trouvent leur intérêt. Ils vont fouillant partout les divers débouchés et les points les plus avantageux. Que le Gouvernement arme des corsaires et leur désigne leurs stations : ils ne feront jamais autant de prises que les corsaires particuliers qui ont leurs correspondances et une foule de notions que n'a pas un gouvernement. On m'a démontré par des calculs et des faits que pendant vingt ans que le commerce de l'Inde a été libre, il a été plus productif que sous le régime de la compagnie, et que l'on a plus exporté de nos produits industriels. La compagnie envoyait principalement de l'argent dans l'Inde. C'est une erreur de croire que l'Angleterre soit maîtresse exclusive du commerce de l'Inde. Il y a des princes qui ne sont pas sous sa dépendance et avec lesquels le commerce français peut travailler avantageusement. Les marchandises de l'Inde circulent aussi dans le monde autrement que par la voie des Anglais. Nous en avions abondamment en Égypte et des premières qualités. L'exemple des Américains est pour la liberté; ils n'ont point de compagnie privilégiée, et ils font un commerce très-étendu dans l'Inde, la Mer-Rouge, la Chine, le Golfe Persique. Ils vont partout. La guerre leur a été très-favorable; mais la paix donnera à nos armateurs la facilité de faire comme eux et de diminuer leur commerce. Il est important de prendre à cet égard une décision solennelle, législative, afin que le commerce puisse se livrer avec sécurité à ses spéculations. Je ne pense pas, comme on semble le croire, qu'il ne faut pas de compagnie par la raison qu'on ne pourrait pas en former une actuellement; on nous fait toujours plus pauvres que nous ne le sommes. Je crois au contraire que l'on ne parviendrait pas à former une compagnie parce que ce n'est pas une bonne institution, qu'elle est repoussée par tout le commerce, et que personne ne voudrait lui livrer ses capitaux. S'il en était autrement, on ferait facilement une compagnie. Ne dirait-on pas qu'il faut pour cela une si grande somme? Il suffirait de vingt millions, et qu'est-ce que c'est pour la France? »

Il y avait soixante ans que la législation convenable à la classe industrielle était devenue, dans toute l'Europe, le sujet de profondes études et l'objet de discussions très-animées. Les hommes les plus distingués par la sagacité de leur esprit, la maturité de leur jugement, l'étendue de leur expérience, étaient demeurés convaincus que les individus abandonnés, dans l'exercice de leur industrie, à l'impulsion de leurs intérêts, finissent toujours par prendre la direction la plus favorable à la prospérité du peuple dont ils font partie.

Les idées étaient arrêtées à cet égard avant la Révolution : l'administration avait tenté de les réaliser en 1776 sous Turgot ; mais des révolutions de ministère avaient suspendu l'exécution de ce projet. L'Assemblée constituante ne balança point à prononcer la suppression des jurandes et l'abolition des réglements de fabrique. Dès-lors il n'y eut plus de bornes à l'exercice de l'industrie, ni de gêne à la circulation des produits du travail.

On ne pouvait contester que dans cet état de liberté plusieurs arts n'eussent été inventés ou considérablement perfectionnés, et qu'il ne se fût formé des établissements importants malgré les circonstances d'ailleurs très-défavorables résultant soit de l'instabilité des signes monétaires, soit de la disparition d'immenses capitaux.

Mais on se plaignait de la violation des contrats d'apprentissage, des engagements des ouvriers, d'infidélité de leur part sur les matières premières, de la vente de marchandises sous des dénominations mensongères.

Le ministre de l'intérieur avait fait rédiger par son *conseil d'agriculture, arts et commerce*, un projet de réglement pour obvier à ces inconvénients ; il avait été approuvé par la plupart des conseils ou bureaux de commerce établis dans les départements, et il fut présenté au Gouvernement avec un rapport.

Il organisa par un arrêté (8 vendémiaire) les bouchers de Paris en corporation. Ils eurent un syndic et six adjoints. Nul ne pouvait plus être boucher sans la permission du préfet de police. Les bouchers étaient soumis à fournir un cautionnement.

C'était un pas fait vers le rétablissement des jurandes ; on pouvait cependant justifier cette décision par de bonnes raisons de police.

Le travail du ministre de l'intérieur donna lieu à un projet de loi qui fut discuté au conseil d'état. Après avoir adopté des réglements relatifs aux contrats d'apprentissage, aux obligations respectives des maîtres et des ouvriers, aux marques, il s'agissait de déterminer la compétence des autorités qui connaîtraient des contestations. Par le projet on attribuait cette juridiction aux maires. On combattit cette attribution.

Le Premier Consul : « Quand il y a un acte écrit,

ou des obligations civiles importantes, cela doit regarder les tribunaux ; mais pour le courant et les choses de bon ordre et de détail, il faut les attribuer aux maires, c'est une affaire de police ; les juges de paix ne sont pas assez à la portée des parties, ni assez expéditifs. Le maire représente la force publique, il est toujours prêt à statuer. Je ne connais pas de bonne police là où le maire n'a pas le droit de condamner à la prison pour trois jours et à une amende de 12 ou 15 francs. Il y a des cas de nécessité où cela se fait ; mais c'est illégal : il vaut mieux que la loi l'autorise. Le préfet de police fait tous les jours des choses arbitraires, mais cela ne peut être autrement. Comment! un père qui a à se plaindre de son fils âgé de 15 ou 16 ans ne peut pas le faire détenir pendant douze heures sans recourir aux tribunaux ! Enfin si l'on ne croit pas devoir donner une attribution générale aux maires, il faut du moins leur en donner une spéciale pour les arts et les métiers.

« Quant à l'inscription et à la classification, il faut aborder franchement la question du rétablissement des maîtrises et jurandes, ou de la liberté de l'industrie. J'ai entendu dire de très-bonnes choses contre les jurandes, et je vois que ceux-là mêmes qui proposent la classification se défendent de vouloir les rétablir. Je n'ai point d'opinion faite sur cette question, mais je penche pour la liberté. Ce qu'on propose dans le projet est insignifiant. L'inscription, nous l'avons dans les rôles des patentes; la classification, nous pouvons la faire d'après ces rôles, quand nous le voudrons; des conseils d'arts et métiers, nous sommes libres d'en créer, comme nous avons fait des chambres de commerce. Faire des réglements, voilà une disposition qui peut être législative. Mais il est ridicule de les faire rédiger par les conseils et approuver par le Gouvernement. D'ailleurs ces réglements ne peuvent être relatifs qu'aux choses et non aux personnes et seulement sous le rapport du commerce extérieur. »

Le conseil consulté, rejeta à une grande majorité le rétablissement des jurandes; adopta la compétence des maires, et la question des réglements resta indécise.

Un projet de loi fut ensuite rédigé sur cette matière et présenté au corps législatif. On y donnait au Gouvernement le droit d'établir des chambres consultatives, et de faire sur l'avis de ces chambres des réglements relatifs aux produits des manufactures qui s'exporteraient à l'étranger, à condition de faire convertir ces réglements en loi dans les trois ans de leur promulgation.

Les autres titres du projet concernaient la police des manufactures, fabriques et ateliers, les obligations entre les ouvriers et ceux qui les emploient, la contrefaçon des marques particulières des fabricants et la juridiction qui était attribuée aux maires.

La section de l'intérieur proposa un projet d'arrêté pour permettre l'exportation des soies du Piémont, moyennant un droit.

On estimait qu'avant la Révolution la fabrication de Lyon consommait du tiers à la moitié des soies du Piémont (800,000 livres). Le reste était exporté ailleurs. Lyon ne pouvait consommer le produit annuel de la récolte en son entier. Les fabricants ne s'opposaient point à l'exportation. Ils demandaient seulement qu'elle se fît en transit par Lyon et en payant un droit.

Le Premier Consul : « Il faut diviser la question.

« En ce qui concerne la France, les lois ont toujours prohibé l'exportation des soies. On raisonne comme si le produit annuel était toujours le même ; il n'y a rien de plus incertain. Il y a des années où la récolte manque, quelques-unes où il y en a trop. Mais alors les fabricants en font des approvisionnements. C'est une discussion éternelle entre les planteurs de mûriers et les fabricants de soie. Les Anglais feraient de bon cœur un sacrifice de plusieurs millions pour mettre le feu aux soies et ruiner Lyon. Maintenons donc la prohibition pour les soies françaises.

« Voyons pour celles du Piémont :

« S'il est vrai qu'il produise plus de soie que la France n'en peut consommer, il faut en laisser exporter une certaine quantité. Un droit de deux francs par livre n'est pas exagéré, puisque le roi de Piémont en prenait un d'un franc. Permettre l'exportation par Verceil, ce serait encourager le commerce de Trieste et de Livourne au préjudice de Marseille. Il faut lier le Piémont à la France. L'entrepôt de Lyon en est un moyen. De là les soies iront à Marseille pour Lisbonne et à Calais pour l'Angleterre ; et les Lyonnais seront plus en état de les retenir par préférence. »

GALLY : « L'entrepôt à Lyon est défavorable au négociant de Turin. Il ne pourra plus faire directement le commerce des soies. Il lui faudra payer une commission au négociant de Lyon. Ces gênes et le droit proposé feront que le négociant achètera beaucoup moins cher les cocons, et qu'alors on abandonnera la culture des mûriers déjà trop négligée. »

LE PREMIER CONSUL : « On peut organiser cet entrepôt de manière à ce qu'il soit le moins onéreux possible. On peut permettre aussi l'exportation par Nice, en mettant un droit plus fort par cette voie. »

Il fut décidé que l'importation des soies ouvrées en poil et organsin du Piémont serait permise par Nice et Lyon.

CHAPITRE XVII.

ACTES DE MÉDIATION DE LA SUISSE. — CONFÉRENCE DU PREMIER CONSUL AVEC LES DÉPUTÉS SUISSES.

Entourée de grandes puissances belligérantes, la Suisse n'avait pas pu conserver cette ancienne neutralité qui avait si long-temps passé pour inviolable. Elle n'avait pas pu se garantir non plus du combat d'intérêts et de principes que la révolution française avait suscité en Europe. Après avoir été le théâtre des intrigues politiques, elle avait subi une invasion de la France, et avait eu beaucoup à souffrir de ses armées; et lorsqu'elles se furent retirées, elle resta en proie aux dissensions intestines. Bonaparte, général en Italie, appuya près du Directoire ce projet d'invasion. Plus tard il en convint; mais il prétendait que son plan n'avait pas été exécuté. En Italie, il avait déjà dit: « Les Suisses d'aujourd'hui ne sont plus les hommes du 14e siècle. Ils ne sont fiers que lorsqu'on les cajole trop; ils sont humbles et bas lorsqu'on leur fait sentir qu'on n'a pas besoin d'eux. » Le temps ne marche pas impunément, ni sans influence, sur les institutions humaines; quatre siècles s'étaient écoulés depuis le 14e. Dans cette ancienne république, les mœurs antiques s'étaient altérées, l'esprit public s'était affaibli, et les lois n'étaient plus en harmonie avec les idées du temps; la démocratie et l'aristocratie étaient aux prises, l'une pour conserver les priviléges, l'autre pour recouvrer l'égalité de droits. Toutes les deux, dans la défiance de leurs propres forces, appelaient l'étranger à leur secours. La première avait un protecteur naturel dans la France, la seconde des alliés naturels dans les rivaux ou les ennemis de la grande république. Des constitutions éphémères, ouvrages des partis, n'avaient pu ni les satisfaire, ni leur imposer silence; ils étaient armés et aux prises.

Le Premier Consul, après avoir organisé l'Italie, résolut de pacifier et constituer la Suisse, et s'y présenta comme médiateur. Il fit donner aux puissances voisines connaissance de ses motifs, et les assura qu'il ne serait rien fait contre l'indépendance de ce pays. Au commencement de vendémiaire an XI, le colonel Rapp y fut envoyé pour faire connaître les intentions du médiateur, et une armée se réunit sous le commandement du général Ney, afin de donner en cas de besoin l'appui de la force à la médiation.

Voici le langage que tint le Premier Consul aux 18 cantons de la république helvétique dans sa proclamation du 8 vendémiaire an XI, que Rapp publia à son arrivée à Berne.

« Vous offrez depuis deux ans un spectacle affligeant. Des factions opposées se sont successivement emparées du pouvoir ; elles ont signalé leur empire passager par un système de partialité qui accusait leur faiblesse et leur inhabileté.

« Dans le courant de l'an X, votre gouvernement a désiré que l'on retirât le petit nombre de troupes françaises qui étaient en Helvétie. Le Gouvernement français a saisi volontiers cette occasion d'honorer votre indépendance ; mais bientôt après, vos différents partis se sont agités avec une nouvelle fureur ; le sang des Suisses a coulé par les mains des Suisses.

« Vous avez disputé, trois ans, sans vous entendre : si l'on vous abandonne plus long-temps à vous-mêmes, vous vous tuerez trois ans sans vous entendre davantage. Votre histoire prouve d'ailleurs que vos guerres intestines n'ont jamais pu se terminer sans l'intervention efficace de la France.

« Il est vrai que j'avais pris le parti de ne me mêler en rien de vos affaires ; j'avais vu constamment vos différents gouvernements demander des conseils et ne pas les suivre, et quelquefois abuser de mon nom selon leurs intérêts et leurs passions.

« Mais je ne puis ni ne dois rester insensible au malheur auquel vous êtes en proie : je reviens sur ma résolution ; je serai le médiateur de vos différents, mais ma médiation sera efficace, telle qu'il convient aux grands peuples au nom desquels je parle [1].

« Cinq jours après la notification de la présente proclamation, le sénat se réunira à Berne.

« Toute magistrature qui se serait formée à Berne depuis la capitulation sera dissoute, et cessera de se réunir et d'exercer aucune autorité.

« Les préfets se rendront à leur poste.

« Toutes les autorités qui auraient été formées cesseront de se réunir.

« Les rassemblements armés se dissiperont.

« Les première et deuxième demi-brigades helvétiques formeront la garnison de Berne.

« Les troupes qui étaient sur pied depuis plus de six mois pourront seules rester en corps de troupes.

« Enfin, tous les individus licenciés des armées belligérantes, et qui sont aujourd'hui armés, déposeront leurs armes à la municipalité de la commune de leur naissance.

« Le sénat enverra trois députés à Paris; chaque canton pourra également en envoyer.

« Tous les citoyens qui depuis trois ans ont été landammans, sénateurs, et ont successivement occupé des places dans l'autorité centrale, pourront se rendre à Paris, pour faire connaître les moyens de ramener l'union et la tranquillité, et de concilier tous les partis.

[1] La république française et la république italienne.

« De mon côté, j'ai le droit d'attendre qu'aucune ville, aucune commune, aucun corps ne voudra rien faire qui contrarie les dispositions que je vous fais connaître.

« Habitants de l'Helvétie, revivez à l'espérance !

« Votre patrie est sur le bord du précipice, elle en sera immédiatement tirée ; tous les hommes de bien seconderont ce généreux projet.

« Mais si, ce que je ne puis penser, il était parmi vous un grand nombre d'individus qui eussent assez peu de vertu pour ne pas sacrifier leurs passions et leurs préjugés à l'amour de la patrie, peuples de l'Helvétie, vous seriez bien dégénérés de vos pères !

« Il n'est aucun homme sensé qui ne voie que la médiation dont je me charge est pour l'Helvétie un bienfait de cette Providence qui, au milieu de tant de bouleversements et de chocs, a toujours veillé à l'existence et à l'indépendance de votre nation ; et que cette médiation est le seul moyen qui vous reste pour sauver l'une et l'autre.

« Car il est temps enfin que vous songiez que si le patriotisme et l'union de vos ancêtres fondèrent votre république, le mauvais esprit de vos factions, s'il continue, la perdra infailliblement, et il serait pénible de penser qu'à une époque où plusieurs nouvelles républiques se sont élevées, le destin eût marqué la fin d'une des plus anciennes. »

Le parti démocratique accepta la médiation

avec joie et reconnaissance. Les aristocrates tergiversèrent pour gagner du temps et dans l'espérance d'être secourus par l'Autriche et l'Angleterre ; mais déçus dans leur espoir, et pressés par les troupes françaises, ils finirent par désarmer, en déclarant qu'ils ne cédaient qu'à la force et en protestant contre la violence faite à l'indépendance de la nation.

Le Premier Consul crut devoir rassurer les puissances sur les suites de son intervention dans les affaires intérieures de la Suisse. Tel fut l'objet de la lettre du ministre Talleyrand à M. de Cetto, ministre de Bavière à Paris.

« Le Premier Consul, y était-il dit, ne voulait point abandonner un pays qui a besoin de l'amitié de la France, et qui, sans le bienfait de son influence, eût passé en peu de temps par toutes les horreurs de l'anarchie sous l'ancien joug qu'il était heureux d'avoir brisé. L'Helvétie doit aux victoires et à la politique bienveillante de la France le droit de s'organiser. Le Premier Consul veut en protéger l'exercice et s'assurer qu'une poignée d'émigrés turbulents, déserteurs des armées étrangères, et qui venaient porter le fer et la flamme dans leur pays, ne réussiront pas à priver de leurs droits la presque totalité de leurs concitoyens. Le traité de Lunéville ne peut être invoqué par de tels hommes ; le

Premier Consul, qui en a garanti l'exécution, repousse le soupçon qu'il songe à amener la république helvétique par un esprit d'imitation à avoir avec lui des rapports semblables à ceux qui l'unissent à la république italienne : cette pensée est aussi loin de sa prévoyance, qu'opposée à toutes ses déterminations. Son intention formelle est de ne concourir à l'organisation de la Suisse que pour lui assurer une indépendance absolue. »

Lorsque les 56 députés des cantons furent arrivés à Paris, le Premier Consul leur fit connaître ses intentions par la lettre suivante :

« Citoyens députés des dix-huit cantons de la république helvétique, la situation de votre patrie est critique. La modération, la prudence, et le sacrifice de vos passions, sont nécessaires pour la sauver. J'ai pris à la face de l'Europe l'engagement de rendre ma médiation efficace. Je remplirai tous les devoirs que m'impose cette auguste fonction ; mais ce qui est difficile sans votre secours devient simple avec votre assistance et votre influence.

« La Suisse ne ressemble à aucun autre état, soit par les événements qui s'y sont succédés depuis plusieurs années, soit par la situation géographique et topographique, soit par les différentes langues, les différentes religions et cette extrême différence de mœurs qui existe entre ses diverses parties.

« La nature a fait votre état fédératif ; vouloir la vaincre ne peut pas être d'un homme sage.

« Les circonstances, l'esprit des siècles passés, avaient établi chez vous des peuples souverains et des peuples sujets. De nouvelles circonstances et l'esprit différent d'un nouveau siècle, d'accord avec la justice et la raison, ont établi l'égalité de droit entre toutes les portions de votre territoire.

« Plusieurs de vos états ont suivi pendant des siècles les lois de la démocratie la plus absolue. D'autres ont vu quelques familles s'emparer du pouvoir, et vous avez vu dans ceux-ci des sujets et des souverains. L'influence et l'esprit général de l'Italie, de la Savoie, de la France, de l'Alsace qui vous entourent, avaient essentiellement contribué à établir dans ces derniers cet état de choses. L'esprit de ces divers pays est changé. La renonciation à tous les priviléges est à la fois la volonté et l'intérêt de votre peuple.

« Ce qui est en même temps le désir, l'intérêt de votre nation et des états qui vous environnent, est donc :

« 1° L'égalité des droits entre vos dix-huit cantons.

« 2° Une renonciation sincère et volontaire aux priviléges de la part des familles patriciennes.

« 3° Une organisation fédérative, où chaque canton se trouve organisé selon sa langue, sa religion, ses mœurs, son intérêt et son opinion.

« La chose la plus importante c'est de fixer l'organisation de chacun de vos dix-huit cantons, en la soumettant aux principes généraux.

« L'organisation des dix-huit cantons une fois arrêtée, il restera à déterminer les relations qu'ils devront avoir entre eux, et dès-lors votre organisation centrale, beaucoup moins importante en réalité que votre organisation cantonale. Finances, armée, administration, rien ne peut être uniforme chez vous. Vous n'avez jamais entretenu de troupes soldées ; vous ne pouvez avoir de grandes finances. Vous n'avez jamais eu constamment des agents diplomatiques près des différentes puissances. Situés au sommet des montagnes qui séparent la France, l'Allemagne et l'Italie, vous participez à la fois de l'esprit de ces différentes nations. La neutralité de votre pays, la prospérité de votre commerce et une administration de famille, sont les seules choses qui puissent agréer à votre peuple et vous maintenir.

« Ce langage je l'ai toujours tenu à tous vos députés lorsqu'ils m'ont consulté sur leurs affaires. Il me paraissait tellement fondé en raison, que j'espérais que, sans concours extraordinaire, la nature seule des choses vous conduirait à reconnaître la vérité de ce système. Mais les hommes qui semblaient le mieux la sentir étaient aussi ceux qui, par intérêt, tenaient aussi le plus au système de privilége et de famille, et qui, ayant accompagné de leurs vœux et plusieurs de leurs secours et de leurs armes les ennemis de la France, avaient une tendance à chercher hors de la France l'appui de leur patrie.

« Toute organisation qui eût été établie chez vous, et que votre peuple eût supposée contraire au vœu et à l'intérêt de la France, ne pouvait pas être dans votre véritable intérêt.

« Après vous avoir tenu le langage qui conviendrait à un citoyen suisse, je dois vous parler comme magistrat de deux grands pays, et ne pas vous déguiser que jamais la France et la république italienne ne pourront souffrir qu'il s'établisse chez vous un système de nature à favoriser leurs ennemis.

« Le repos et la tranquillité de quarante millions d'hommes vos voisins, sans qui vous ne pourriez ni vivre comme individus, ni exister comme état, sont aussi pour beaucoup dans la balance de la justice générale. Que rien à leur égard ne soit hostile chez vous, que tout y soit en harmonie avec eux, et que, comme dans les siècles passés, votre premier intérêt, votre première politique, votre premier devoir, soient de ne rien laisser faire sur votre territoire, qui, directement ou indirectement, nuise à l'intérêt, à l'honneur, et en général à la cause du peuple français.

« Et si votre intérêt, la nécessité de faire finir vos querelles, n'avaient pas été suffisants pour me déterminer à intervenir dans vos affaires, l'intérêt de la France et de l'Italie m'en eût, lui seul, fait un devoir ; en effet, vos insurgés ont été guidés par des hommes qui avaient fait la guerre contre nous, et le premier acte de tous leurs comités a été un appel aux priviléges, une destruction de l'égalité et une insulte manifeste au peuple français.

« Il faut qu'aucun parti ne triomphe chez vous ; il faut surtout que ce ne soit pas celui qui a été battu. Une contre-révolution ne peut avoir lieu.

« Je me plais à vous entretenir, et souvent je vous répéterai ces mêmes idées, parce que ce n'est qu'au moment où vos citoyens en seront convaincus, que vos opinions pourront enfin se concilier et votre peuple vivre heureux.

« La politique de la Suisse a toujours été considérée en Europe comme faisant partie de la politique de la France, de la Savoie, et du Milanais, parce que la manière d'exister de la Suisse est entièrement liée à la sûreté de ces états. Le premier devoir, le devoir le plus essentiel du gouvernement français, sera toujours de veiller à ce qu'un système hostile ne l'emporte point parmi vous, et que des hommes dévoués à ses ennemis ne parviennent pas à se mettre à la tête de vos affaires. Il convient non-seulement qu'il n'existe aucun motif d'inquiétude pour la portion de notre frontière qui est ouverte et que vous couvrez ; mais que tout nous assure encore que, si votre neutralité était forcée, le bon esprit de votre Gouvernement, ainsi que l'intérêt de votre nation, vous rangeraient plutôt du côté des intérêts de la France que contre eux.

« Je méditerai tous les projets, toutes les observations que collectivement ou individuellement, ou par députation de canton, vous voudrez me faire passer. Les sénateurs Barthélemy, Fouché, Rœderer et Desmeunier, que j'ai chargés de recueillir vos opinions, d'étudier vos intérêts et d'accueillir vos vues, me rendront compte de tout ce que vous désirez qu'ils me disent ou me remettent de votre part. »

Cette espèce de congrès helvétique eut la plus grande liberté dans ses délibérations ; les discussions y furent très-animées, elles se prolongèrent sans produire aucun résultat, parce qu'on ne pouvait s'entendre sur la question principale, la forme politique du corps de la fédération.

Le Premier Consul appela donc près de lui cinq députés de chacun des deux partis unitaire et fédératif. Le premier choisit les citoyens Stapfer, Sprecher, Von Fluc, Monod, et Usteri; le second nomma les citoyens d'Affry, Jauch, Reinhard, Glutz et Wattenwyl de Montbenay.

La conférence des dix députés avec le Premier Consul eut lieu le 8 pluviôse (28 janvier 1803), depuis une heure après-midi jusqu'à huit heures du soir; elle fut immédiatement rédigée ainsi qu'il suit :

« Nous avons, dit le Premier Consul, un grand travail aujourd'hui. Il s'agit d'arranger les intérêts des différents partis en Suisse.... On m'a dit que les points principaux sur lesquels vous êtes divisés concernent la liquidation de la dette, et ensuite plusieurs articles de l'organisation cantonale. Commençons par ceux-ci. »

Cantons démocratiques.

On demandait, pour être admis à la *landsgemeinde*[1], l'âge de 20 ans, une propriété de 200 francs; l'initiative des lois pour le *Landrath*[2], une nouvelle organisation judiciaire à rédiger par le *Landrath* et à sanctionner par la Diète.

LE PREMIER CONSUL : « Le rétablissement de l'ancien ordre des choses dans les cantons démocratiques est ce qu'il y a de plus convenable et pour vous et pour moi. Ce sont eux, ce sont leurs formes de gouvernement qui vous distinguent

---

[1] C'est-à-dire, l'assemblée souveraine, composée de tous les citoyens ayant des droits politiques.

[2] Le conseil exécutif ou sénat.

dans le monde, qui vous rendent intéressants aux yeux de l'Europe. Sans ces démocraties, vous ne présenteriez rien que ce que l'on trouve ailleurs, vous n'auriez pas de couleur particulière ; songez bien à l'importance d'avoir des traits caractéristiques ; ce sont eux qui éloignent l'idée de toute ressemblance avec les autres états, écartent celle de vous confondre avec eux et de vous y incorporer. Je sais bien que le régime de ces démocraties est accompagné de beaucoup d'inconvénients, et qu'il ne soutient pas l'examen aux yeux de la raison ; mais enfin, il est établi depuis des siècles, il a son origine dans le climat, la nature, les besoins, les habitudes primitives des habitants, il est conforme au génie des lieux, et il ne faut pas avoir raison en dépit de la nécessité...... Les constitutions des petits cantons ne sont sûrement pas raisonnables ; mais c'est l'usage qui les a établies. Quand l'usage et la raison se trouvent en opposition, c'est le premier qui l'emporte. Vous voudriez anéantir ou restreindre les *landsgemeinde* ; mais alors il ne faut plus parler de démocraties ni de républiques. Les peuples libres n'ont jamais souffert qu'on les privât de l'exercice immédiat de la souveraineté ; ils ne connaissent ni ne goûtent ces inventions modernes du pouvoir représentatif qui détruit les attributions essentielles d'une république. La seule chose que les législateurs se soient permises, ce sont des restrictions qui, sans ôter au peuple l'apparence d'exercer immédiatement sa souveraineté, proportionnaient l'influence à l'éducation et aux richesses. Dans Rome, les vœux se comptaient par classes, et l'on avait jeté dans la dernière classe toute la foule des prolétaires, pendant que les premières contenaient à peine quelques centaines de citoyens opulents et illustres. Mais la populace était également contente, et ne sentait point cette immense différence, parce qu'on l'amusait à donner ses votes, qui, tous recueillis, ne valaient pas plus que les voix de quelques grands de Rome..... Ensuite, pourquoi voudriez-vous priver ces pâtres du seul divertissement qu'ils peuvent avoir? Menant une vie uniforme qui leur laisse de grands loisirs, il est naturel, il est nécessaire qu'ils s'occupent immédiatement de la chose publique. Il est cruel d'ôter à des peuples pasteurs des prérogatives dont ils sont fiers, dont l'habitude est enracinée, et dont ils ne peuvent user pour faire du mal. Dans les premiers moments où les persécutions et l'explosion des passions seraient à craindre, la Diète les comprimera. D'ailleurs puisque vous insistez là-dessus, et que l'on observe que ce n'est pas contraire à l'ancien usage, on peut obliger les *Landsgemeinde* à ne traiter que les objets qui leur seront indiqués par le conseil, et ne permettre que les motions qui auront eu auparavant l'agrément de cette autorité. On peut aussi sans inconvénient exclure les jeunes gens au-dessous de 20 ans. Il faut empêcher qu'un petit lieutenant en semestre, assistant à la *Landsgemeinde* de son canton, ne puisse faire des motions incendiaires et renverser le Gouvernement..... Pour la justice criminelle, elle appartenait à la *Landsgemeinde*. Vous avez l'ostracisme dans vos petits cantons, et même plus, vous prenez quelquefois les biens d'un citoyen qui vous paraît être trop riche.... C'est bien étrange tout cela, sans doute; mais cela tient à la démocratie pure..... Vous voyez dans l'histoire le peuple athénien en masse rendre des jugements..... Il faut bien établir dans le pacte fédéral qu'aucune poursuite pour le passé ne puisse avoir lieu dans aucun canton..... Et enfin, un citoyen qui ne trouverait plus de sûreté dans son canton s'établira dans un autre. Cette faculté et celle d'exercer son industrie partout doit être générale pour les Suisses. On dit que les petits cantons répugnent à ce principe. Mais qui est-ce qui se soucierait de s'établir dans leurs vallées et au milieu de leurs montagnes? C'est bon cela pour ceux qui y sont nés, mais d'autres ne seront pas sûrement tentés d'y aller.

« Les petits cantons ont toujours été attachés

à la France jusqu'à la révolution... Si depuis ce temps ils ont incliné pour l'Autriche, cela passera..... Il ne pourront pas désirer le sort des Tyroliens. Sous peu les relations de la France avec ces cantons seront établies telles qu'elles étaient il y a 15 ans, et la France les influencera comme autrefois. Elle prendra des régiments à sa solde, et rétablira ainsi une ressource pécuniaire pour ces cantons pauvres. La France le fera, non qu'elle ait besoin de ces troupes, il ne me faudrait qu'un arrêté pour les trouver en France; mais elle le fera parce qu'il est de l'intérêt de la France de s'attacher ces démocraties. Ce sont elles qui forment la véritable Suisse; toute la plaine ne lui a été adjointe que postérieurement. Les démocraties suisses s'attacheront bien plus facilement à la France que ne le feront les aristocrates..... Mais qu'ils prennent garde à eux. Ils se perdront eux-mêmes s'ils continuent à méconnaître la grande vérité, qu'il n'y a plus de bonheur pour la Suisse que par l'attachement à la France. Toute votre histoire se réduit à ceci : vous êtes une agrégation de petites démocraties et d'autant de villes libres impériales formée sous l'empire de dangers communs, et cimentée par l'ascendant de l'influence française.... Depuis la révolution, vous vous êtes obstinés à chercher votre salut hors de la France. Il n'est que là : votre histoire, votre position, le bon sens vous le disent : c'est *l'intérêt de la défense* qui lie la France à la Suisse. *C'est l'intérêt de l'attaque* qui peut rendre intéressante la Suisse aux yeux des autres puissances. Le premier est un intérêt permanent et constant; le second dépend des caprices et n'est que passager..... La Suisse ne peut défendre ses plaines qu'avec l'aide de la France..... La France peut être attaquée par sa frontière suisse ; l'Autriche ne craint pas la même chose..... J'aurais fait la guerre pour la Suisse, et j'aurais plutôt sacrifié cent mille hommes que de souffrir qu'elle restât entre les mains des chefs de la dernière insurrection ; tant est grande l'influence de la Suisse pour la France..... L'intérêt que les autres puissances pourraient prendre à ce pays est infiniment moindre. L'Angleterre peut bien vous payer quelques millions ; mais ce n'est pas là un lien permanent. L'Autriche n'a pas d'argent, et elle a suffisamment d'hommes. Ni l'Angleterre ni l'Autriche, mais bien la France prendra des régiments suisses à sa solde......Je déclare que depuis que je me trouve à la tête du gouvernement, aucune puissance ne s'est intéressée au sort de la Suisse. Le roi de Prusse et l'Empereur m'ont instruit de toutes les démarches d'Aloys Reding. Quelle est la puissance qui pourrait vous soustraire à mon influence? C'est moi qui ai fait reconnaître la république helvétique à Lunéville; l'Autriche ne s'en souciait nullement. A Amiens je voulais en faire autant ; l'Angleterre l'a refusé..... Mais l'Angleterre n'a rien à faire avec la Suisse ; si elle avait exprimé des craintes que je voulusse me faire votre landamman, je me serais fait votre landamman..... On m'a dit que l'Angleterre s'intéressait à la dernière insurrection : si son cabinet avait fait à ce sujet une démarche officielle, s'il y avait eu un mot dans la gazette de Londres, je vous réunissais..... Je le répète, si les aristocrates continuent à chercher des secours étrangers, ils se perdront eux-mêmes, et la France finira par les chasser. C'est cela qui a perdu Reding ; c'est cela qui a perdu de Mulinen ; c'est le parti aristocratique qui a perdu la Suisse..... Et de quoi vous plaignez-vous (en s'adressant à la section aristocratique) ? Si je m'adresse à vous, j'entends bien parler de votre parti, mais non point de vos individus..... Vous avez traversé la révolution en conservant vos vies et vos propriétés. Le parti républicain ne vous a point fait de mal. Même dans la plus grande crise, du temps de La Harpe, il n'a point versé de sang ; il n'a commis ni violences ni persécutions. Il n'a pas même aboli les dîmes et les cens. S'il avait aboli les cens, le peuple se serait rangé de son côté, et la popularité dont vous vous vantez serait tout-à-fait nulle.... C'est pour n'avoir point aboli sans indemnités les dîmes et les cens, pour s'être déclaré contre les élections populaires, que le parti unitaire ne s'est point attaché la multitude ; et c'est par là qu'il a prouvé que jamais il n'a ni pu ni voulu faire une révolution.... Vous, au contraire, au premier moment où vous avez repris votre autorité, vous avez fait des arrestations et exercé des persécutions à Lucerne, à Zurich, à Arau, et partout vous avez été loin de montrer la modération des républicains..... On a tant crié contre le bombardement de Zurich ; il n'en valait pas la peine ; c'était une commune rebelle..... Si un de mes départements me refusait d'obéir, je le traiterais de même, et je ferais marcher des troupes..... Et vous ! n'avez-vous pas bombardé Fribourg et Berne ?.... Ce n'est pas la violence, ce n'est que la faiblesse qu'on doit reprocher au gouvernement helvétique. Il fallait rester à Berne et y savoir mourir ; mais non point fuir comme les lâches devant Wattenwil et quelques centaines d'hommes..... Quelle conduite indigne n'a pas montrée ce Dolder, qui se laisse enlever de sa chambre ? Quand on veut se mêler de gouverner, il faut savoir payer de sa personne, il faut savoir se laisser assassiner..... J'ai beaucoup entendu critiquer les proclamations du citoyen Monod ; pour moi, je les ai très-approuvées. J'aime l'énergie, je l'estime, et il en a montré dans sa conduite..... Mais vraiment votre gouvernement central, depuis le temps de Reding, n'a été que méprisable. Reding n'a montré ni bon sens, ni intelligence. Il est venu ici . c'était déjà très-hasardé ; mais il pouvait en tirer profit. Au lieu de cela, il s'obstine et sur le Valais et sur le pays de Vaud ; et quoique je lui eusse dit que le soleil retournerait de l'occident à l'orient avant que le pays de Vaud ne fût rendu à Berne, toujours le pays de Vaud était son cheval de bataille. Ensuite il fait la sottise d'envoyer à Vienne ce Diesbach qu'on n'avait pas voulu recevoir ici. »

Constitution pour les Grisons.

« Vous m'en voulez toujours un peu (en s'adressant à Sprecher) pour la Valteline..... Mais vous aviez mérité de la perdre, et je ne ferais que vous tromper, si je vous donnais des espérances de la ravoir. Il n'en est pas de même pour les biens séquestrés dans la Valteline et qui appartiennent à des Grisons, s'ils ne sont pas vendus. J'ai envoyé votre mémoire à Milan..... »

Sur l'observation faite par un membre, qu'il conviendrait que la Valteline fît partie de la Suisse, pour que l'Empereur ne pût entrer par elle en Italie, le Premier Consul répondit que la Valteline réunie à la république italienne profiterait mieux à la France pour l'attaque.

Constitution des cantons aristocratiques.

Le Premier Consul : « Dans les cantons aristocratiques, vos objections tombent principalement sur les conditions d'éligibilité, sur le *grabeau*[1] et la durée des fonctions. Le grabeau me paraît de rigueur absolue dans les aristocraties. Toutes les aristocraties ont un penchant à se concentrer, à se former un esprit indépendant des gouvernés, de leurs vœux et des progrès de l'opinion, et à la longue deviennent à la fois odieuses et insuffisantes aux besoins des états qu'elles administrent. Le seul remède à ces maux, au moins le seul moyen d'empêcher qu'ils ne prennent des racines et des accroissements trop rapides, et que les Gouvernements, en devenant insupportables, ne provoquent des mouvements d'insubordination et d'anarchie, c'est le grabeau. Toutes les

---

[1] Le *Grabeau* est la discussion examinatoire à laquelle chaque membre du gouvernement était soumis après les fêtes de Pâques, et à la suite de laquelle on votait la réélection du membre dont la gestion et la conduite avaient été un objet d'enquête. Cette opération avait, à la vérité, dégénéré en simple formalité, mais elle pouvait, à la volonté des collègues de chacun des magistrats qui subissaient cette épreuve périodique, prendre un caractère grave et entraîner un résultat, c'est-à-dire, sa suspension, une réprimande, une mise en accusation, ou même la non-confirmation dans sa place ou dignité, comme membre d'un tribunal ou de l'administration. Cette institution est encore conservée aujourd'hui dans plusieurs cantons.

aristocraties s'en sont servies. Il est un rouage absolument nécessaire. Les grands inquisiteurs à Venise, les censeurs à Rome, étant toujours des magistrats vénérables et ambitieux de l'estime, n'osaient heurter l'opinion, et se voyaient forcés d'éliminer les sénateurs devenus trop impopulaires ou méprisables. Vous avez eu vos grabeaux dans toutes vos anciennes aristocraties. Pour en prévenir l'abus, on peut en régulariser l'exercice. Il peut être aboli pour le petit conseil, comme nullement nécessaire pour ce corps qui est renouvelé tous les deux ans par tiers; mais les places du grand conseil étant à vie, ce principe aristocratique de vos constitutions rend absolument nécessaire le grabeau, qui, au lieu de chaque année, pourra ne s'exercer que tous les deux ans... Les places à vie sont nécessaires pour donner de la stabilité et de la considération au Gouvernement. Il faut que de nouvelles aristocraties se forment, et pour prendre consistance et s'organiser d'une manière qui promette ordre, sûreté et stabilité, il faut qu'il y ait des points fixes, inamovibles, qui servent de pivot aux hommes en mouvement et aux choses qui changent.

Quant aux conditions pécuniaires d'éligibilité, les campagnes ont intérêt à ce qu'elles ne soient pas trop atténuées. Des membres du grand conseil dont la pauvreté inspirerait le mépris déconsidéreraient leurs commettants dans la capitale, et porteraient atteinte au respect dû à leur corps, par la mesquinerie de leur existence dans une ville où ils seraient surpassés en dépense par les plus simples bourgeois. L'élection immédiate est préférable à des corps électoraux, dont l'intrigue et la cabale s'emparent plus facilement. Nous en avons fait l'expérience en France pendant le cours de la révolution, et vous, (en s'adressant au côté aristocratique,) vous y gagnerez. Le peuple même se laissera plutôt influencer par un grand nom, par des richesses, et l'opinion, que des assemblées électorales. Les mille francs pourront être diminués de moitié, de manière qu'il soit nécessaire, pour voter, de posséder au moins 500 fr. et un droit de bourgeoisie dans le canton. Il serait même convenable de fixer une somme encore moins forte dans certains districts peu fortunés, comme l'Oberland..... L'état de mariage ou de veuvage, qui avait été exigé pour pouvoir voter, se modifiera de manière qu'un citoyen non-marié exercera les droits politiques à trente ans. Il est important d'empêcher qu'un jeune militaire, par exemple, qui ne tient par aucun lien de famille à sa patrie, ne vienne pour six mois, pour un an, dans le pays, vous troubler et s'en aller ensuite..... »

Sur l'observation qu'il résulterait des avantages

du renouvellement simultané d'une portion considérable du grand conseil, le Premier Consul fait observer « qu'on pourrait attendre quelques années, afin qu'il entrât plus de nouveaux membres à la fois. »

Il accède à la demande (contestée par Reinhard de Zurich) que les tribus puissent nommer les candidats librement dans les divers districts du canton, à l'exception de leur propre district. Il observe que certainement cela sera d'un grand avantage pour les villes, qui offriront un choix infiniment plus nombreux que les districts des campagnes.... Les députés du côté aristocratique, à l'exception de Reinhard, conviennent de cet avantage... « D'où vient donc, dit le Premier Consul, cette animosité de la campagne contre la ville dans votre canton ? » — Cela tient, répond Reinhard, à des causes physiques et morales, et surtout à la richesse des paysans..... »

Nouveaux cantons.

Le grabeau sera mis de côté comme inutile, puisque le grand conseil n'est pas à vie.

On demande une rédaction de l'article sur l'organisation judiciaire, qui n'ôte pas à la loi la faculté d'établir des jurys.

Le Premier Consul veut que l'article soit rédigé en termes très-généraux. Il ajoute : La constitution ne devrait déterminer que le mode selon lequel se fait la loi. Si elle dit plus, c'est mauvais ; si elle dit trop, et qu'on ne puisse faire autrement, on la casse..... La constitution ne devrait point parler du pouvoir judiciaire..... Quant au jury, nous trouvons de très-grandes difficultés en France pour cette institution. Les jurés ne jugent que trop souvent par passion..... Mais il se peut que quand les passions seront plus calmées, on puisse tirer avantage de cette institution.... Nous sommes arrivés ici à reconnaître que les juges doivent être à vie, et qu'il est bon qu'ils soient des hommes de loi. C'est alors qu'ils s'occupent non-seulement par devoir, mais avec intérêt et plaisir de leur fonction..... »

Pacte fédéral. — Système d'unité.

« Vous auriez pu avoir le système d'unité chez vous, si les dispositions primitives de vos éléments sociaux, les éléments de votre histoire, et vos rapports avec les puissances étrangères, vous y avaient conduits ; mais ces trois sortes d'influences puissantes vous ont justement menés au système contraire. Une forme de gouvernement qui n'est pas le résultat d'une longue série d'événements, de malheurs, d'efforts et d'entreprises d'un peuple, ne peut jamais prendre racine. Des circonstances passagères, des intérêts d'un moment, peuvent conseiller un système opposé, et même le faire adopter ; mais il ne subsiste pas. Nous avons eu aussi des fédéralistes. Marseille et Bordeaux s'en trouvaient bien ; les habitudes du peuple français, le rôle qu'il doit par sa position, et qu'il désire par caractère jouer en Europe, s'opposent à ce qu'il consente à un morcellement contraire à sa gloire autant qu'à ses usages. Mais vous, vous êtes dans un cas tout-à-fait différent : la tranquillité et l'obscurité vous conviennent uniquement. Vous avez joué un rôle dans un temps, quand vos voisins n'étaient guères plus puissants que vous. A présent que voulez-vous opposer aux puissances de l'Europe qui voudraient attenter à vos droits et à votre repos ? Il vous faudrait six mille hommes pour soutenir le Gouvernement central ; et quelle figure feriez-vous avec cette force armée ? ni elle, ni les finances que vous pourriez avoir ne seraient assez considérables pour vous faire jouer un rôle. Vous resteriez toujours faibles, et votre unité serait sans considération..... Au contraire, la Suisse a été intéressante aux yeux de l'Europe comme état fédératif, et elle pourra le redevenir comme tel. Plutôt que d'avoir un Gouvernement central, il vous conviendrait de devenir Français. C'est là qu'on va la tête levée..... »

Un membre fait observer : « que la Suisse ne

pourrait supporter les impôts de la France. » — « Sans doute, réplique le Premier Consul, cela ne peut vous convenir; aussi, jamais on n'y a pensé ici..... Je n'ai jamais cru un moment que vous pussiez avoir une république une et indivisible. Dans le temps où j'ai passé par la Suisse pour me rendre à Rastadt [1], vos affaires auraient pu s'arranger facilement. Consulté alors par le Directoire sur les affaires de la Suisse, j'étais bien de l'avis qu'on devait profiter des circonstances pour attacher plus étroitement la Suisse à la France. Je voulais d'abord séparer le pays de Vaud de Berne, pour en former un canton séparé. Cela convenait à la France par toutes sortes de raisons. Ensuite je voulais quadrupler le nombre des familles régnantes à Berne, ainsi que dans les autres aristocraties, pour obtenir par là une majorité amie de la France dans leurs conseils; mais jamais je ne voulus une révolution chez vous.

« La médiation de la Suisse m'a beaucoup embarrassé, et j'ai hésité long-temps à me mêler de vos affaires. Mais enfin, il le fallait..... C'est une tâche bien difficile pour moi de donner des constitutions à des contrées que je ne connais que très-imparfaitement..... Si je ne réussis pas, je serai sifflé, ce que je ne veux pas. »

[1] Vers la fin de novembre 1797. L'invasion de la Suisse commença un mois après.

Sur une question faite à l'égard des troupes françaises, « elles resteront, dit le Premier Consul, jusqu'à ce que votre organisation soit accomplie. Mais la Suisse ne les paiera plus dès le moment où les arrangements ici seront finis... Ce n'est point par besoin d'argent (j'en ai suffisamment à présent) que je vous fais payer les troupes; c'est pour punir la Diète de Schwitz qui est la cause de l'entrée des troupes et qui s'est conduite d'une manière indigne. Il fallait poser les armes avant l'arrivée des troupes, ou se battre ensuite puisqu'on les avait attendues. Elle a fait tout le contraire... Vous avez voulu (en s'adressant au côté aristocratique) voir les grenadiers français; eh bien! vous les avez........ Toute l'Europe s'attend à voir la France arranger les affaires de la Suisse... Il est reconnu par l'Europe que l'Italie et la Hollande sont à la disposition de la France aussi bien que la Suisse. »

Le député de Berne faisant observer que l'aristocratie n'avait jamais été hostile contre la France, mais bien contre le système insurrectionnel et révolutionnaire du Directoire, « Mais, répond le Premier Consul, n'y a-t-il pas encore aujourd'hui un parti chez vous qui désapprouve même que vous, M. Wattenwyl, vous soyez venu à Paris? » — « Cinq ou six personnes. » — « Eh bien! »

Sur la demande faite par le côté aristocratique

que chaque canton à la Diète n'eût, comme autrefois, qu'une seule voix (demande contestée par le côté républicain), le Premier Consul paraît incliner à laisser la différence des voix.

Sur les couvents, après s'être informé combien il y en a dans tel ou tel canton, et ce qu'on en voudra faire, il dit : « Ce sont des monuments publics, des salles d'opéra pour des pays montagnards. »

On discute longuement la *liquidation de la dette helvétique*. Le Premier Consul finit par dire : « La chose n'est pas bien claire encore ; il faudra la mûrir davantage. »

Il dicta ensuite à Rœderer les articles suivants, comme proposition faite par le côté aristocratique. 1° On restituera à chaque canton ses biens ; 2° chaque canton liquidera les biens qui appartiennent à la capitale comme biens communaux; 3° on restituera aux couvents et corporations leurs biens ; 4° chaque canton paiera ses dettes contractées avant la révolution ; 5° la dette sera répartie entre les cantons dans la même proportion qu'on leur aura rendu des biens-fonds ou rentes; 6° pour les cantons démembrés du canton de Berne, on paiera leurs dettes sur les biens restitués au canton de Berne ; 7° la Diète sera chargée de la liquidation. »

Sur la demande faite d'avoir un *canton direc-*

teur permanent, le Premier Consul trouve que ce serait un Gouvernement central ; qu'il serait aussi à craindre que le *Landammann* ne trouvât pas dans le lieu de sa résidence la considération nécessaire, et qu'il ne fût sous une influence dominatrice de la municipalité, par exemple, à Berne. « Mais, dit-il, on pourrait mettre : la Diète choisira chaque année le lieu de sa séance prochaine... En cas de révolte dans un canton, ce sera sur la demande du grand ou du petit conseil que le *Landammann* pourra faire marcher des troupes... Chaque canton pourra battre ou faire battre monnaie pour son propre compte. Le type sera le même et les taux seront égaux. »

Un membre du côté aristocratique lui ayant demandé la reddition des armes et l'élargissement des prisonniers d'Arbourg, le Premier Consul ne répond rien, se détourne, et parle d'autres choses.

L'acte de médiation fut consenti, rédigé d'après ces principes et précédé du préambule suivant adressé aux Suisses. (30 pluviôse.)

« L'Helvétie, en proie aux dissensions, était menacée de sa dissolution ; elle ne pouvait trouver en elle-même les moyens de se reconstituer. L'ancienne affection de la nation française pour ce peuple recommandable qu'elle a récemment défendu par ses armes, et fait reconnaître comme puissance par ses traités, l'intérêt de la France et de la république italienne dont la Suisse couvre les frontières, la demande du sénat, celle des cantons démocratiques, le vœu du peuple helvétique tout entier, nous ont fait un devoir d'interposer notre médiation entre les partis qui le divisent. Les sénateurs Barthélemi, Rœderer, Fouché et Desmeunier, ont été par nous chargés de conférer avec cinquante-six députés du sénat helvétique et des villes et cantons réunis à Paris, et déterminer si la Suisse, fédérale par sa nature, pouvait être retenue sous un gouvernement central autrement que par la force; reconnaître le genre de constitution qui était le plus conforme au vœu de chaque canton; distinguer ce qui répond le mieux aux idées que les cantons nouveaux se sont faites de la liberté et du bonheur ; concilier, dans les cantons anciens, les institutions consacrées par le temps avec les droits restitués à la masse des citoyens : tels étaient les objets qu'il fallait soumettre à l'examen et à la discussion. Leur importance et leur difficulté nous ont décidé à entendre nous-mêmes dix députés nommés par les deux partis, savoir : les citoyens d'Affry, Glutz, Jauch, Monod, Reinhard, Sprecher, Stapfer, Usteri, Wattenwyl et Von Flue; et nous avons conféré le résultat de leurs discussions, tant avec les différents projets présentés par les députations cantonnales, qu'avec les résultats des discussions qui ont eu lieu entre ces députations et les sénateurs commissaires, ayant ainsi employé tous les moyens de connaître les intérêts et la volonté des Suisses, *Nous*, en qualité de médiateur, sans autre vue que celle du bonheur des peuples sur les intérêts desquels nous avions à prononcer, et sans entendre nuire à l'indépendance de la Suisse, *statuons* ce qui suit, etc..... »

L'acte de médiation fut remis en audience publique par le Premier Consul au citoyen Barthélemi, qui le donna ensuite au citoyen d'Affry, nommé Landammann de la Suisse (30   ).

Deux jours après, les députés suisses prirent congé du Premier Consul, et le citoyen d'Affry lui présenta l'expression de la reconnaissance de sa patrie. Tous les gouvernements cantonnaux la lui renouvelèrent ensuite dans des adresses.

CHAPITRE XVIII.

GUERRE ET PAIX.

Le Premier Consul annonça au corps législatif la bataille de Hohenlinden et l'armistice qui l'avait suivie, par un message dans lequel il traçait d'avance les conditions de la paix, et proposait de décréter que les armées avaient bien mérité de la patrie.

Les conseillers d'état qui étaient allés porter le message étant revenus, suivant l'usage, lui rendre compte de leur mission, il leur dit, en conversant avec eux :

« La France ne peut s'allier qu'avec la Russie. Cette puissance règne sur la Baltique et la Mer-Noire, elle a la clef de l'Asie. L'empereur d'une telle nation est véritablement un grand prince. L'empereur d'Allemagne est un enfant, gouverné par ses ministres, qui le sont à leur tour par l'Angleterre. Si Paul est singulier, il a du moins une volonté à lui.

« Dans cette campagne, les généraux autrichiens ont agi d'après un bon plan; mais ils n'ont pas poussé assez vivement leurs attaques contre le général Grenier, qu'ils avaient battu.

S'ils avaient su profiter de leurs avantages et du nombre, ils auraient forcé Moreau à abandonner vingt lieues de terrain sans combattre. Ils se rejettent les uns sur les autres la perte de toute l'artillerie autrichienne... Il n'y avait point d'armée en France au 18 brumaire. Toutes les troupes étaient disséminées dans l'intérieur. Il y avait dans la 17ᵉ division militaire 6,000 hommes de cavalerie. Le Directoire voulait dominer partout par la force. C'est ce qui avait causé les désastres militaires. Je sais bien que le brigandage dans l'intérieur est actuellement la suite du défaut de troupes. Mais on ne peut pas être fort partout à la fois. D'ailleurs tant que cela va bien aux armées, il y a peu à craindre pour l'intérieur. J'ai attaché moins d'importance à l'Allemagne qu'à la conservation de l'Italie. C'est là qu'est le véritable objet de négociation et le vrai gage de la paix. J'espérais que Brune ne consentirait pas à l'armistice sans avoir Peschiera et Ferrare. Si j'ai énoncé certaines conditions de paix dans le message d'aujourd'hui, c'est pour abréger les négociations de vingt jours, pour instruire l'Europe et pour faire cesser toutes les incertitudes sur les premières bases de la pacification. »

En parlant des avantages que l'Espagne retirait du traité de Lunéville, le Premier Consul dit (24 pluviôse) : « Il faudra voir si par reconnaissance, elle ne devra pas nous céder un filon du Mexique ou du Pérou. »

Le conseil d'état fut convoqué extraordinairement (25 ventôse). Le Premier Consul dit que les ratifications de l'Empereur et de l'empire d'Allemagne étant arrivées, il fallait déterminer le mode d'envoi du traité de paix au corps législatif.

Rœderer proposa au nom de la section de l'intérieur un projet de loi portant : *Le traité conclu à Lunéville*, etc., *aura force de loi.*

Thibaudeau : « Les articles 49 et 50 de la constitution ont tracé la marche à suivre. L'art. 50 voulant que les traités soient *proposés, discutés, décrétés et promulgués comme les lois*, il en résulte qu'il a été dans l'esprit de la constitution de soumettre les traités à la ratification du corps législatif; il faut donc que le projet de loi soit conçu dans ce sens. Cette faculté accordée au corps législatif par la constitution n'est peut-être qu'illusoire, mais c'est une raison de plus pour n'avoir pas de répugnance à la reconnaître. Le citoyen Rœderer prétend qu'un traité de paix n'est point du domaine du corps législatif, que ce n'est point une loi, mais un contrat valable et complet par le consentement des gouvernements contractants, et qui n'a besoin de l'intervention du corps législatif que pour être promulgué. Je conviens qu'un traité n'est point une loi dans le sens ordinaire et général, mais il acquiert force de loi par la sanction du législateur. Dès que ce contrat oblige la nation, il ne peut être complet que par l'approbation de ses représentants. Si, pour des objets bien moins importants, le Gouvernement doit recourir au corps législatif, à plus forte raison le doit-il pour des intérêts aussi graves. Enfin la constitution a formellement décidé la question. »

Le Premier Consul : « La constitution ne contient point le mot *ratifier*, par conséquent il ne faut pas être plus généreux qu'elle. Il en est autrement pour ce qui concerne la déclaration de guerre, parce que c'est un acte isolé et d'une seule partie. Mais un traité de paix conclu par deux Gouvernements ne peut être soumis aux chances des opinions dans un corps législatif. Il n'y a que deux choses dans un traité de paix qui importent au corps législatif, savoir : 1° si la constitution a été violée ; 2° si l'on a cédé une partie du territoire. Tout le reste tient à des combinaisons qui sont au-dessus des conceptions d'un corps législatif, d'une assemblée. Les étrangers d'ailleurs influenceraient par leurs ministres les délibérations du tribunat et du corps législatif, et deviendraient les maîtres de faire rejeter les traités. Des hommes tels que M. de Luchesini donneraient pour cela des dîners et de l'argent. La France aurait alors le sort de la Pologne. Et si un traité de paix était rejeté, qu'arriverait-il ? Le traité serait-il annulé ? Le Gouvernement aurait donc promis en vain. La Diète de l'empire ratifie les traités, il est vrai, mais elle négocie, elle envoie des ministres. Si l'on veut que le corps législatif ratifie, il faut donc que le Gouvernement lui fasse d'abord approuver les instructions qui doivent servir de base aux négociations ; qu'il lui communique les articles secrets....,. C'est impossible. Je propose donc de rédiger ainsi le projet de loi : *le traité, etc., n'est point contraire à la constitution ni aux intérêts du peuple.* »

Portalis fit un long discours pour prouver qu'un traité n'était pas une loi. Les consuls et tous les membres du conseil riaient de le voir s'échauffer sur une question oiseuse ; mais comme il avait une très-mauvaise vue, il ne s'en apercevait pas.

Truguet parla pour la ratification par le corps législatif. Il désirait qu'on interrogeât les auteurs de la constitution pour savoir d'eux si par l'art. 5o ils n'avaient pas entendu soumettre les traités à cette ratification.

Le Premier Consul : « J'en étais, et je vous dis qu'on n'a pas eu cette intention. »

Truguet s'adressant au Premier Consul : « Mais enfin quelle est votre opinion ? »

Le Premier Consul piqué de cette interpellation : « Je ne suis d'aucun parti, moi, je n'ai point d'opinion ici, j'y suis pour profiter des lumières du conseil. »

Gretet proposa cette formule : « *le traité sera promulgué comme loi.* »

Champagny celle-ci : « *le traité ratifié par l'Empereur, l'Empire et les Consuls, sera promulgué.* »

Thibaudeau : « Il est évident que cette rédaction décide indirectement que la ratification appartient exclusivement au Gouvernement. Du reste, quelque formule que l'on arrête ici, dès qu'elle peut être adoptée ou rejetée par le corps législatif, il est clair qu'on lui reconnaît le droit de rejeter ou d'approuver le traité. Il me semblerait donc plus convenable de faire franchement cette reconnaissance, que de paraître vouloir éluder l'article 50 de la constitution. »

Le Premier Consul : « On ne l'élude point ; vous lui faites dire ce qu'il ne dit pas. »

Le conseil consulté adopte la formule proposée par Champagny.

Cependant le Premier Consul en changea encore la rédaction, avant de l'envoyer au corps législatif. Il substitua au mot *ratifié*, ceux-ci, *dont les ratifications ont été échangées*, ce qui était moins positif contre le droit du corps législatif.

En Angleterre, la paix d'Amiens, quoique populaire, n'était, dans l'opinion des hommes d'état de tous les partis, qu'un pis aller, et par conséquent qu'une trêve qui ne pouvait être de longue durée. Cette vérité ressortait de toutes les discussions qui avaient lieu au parlement, et de la protection que le ministère anglais accordait aux intrigues ourdies à Londres contre le gouvernement consulaire.

Si le Premier Consul avait eu une autre opinion de la paix d'Amiens, il n'aurait été digne ni du haut rang où il s'était élevé, ni de sa grande renommée. Il avait fait la paix, non par nécessité, comme l'Angleterre; mais parce que le peuple français l'appelait de tous ses vœux, parce qu'elle était glorieuse pour la France, et que, de la part de son ennemi le plus acharné, c'était une reconnaissance de l'existence politique que la nation s'était elle-même donnée.

Dans la conversation suivante, qu'il eut avec un de ses conseillers d'état, le Premier Consul exprima son opinion sur la paix :

Le Premier Consul : « Eh bien, citoyen....., que pensez-vous de ma paix avec l'Angleterre? »

Le conseiller d'état : « Je pense, citoyen Consul, qu'elle fait beaucoup d'honneur à votre gouvernement, et beaucoup de plaisir aux Français. »

Le Premier Consul : « Pensez-vous qu'elle dure long-temps? »

Le conseiller d'état : « Je désirerais bien qu'elle durât au moins quatre ou cinq ans pour nous donner le temps de relever notre marine ; mais je doute fort qu'elle ait cette durée. »

Le Premier Consul : « Je ne le crois pas non plus : l'Angleterre nous craint, les puissances continentales ne nous aiment pas. Comment, avec cela, espérer une paix solide ! Du reste, pensez-vous qu'une paix de cinq ans ou plus convînt à la forme et aux circonstances de notre gouvernement ? »

Le conseiller d'état : « Je pense que ce repos conviendrait fort à la France après dix ans de guerre. »

Le Premier Consul : « Vous ne me comprenez pas : je ne mets pas en question si une paix franche et solide est un bienfait pour un État bien assis ; mais je demande si le nôtre l'est assez pour n'avoir pas encore besoin de victoires ? »

Le conseiller d'état : « Je n'ai pas assez réfléchi sur une question aussi grave pour y répondre catégoriquement : tout ce que je puis dire, ou plutôt ce que je sens, c'est qu'un état qui ne saurait se consolider que par la guerre est dans une situation bien malheureuse. »

Le Premier Consul : « Le plus grand malheur serait de ne pas bien juger sa position, car on y pourvoit quand on la connaît. Or, répondez-moi; croyez-vous à l'inimitié persévérante de ces gouvernements qui viennent pourtant de signer la paix ? »

Le Conseiller d'État : « Il me serait bien difficile de ne pas y croire. »

Le Premier Consul : « Eh bien, tirez la conséquence ! Si ces gouvernements ont toujours la guerre *in petto*, s'ils doivent la renouveler un jour, il vaut mieux que ce soit plus tôt que plus tard ; car chaque jour affaiblit en eux l'impression de leurs dernières défaites, et tend à diminuer chez nous le prestige de nos dernières victoires ; tout l'avantage est donc de leur côté. »

Le Conseiller d'État : « Mais, citoyen Consul, comptez-vous pour rien le parti que vous pouvez tirer de la paix pour l'organisation de l'intérieur ? »

Le Premier Consul : « J'allais y venir. Certainement cette grande considération n'échappe point à ma pensée, et j'ai prouvé, même au milieu de la guerre, que je ne négligeais pas ce qui concerne les institutions et le bon ordre dans l'intérieur ; je n'en resterai pas là ; il y a encore beaucoup à faire ; mais des succès militaires ne sont-ils plus nécessaires pour éblouir et contenir cet intérieur ? Songez bien qu'un premier consul ne ressemble pas à ces rois par la grace de Dieu qui regardent leurs états comme un héritage. Leur pouvoir a pour auxiliaires les vieilles habitudes. Chez nous, au contraire, ces vieilles habitudes sont des obstacles. Le gouvernement français d'aujourd'hui ne ressemble à rien de ce qui l'entoure. Haï de ses voisins, obligé de contenir dans l'intérieur plusieurs classes de malveillants, pour imposer à tant d'ennemis, il a besoin d'actions d'éclat, et par conséquent de la guerre. »

Le conseiller d'état : J'avoue, citoyen Consul, que vous avez beaucoup plus à faire pour consolider votre gouvernement que les rois nos voisins pour maintenir le leur ; mais, d'une part, l'Europe n'ignore pas que vous savez vaincre, et, pour s'en souvenir, elle n'a pas besoin que vous lui en fournissiez de nouvelles preuves tous les ans ; d'un autre côté, les occupations de la paix ne sont pas toujours obscures, et vous saurez commander l'admiration par de grands travaux. »

Le Premier Consul : « D'anciennes victoires, vues dans l'éloignement, ne frappent plus guères, et de grands travaux d'art ne font pas grande impression sinon sur ceux qui les voient ; c'est le petit nombre. Mon intention est bien de multiplier ces travaux ; l'avenir m'en tiendra peut-être plus de compte que de mes victoires ; mais pour le présent, il n'y a rien qui puisse résonner aussi haut que des succès militaires : voilà ma pensée ; c'est un malheur de position. Un gouvernement nouveau-né, comme le nôtre, je le répète, a besoin, pour se consolider, d'éblouir et d'étonner. »

Le conseiller d'état : « Votre gouvernement, citoyen Consul, n'est pas, ce me semble, tout-à-fait un nouveau-né. Il a pris la robe virile dès Marengo : dirigé par une forte tête, et soutenu par les bras de trente millions d'habitants, il tient une place assez distinguée parmi les gouvernemens européens. »

Le Premier Consul : « Croyez-vous donc, mon cher, que cela suffise ? Il faut *qu'il soit le premier de tous ou qu'il succombe.* »

Le conseiller d'état : Et pour obtenir ce résultat, vous n'apercevez que la guerre ? »

Le Premier Consul : « Oui, citoyen..... Je supporterai la paix si nos voisins savent la garder ; mais s'ils m'obligent à reprendre les armes avant qu'elles soient émoussées par la mollesse ou une longue inaction, je regarderai cela comme un avantage. »

Le conseiller d'état : « Citoyen Consul, quel terme assignez-vous donc à cet état d'anxiété qui, au sein même de la paix, ferait regretter la guerre ? »

Le Premier Consul : « Mon cher, je ne suis pas assez éclairé sur l'avenir pour répondre à cette question ; mais je sens que pour espérer plus de solidité et de bonne foi dans les traités de paix, il faut ou que la forme des gouvernemens qui nous environnent se rapproche de la nôtre, ou que nos institutions politiques soient un peu plus en harmonie avec les leurs. Il y a toujours un esprit de guerre entre de vieilles monarchies et une république toute nouvelle. Voilà la racine des discordes européennes. »

Le conseiller d'état : « Mais cet esprit hostile ne peut-il être comprimé par de récents souvenirs et arrêté par l'attitude que vous prendrez ? »

Le Premier Consul : « Les palliatifs ne sont pas des remèdes ; dans notre position, je regarde toutes les paix comme de courtes trêves, et ma décennalité comme destinée à guerroyer presque sans interruption. Mes successeurs feront comme ils pourront (C'était avant le consulat à vie.). Du reste, gardez-vous de croire que je veuille rompre la paix ; non, je ne jouerai point le rôle d'agresseur. J'ai trop d'intérêt à laisser l'initiative aux étrangers. Je les connais bien ; ils seront les premiers à reprendre les armes, ou à me fournir de justes motifs pour les reprendre. Je me tiendrai prêt à tout événement.

Le conseiller d'état : « Ainsi, citoyen Consul, ce que je craignais, il y a quelques moments, est précisément ce que vous espérez. »

Le Premier Consul : « J'attends ; et mon principe est que la guerre vaut mieux qu'une paix éphémère : nous verrons ce que sera celle-ci. Elle est dans ce moment d'un grand prix. Elle met le sceau à la reconnaissance de mon gouvernement par celui qui lui a résisté le plus long-temps ; voilà le plus important. Le reste, c'est-à-dire l'avenir, selon les circonstances. »

L'inimitié persévérante des anciens gouvernements contre le nouveau gouvernement de la France ne tarda pas à se manifester, surtout en Angleterre. La conduite peu amicale du ministère donna lieu à des plaintes du Premier Consul. Le ton des journaux officiels, dans les deux pays, redevint amer et virulent.

Malgré cet état d'irritation qui faisait douter de la continuation de la paix, les Anglais affluèrent en France et à Paris. Il y avait dix ans qu'ils n'y étaient venus ; ils en étaient affamés, extrêmement avides de voir cette nation révolutionnée et l'homme extraordinaire que la victoire avait porté à la tête du Gouvernement. Ils comptaient trouver un pays épuisé, l'agriculture anéantie, un peuple misérable. Ils furent étonnés et jaloux de la prospérité nationale, de l'éclat de la ville et de la grandeur de la cour. Paris fut engoué de la présence de ces étrangers. C'était à qui leur ferait le meilleur accueil. Toutes les sociétés se les disputaient. Il était du suprême bon ton de les faire boire, manger, amuser et danser. Les femmes surtout étaient éprises des Anglais et avaient une fureur pour leurs modes. Enfin la France semblait s'éclipser devant quelques milliers de ces insulaires, envers lesquels on portait l'hospitalité au ridicule et à l'excès. C'est le défaut de la nation. Il y avait des Français de la vieille roche qui ne partageaient pas cette ivresse, et qui gémissaient sur cet oubli de la dignité nationale.

L'audience donnée le 15 fructidor aux membres du corps diplomatique fut très-nombreuse. M. Merry, ministre plénipotentiaire d'Angleterre, présenta au Premier Consul des Anglais de distinction, des membres du parlement appartenant la plupart à l'opposition, à la tête desquels était Fox qui excita une vive curiosité. Le Premier Consul avait à cœur de plaire à cet homme célèbre et de faire sa conquête. Il lui dit : « Il n'y a que deux nations, l'Orient et l'Occident. La France, l'Angleterre et l'Espagne ont les mêmes mœurs, la même religion, les mêmes idées, à peu près. Ce n'est qu'une famille. Ceux qui veulent les mettre en guerre veulent la guerre civile. J'ai vu avec plaisir dans vos discours que vous partagiez cette opinion. Elle honore autant votre cœur que votre esprit. »

Le Premier Consul dit à l'alderman Combe : « Vous vous êtes fort bien conduit, avec fermeté et modération, dans l'affaire des subsistances. Vous vous êtes par-là concilié l'estime de tous les gouvernements et de tous les hommes d'état. »

Lord Erskine présenté à son tour n'obtint que cette courte interpellation : « Êtes-vous légiste ? »

Le Premier Consul conversa très-long-temps avec ces Anglais et surtout avec Fox, à l'audience et après dîner. Il était venu en France attiré comme tant d'autres par la grande renommée du Premier Consul, et en outre pour chercher des papiers importants relatifs à l'histoire des deux derniers rois de la maison de Stuart, qui avaient appartenu au collége des Irlandais à Paris. Tous les dépôts lui furent ouverts, même les archives des relations extérieures, par l'ordre du Premier Consul.

Les rapports de la France et de l'Angleterre s'envenimaient de plus en plus. Le ton de leurs journaux officiels devenait plus personnel et plus acerbe. Le Moniteur avait dit : « Le peuple français n'ignore point qu'il excite une grande masse de jalousie, et que long-temps on fomentera contre lui des dissensions, soit intestines, soit étrangères ; aussi demeure-t-il constamment dans cette attitude que les Athéniens ont donnée à Minerve, le casque en tête et la lance en arrêt. On n'obtiendra jamais rien de lui par des procédés menaçants ; la crainte est sans pouvoir sur le cœur des braves ! »

Un discours du roi d'Angleterre sonna l'alarme, et recommanda au parlement de prendre des mesures de sûreté.

Quoiqu'en pleine paix, l'attitude des deux gouvernements était réellement hostile. Les injures des journaux de Londres avaient excité l'humeur du Premier Consul au plus haut degré; il en était constamment préoccupé, et l'Angleterre revenait sans cesse dans ses discours.

Dans une discussion qui eut lieu au conseil d'état (le 19 pluviôse an XI), sur la question de savoir si le commerce de l'Inde devait être donné à une compagnie, il dit :

« On cite toujours l'Angleterre pour sa richesse et sa bonne administration. Eh bien ! j'ai son budget, je le ferai imprimer dans le Moniteur. On verra qu'elle a actuellement un déficit de cinq à six cents millions. Elle a un fonds d'amortissement considérable avec lequel elle peut, dit-on, payer sa dette dans 38 ans; mais il faudrait pour cela qu'elle s'arrêtât une fois, et qu'elle ne fît plus d'emprunt. Elle n'appelle pas cela un déficit; mais elle porte dans ses recettes un emprunt qui ne fait qu'accroître sa dette, et l'on ne peut pas prévoir comment elle finira avec un tel système. L'Angleterre a une armée de terre de 110 mille hommes, qui lui coûte 303 millions. C'est énorme et le signe d'une mauvaise administration. Il en est de même de sa marine qui lui coûte 406 millions : elle est considérable à la vérité, mais la dépense n'en est pas moins hors de proportion. On s'engoue de l'Angleterre sur parole ; il en est ainsi pour les belles-lettres. Shakespeare était oublié depuis 200 ans même en

Angleterre ; il plut à Voltaire, qui était à Genève et qui voyait beaucoup d'Anglais, de vanter cet auteur pour leur faire sa cour; et l'on répéta que Shakespeare était le premier écrivain du monde. Je l'ai lu, il n'y a rien qui approche de Corneille et de Racine. Il n'y a pas moyen de lire une de ses pièces, elles font pitié. Quant à Milton, il n'y a que son invocation au soleil et deux ou trois autres morceaux, le reste n'est qu'une rapsodie. J'aime mieux Vély que Hume. La France n'a rien à envier à l'Angleterre, un pays que ses habitants désertent dès qu'ils le peuvent. Il y en a actuellement plus de 40,000 sur le continent. »

Le budjet de l'Angleterre fut en effet inséré dans le Moniteur du 21 avec cette observation :

« Il en résulte 1° qu'il y a entre les recettes et les dépenses un déficit annuel de 658,000,000 francs, qui, jusqu'à ce jour n'a été comblé que par des emprunts successifs; 2° que l'Angleterre, l'Irlande non comprise, paie 536,000,000 francs pour l'intérêt de sa dette.

« Il est évident, d'après cette situation, que le bill qui autorise la banque à ne pas payer en argent sera successivement prorogé d'année en année.

« Les Anglais annoncent, en formant un fonds d'amortissement, que leur dette pourra s'éteindre dans le cours d'une trentaine d'années ; mais ce temps paraîtra bien insuffisant, si l'on considère l'esprit de vertige dont sont encore animés des hommes qui conservent quelque crédit dans leur pays. C'est d'ailleurs quand on verra les ministres présenter un budget sans emprunt, et dès-lors sans déficit, et la banque payant ses billets en numéraire, qu'il sera raisonnable de croire qu'après trente ans d'économie, de paix et de bonne intelligence avec ses voisins, l'Angleterre parviendra à combler le gouffre creusé par cette haine aveugle qui ne voulait rien moins que l'anéantissement de la France. »

Un autre discours du roi (8 mars) recommanda d'une manière encore plus pressante au parlement de mettre le Gouvernement en état d'employer toutes les mesures que les circonstances paraîtraient exiger pour l'honneur de la couronne, et les intérêts essentiels du peuple. Ces précautions étaient fondées sur des préparatifs considérables qui se faisaient, prétendait-on, dans les ports de France et de Hollande, et des discussions d'un grand intérêt qui existaient entre S. M. et le gouvernement français.

Il s'agissait au conseil d'état (24 ventôse an XI) de la discussion d'un projet de loi sur la banque de France. Le Premier Consul dit : « Qui est-ce qui veut parler ? »

Defermon répondit : « Les circonstances politiques ne nuiront-elles pas au succès ? »

Le Premier Consul : « Les Romains assiégés envoyèrent une armée en Afrique. Si nous avions la guerre, ce qui ne paraît pas présumable, je voudrais diminuer les impôts de trente millions. Nous vivrions en Europe, en Hanovre. L'Italie nous donnerait 40,000,000 au lieu de 20,000,000; la Hollande 30,000,000, au lieu de rien qu'elle donne actuellement. J'ai dit à l'ambassadeur d'Angleterre : « Monsieur, on peut bien tuer les Français, mais on ne les intimide pas. » Je ne peux pas concevoir les motifs du message du roi. Il y a deux choses ; 1° les armements; cela se réduit à l'expédition de la Lousiane, 2,000 hommes retenus par les glaces et trois avisos à Dunkerque qui sont partis pour Saint-Domingue, le jour même du message. Les ministres anglais ne peuvent pas ignorer cela ; c'est assez public. D'ailleurs s'ils avaient demandé des explications, on les aurait tranquillisés; 2° les discussions sur les négociations. Mais je n'en connais pas, il n'y en a aucune. Veulent-ils parler de Malte et la garder? mais les traités doivent être exécutés et la France ne peut pas reculer là-dessus, sans reculer sur tout le reste. Ce serait contraire à l'honneur. Une nation ne doit jamais rien faire contre l'honneur; car dans ce cas elle serait la dernière de toutes: il vaudrait mieux périr. Si l'on cédait sur ce point, ils demanderaient un commissaire à Dunkerque.

« Ces temps-là sont passés ; nous ne sommes plus ce que nous étions. Nous ne serons pas les vassaux de l'Angleterre. Ils m'ont bien menacé, il y a huit ou neuf mois, de la guerre, si je ne faisais pas un traité de commerce. J'ai répondu : « A votre aise ; je ne veux pas de traité de commerce, je veux faire un tarif comme il nous conviendra. » C'est cependant ainsi que l'on arracha le traité de M. de Vergennes. Il savait bien qu'il était mauvais. S'ils ont voulu parler de Malte, et s'ils entendent la garder, la guerre est infaillible, quoique Malte appartienne à la mer, et qu'elle doive recevoir une garnison de Napolitains qu'on sait bien ne nous être pas très-favorables ; mais l'honneur ! Les Anglais ont été habitués à vexer le continent, et pour peu qu'ils trouvent actuellement de résistance, ils y sont très-sensibles ; tant pis pour eux ! Ne dirait-on pas que nous voulons envahir l'Angleterre ? Nous ne lui demandons rien ; nous voulons l'exécution des traités. Si le message a rapport à l'extérieur, ce ne peut être qu'à Malte. Si c'est à l'intérieur, ce pourrait être pour mettre sur leurs vaisseaux 5 à 6,000 individus qui les inquiètent, par suite de ce qui a eu lieu aux obsèques du colonel Despard, ou pour tout autre but que j'ignore et que je ne peux pas concevoir. Car ordinairement quand les Anglais veulent la guerre, ils commencent par donner des ordres secrets, cinq à six mois d'avance, pour faire arrêter les bâtiments de commerce, et ils préviennent leur bourse. Au contraire, ce message est tombé comme une bombe ; on n'en savait rien la veille. Le roi était à la chasse, la bourse n'en était point prévenue. Aussi il est arrivé ce qu'on n'a jamais vu en Angleterre, les fonds sont tombés de 72 à 62. C'est donc une lubie inexplicable, et tout cela en pure perte. Car que dit le message ? Il ne demande ni hommes ni argent ; on y dit seulement qu'on espère que les communes se montreront, si nous envahissons l'Angleterre ; et les communes répondent : Oui. Voilà une grande découverte ! Au surplus, cela fait plus de tort à l'Angleterre qu'à nous, parce qu'elle ne vit que de crédit. Tous ses bâtiments de commerce ont ordre de ne pas sortir. La guerre l'obligerait à des dépenses et lui ferait éprouver une perte quarante fois plus forte que celle que nous supporterions. Elle serait sans objet. »

Dans l'exposé des motifs d'une loi relative aux manufactures, Regnault, orateur du Gouvernement, termina par ces mots : « Le Gouvernement a préparé ce travail immédiatement à l'époque de la paix ; il vous le présente dans ce moment où il en jouit encore, mais où il éprouve la crainte qu'elle ne soit troublée. » Cette phrase jeta l'alarme dans le corps législatif et dans Paris. On ne doutait pas que Regnault ne l'eût prononcée par ordre, et que ce ne fût une préparation à l'annonce d'une rupture. Mais la phrase fut retranchée à l'impression du discours. (Mon. du 13.)

La section de l'intérieur avait présenté au conseil d'état un projet de loi portant établissement de commissaires généraux de police à Brest et à Toulon. La section préférait l'envoi d'inspecteurs de police dans les ports, sans caractère ostensible.

Le Premier Consul dit : « Cela ne peut pas suffire. Ces inspecteurs n'auraient pas le pouvoir d'arrêter, car nous ne pouvons marcher qu'avec la loi. Il faut donc un magistrat qui ait un caractère ostensible et une autorité légale. Actuellement la police appartient aux maires; le maire de Brest est obligé d'avoir des ménagements, il tremble pour la moindre chose. Il faut un homme étranger à toute considération locale.

« Il y a quelques jours qu'un capitaine anglais de la marine royale visitait le port de Brest avec un passe-port de négociant; personne n'a osé l'arrêter. Tout ce qu'a osé faire le commandant militaire, a été de lui enjoindre de partir sous 24 heures. S'il y avait eu un magistrat spécialement chargé de la police, il aurait fait arrêter et conduire à Paris le capitaine. Je l'aurais fait fusiller comme espion. Il ne faut pas qu'un Anglais, un lord, l'ambassadeur même, puissent approcher de nos ports. »

Depuis plusieurs jours les bruits de guerre s'accréditaient. A l'audience du 11 floréal, le Premier Consul s'en expliqua ouvertement. L'ambassadeur anglais n'y était point ; il y avait seulement le secrétaire de la légation et quelques particuliers de sa nation. Le Premier Consul eut une conversation d'un quart-d'heure avec le comte de Marcoff ; lorsque les ambassadeurs se furent retirés, le Premier Consul dit :

« Puisque les Anglais veulent nous forcer à sauter le fossé, nous le sauterons. Ils pourront nous prendre quelques frégates, quelques colonies, mais je porterai la terreur dans Londres, et je leur prédis qu'ils pleureront la fin de cette guerre avec des larmes de sang. Les ministres ont fait mentir le roi d'Angleterre à la face de l'Europe. Il n'y avait point d'armements en France. Il n'y a eu aucune négociation. Ils ne m'ont pas remis une seule note. Lord Withworth n'a pas pu s'empêcher d'en convenir. Et c'est cependant à l'aide de ces viles suppositions, qu'un Gouvernement cherche à exciter les passions ! Depuis deux mois j'ai souffert toutes les insolences de l'Angleterre. J'ai voulu leur laisser combler la mesure de leurs torts ; ils ont pris cela pour de la faiblesse et ils ont redoublé; enfin au point que l'ambassadeur a osé dire : *Vous ferez cela ou je partirai dans sept jours.* Est-ce ainsi qu'on parle à une grande nation? On lui a dit : *Écrivez et on mettra vos notes sous les yeux du Gouvernement. Non*, a-t-il répondu, *j'ai l'ordre de ne dire que verbalement.* N'est-ce pas une forme inouie de négocier? Ils se trompent s'ils pensent dicter des lois à une nation de 40 millions d'individus. Ils ont cru que je craignais la guerre, que je la redoutais pour mon autorité. J'aurai deux millions d'hommes s'il le faut. Le résultat de la première guerre a été d'agrandir la France de la Belgique et du Piémont. Le résultat de celle-ci sera d'asseoir encore plus solidement notre système fédératif. Le lien de deux grandes nations ne peut être que la justice et l'observation des traités. Celle envers qui on les viole ne peut pas, ne doit pas le souffrir sous peine de se dégrader. Une fois qu'elle a commencé à dériver, elle est dans la dépendance. Il vaudrait mieux pour le peuple français être vassal et élever à Paris le trône du roi d'Angleterre, que de se soumettre aux caprices et à l'arbitraire de ce Gouvernement. Un jour ils exigeront le salut de nos vaisseaux; une autre fois ils défendront à nos navigateurs d'aller au-delà de telle latitude. Aujourd'hui même ils voient avec jalousie que nous curions nos ports, que nous rétablissions notre marine; ils s'en plaignent, ils demandent des garanties. Il y a quelques jours que le contre-amiral Lesseigues toucha à Malte; il avait deux bâtiments, il en trouva quinze anglais. Ils voulurent exiger le salut: Lesseigues le refusa; il y eut quelques injures dites. S'il eût cédé, je l'aurais fait promener sur un âne, ce qui est plus ignominieux que la guillotine. Je me flatte que lorsqu'on connaîtra notre conduite, il n'y aura pas un coin en Europe dont nous n'ayons l'approbation. Quand l'Angleterre a fait la paix, elle a cru que nous nous déchirerions dans l'intérieur, que les généraux troubleraient la France. Ils ont eu beau faire (les Anglais), leurs intrigues de toute espèce ont été vaines. Chacun ne s'est occupé que de réparer ses pertes. Un peu plus tôt, un peu plus tard, nous devions avoir la guerre. Il vaut mieux l'avoir à présent que notre commerce maritime n'est pas encore rétabli.»

Cette allocution dura près d'une heure; il n'y eut que quelques sénateurs, tels que Laplace et Bougainville, qui y prirent part. Ils parlèrent de la facilité d'une descente en Angleterre.

Le 12, dans une audience particulière, le Premier Consul répéta à un conseiller d'état une partie de son allocution. Il ajouta :

« Les Anglais n'ont aucune alliance sur le continent. La cour de Vienne est très-mécontente de leur conduite. L'empereur l'a écrit à Londres et à Paris ; mais le ministère anglais est composé d'imbéciles. Il n'y a pas là un homme avec lequel on puisse s'entendre. »

Le 24 floréal, à la séance du conseil d'état, le Premier Consul dit :

« Le départ de l'ambassadeur anglais est une circonstance trop grave pour que le Gouvernement garde le silence. Tant que notre ambassadeur n'a pas quitté Londres, il serait contraire aux formes établies de rendre publiques les pièces de la négociation. D'ailleurs le départ de l'ambassadeur pouvant n'être pas regardé comme une déclaration de guerre, on peut conserver de l'espoir jusqu'au dernier moment, quoique personnellement je n'en aie guères. Mais il convient de faire aux grandes autorités une communication confidentielle de l'état de la négociation. On va donner lecture de la dernière note remise à lord Withworth : elle contient tout le résumé. »

Cette communication fut en effet portée le même jour au sénat, au tribunat et au corps législatif.

Ces trois corps louèrent la modération du Gouvernement, et lui offrirent leur concours aux mesures qui seraient jugées nécessaires à la sûreté et à la dignité de la nation.

Fontanes se distingua dans le corps législatif, par un discours aussi noble qu'énergique.

« Si les Anglais, dit-il, osaient nous combattre, eh bien! la France est prête a se couvrir encore de ces armes qui ont vaincu l'Europe. Ce n'est point la France qui déclarera la guerre, mais c'est elle qui l'acceptera sans crainte et qui saura la soutenir avec énergie..... Notre patrie est redevenue le centre de l'Europe civilisée. L'Angleterre ne dira plus qu'elle défend les principes conservateurs de la société menacée dans ses fondements ; c'est nous qui pourrons tenir ce langage, si la guerre se rallume ; c'est nous qui vengerons alors les droits des peuples et la cause de l'humanité, en repoussant l'injuste attaque d'une nation qui négocie pour tromper, qui demande la paix pour recommencer la guerre, et qui ne signe de traités que pour les rompre... Si le signal est une fois donné, la France se ralliera par un mouvement unanime autour du héros qu'elle admire. Tous les partis qu'il tient en silence auprès de lui ne disputeront plus que de zèle et de courage; tous sentent qu'ils ont besoin de son génie, et reconnaissent que seul il peut porter le poids et la grandeur de nos nouvelles destinées..... Les bannis nouvellement rappelés dans leur patrie seraient les premiers à la défendre..... Je vote pour une nombreuse députation au Premier

Consul, qui sera chargée de lui porter l'expression du dévouement national et de l'assurer que, si la négociation est rompue, le peuple français, se confiant de plus en plus en son chef, lui donnera tous les moyens de force, de crédit et d'union qui peuvent rendre la guerre courte, décisive et glorieuse. »

Des députations portèrent au Premier Consul les vœux des trois corps.

Fontanes porta encore la parole au nom du corps législatif. Son discours l'emporta, s'il est possible, sur le premier, par la chaleur, la dignité des expressions et le dévouement au Premier Consul ; il était ainsi terminé.

« L'Angleterre, qui se croit si bien protégée par l'Océan, ne sait-elle pas que le monde voit quelquefois paraître des hommes rares dont le génie exécute ce qui, avant eux, paraissait impossible ? Et si l'un de ces hommes avait paru, devrait-elle le provoquer imprudemment et le forcer d'obtenir de sa fortune tout ce qu'il a droit d'en attendre ? En un mot, un grand peuple est capable de tout avec un grand homme, dont il ne peut séparer sa gloire, ses intérêts et son bonheur. »

CHAPITRE XIX.

CODE CIVIL.

Lorsque Bonaparte fut porté à la première magistrature de la république, on fut étonné, malgré sa grande renommée, de la facilité avec laquelle il maniait le timon de l'état, même dans des parties qui lui avaient été peu familières. On fut bien autrement surpris, lorsqu'on le vit traiter des matières qui lui avaient été tout-à-fait étrangères, telles que le *code civil*. Le Premier Consul présida la plupart des séances du conseil d'état où le projet du code fut discuté, et prit une part très-active à sa discussion. Il la provoquait, la soutenait, la dirigeait, la ranimait. Comme certains orateurs de son conseil, il ne cherchait point à briller par la rondeur de ses périodes, le choix de ses expressions, et le soin de son débit. Il parlait sans apprêt, sans embarras, sans prétention; avec la liberté et sur le ton d'une conversation qui s'animait naturellement suivant que l'exigeaient la matière, la contrariété des opinions et le point de maturité où la discussion était parvenue. Il n'y fut jamais inférieur à aucun membre du conseil ; il égala quelquefois les plus habiles d'entre eux, par sa facilité à saisir le nœud des questions, par la justesse de ses idées et la force de ses raisonnements. Il les surpassa souvent par le tour de ses phrases et l'originalité de ses expressions. On n'avance rien ici qui ne soit prouvé par le procès-verbal des discussions qui a été imprimé.

En France et en Europe, beaucoup de personnes ont affecté de croire, et d'autres ont cru de bonne foi que, soigneuse de la gloire du Premier Consul, la flatterie avait arrangé après coup ses discours, et que Locré, secrétaire général du conseil d'état, rédacteur de ses procès-verbaux, était, sous l'inspection du consul Cambacérès, le teinturier du Premier Consul. C'était une erreur. Locré rédigeait les procès-verbaux des séances, et envoyait sa rédaction imprimée à mi-marge, aux membres du conseil, afin qu'ils pussent la rectifier, s'il y avait lieu. Il ne se permettait pas d'autre licence que celle de mettre en état de supporter l'impression quelques phrases qui avaient par fois le négligé de la conversation. C'était sans doute ce qu'il faisait aussi pour les opinions du Premier Consul.

Dans la séance du conseil d'état du 24 brumaire an X [1], il fut question du procès-verbal

---

[1] Non imprimée dans la collection des procès-verbaux.

des discussions. Les uns en trouvaient la rédaction trop sèche, d'autres trop peu soignée. Le second consul était d'avis qu'elle était bien faite, fidèle et suffisante. On citait comme point de comparaison le procès-verbal des conférences de *Pussort*, sous Louis XIV.

Le Premier Consul dit : « Les conférences des anciennes ordonnances ne ressemblent nullement aux nôtres; alors c'étaient des savants qui discutaient sur le droit; ici c'est un corps législatif au petit pied. J'ai pu ne pas parler comme le citoyen Tronchet, mais ce qui a été dit par lui, par les citoyens Portalis et Cambacérès, l'a été dignement. Si le procès-verbal est bien rédigé, il offrira un monument digne de la postérité. Si nous lisons les procès-verbaux du temps de Louis XIV, nous y verrons du bavardage. Il ne faut pas que, dans la rédaction du nôtre, les jurisconsultes du conseil laissent échapper des erreurs, ou des choses qui ne seraient pas conformes à leurs opinions ; car, dans la longueur des séances, on peut avoir eu des absences. Il faut y apporter d'autant plus d'attention que le nom du citoyen Tronchet, par exemple, fera autorité. *Quant à nous, hommes d'épée ou de finances*, qui ne sommes pas de la jurisprudence, mais de la législation, peu importe nos opinions. J'ai pu dire dans la discussion des choses que j'ai trouvées mauvaises un quart d'heure après; *mais je ne veux pas passer pour valoir mieux que je ne vaux.* »

Par sa rédaction, Locré a rendu tous les discours dans un style mesuré, grave, froid, uniforme, tel que l'exigeait peut-être la matière.

Mais loin d'avoir flatté le Premier Consul en le faisant parler presque comme tous les autres, par cette rédaction, ses discours ont, au contraire, en grande partie perdu la liberté, la hardiesse de la pensée, l'originalité et la force de l'expression. On en jugera par des opinions du Premier Consul, non rapportées dans les procès-verbaux, ou émises dans des séances dont les procès-verbaux n'ont pas été imprimés, et par quelques exemples où l'on mettra à côté de la rédaction de Locré, telle qu'elle est imprimée, les propres paroles du Premier Consul, recueillies par une autre main.

Pour leur intelligence, on y a joint un tableau très-succint de la discussion qui ne représente que bien imparfaitement les opinions des conseillers d'état et des rédacteurs du code. Ce qu'on en rapporte ne peut donc pas servir de point de comparaison ; ce n'est que l'accessoire obligé de celles du Premier Consul, qu'on se propose principalement de faire connaître.

Conversant avec deux conseillers d'état sur la discussion du code civil, le Premier Consul caractérisa ainsi quelques-uns des orateurs :

« Tronchet est un homme qui a de grandes lumières et une tête très-saine pour son âge. »

« Je trouve Rœderer faible. »

« Portalis serait l'orateur le plus fleuri et le plus éloquent, s'il savait s'arrêter. »

« Thibaudeau, ce n'est pas là le genre de discussion qui lui convient, il est souvent trop froid. Il lui faut une tribune : c'est comme Lucien; il a trop de fougue. »

« Cambacérès fait l'avocat-général; il parle tantôt pour, tantôt contre. »

« Le plus difficile, c'est la rédaction; mais nous avons le meilleur des rédacteurs, Lebrun.[1] »

On proposa un article pour exempter de la juridiction des tribunaux français les agents diplomatiques étrangers; le Premier Consul dit :[2]

« J'aimerais mieux que les ambassadeurs français n'eussent point de priviléges à l'étranger, et qu'on les arrêtât, s'ils ne payaient pas leurs dettes ou s'ils conspiraient, que de donner aux ambassadeurs étrangers des priviléges en France, où ils peuvent plus facilement conspirer, parce que

---

[1] Le troisième consul Lebrun s'était fait cette réputation sous le ministère de Maupeou, et la méritait sans doute; mais il ne prit aucune part à la discussion du Code civil, et ne travailla point à sa rédaction. Chaque conseiller d'état rédigeait les parties dont il était rapporteur. (*Note de l'Éditeur.*)

[2] Non imprimé dans la collection des procès-verbaux.

c'est une république. Le peuple de Paris est assez badaud; il ne faut pas encore grandir à ses yeux un ambassadeur qu'il regarde déjà comme valant dix fois plus qu'un autre homme. Les autres puissances n'ont point, à cet égard, établi des principes aussi formels que ceux qu'on nous propose d'adopter. Il serait préférable de n'en pas parler; la nation n'a que trop de considération pour les étrangers. Ce qu'on propose pourrait être nécessaire chez un peuple barbare; mais cela est inutile et dangereux chez une nation douce et policée. Les puissances étrangères, loin d'y voir une chose favorable pour elles, croiraient que nous n'avons en vue la réciprocité, que pour assurer à nos agents diplomatiques la faculté de révolutionner impunément les états. On cite Rome où les ambassadeurs ont même des juridictions. Rome est la ville de tous; il n'y a rien à comparer à cette circonstance ni aux conséquences à en tirer. »

D'après les procès-verbaux imprimés, on ne voit la discussion s'ouvrir au conseil d'état sur *l'adoption* que dans la séance du 27 brumaire, an XI. Cependant elle avait déjà commencé dans les séances des 6, 14 et 16 frimaire an X, dont les procès-verbaux n'ont point été imprimés. Le Premier Consul prit une grande part à la discussion. Il envisagea alors la question sous un rapport beaucoup plus élevé qu'elle ne le fut dans la suite. En voyant l'importance qu'il paraissait mettre à cette institution qui avait peu de partisans, et la solennité dont il voulut un moment l'environner, on serait tenté de penser qu'il y rattachait dès-lors des vues de haute politique.

Berlier présenta un projet pour l'établissement de l'adoption et en développa les motifs.

Malleville et Tronchet le combattirent.

LE PREMIER CONSUL : « Vous parlez contre l'adoption, et vous tirez vos principales objections des formes dans lesquelles on propose de la faire. C'est prendre la question par la queue. Il faut commencer par discuter le fond, examiner dans quel cas l'adoption sera permise; on passera ensuite aux formes. »

La discussion continua, et le conseil décida en principe l'établissement de l'adoption.

LE PREMIER CONSUL : « Il s'agit maintenant de savoir si elle sera permise aux célibataires. Qui veut parler pour les célibataires ? A vous, citoyen Cambacérès.[1] »

CAMBACÉRÈS : « Je vous remercie. » (rires.)

Il parla pour les célibataires. Plusieurs membres parlèrent pour et contre. Thibaudeau contre, d'après cette considération développée par lui, que l'adoption est un supplément aux effets du mariage, une fiction.

[1] Célibataire, comme on sait.

CAMBACÉRÈS : « Puisqu'on donne tant de gravité à la discussion, je répondrai. Chacun a sa réputation à défendre. Ce qui m'afflige, c'est qu'on veuille adopter un principe de la Convention nationale qui distinguait les célibataires des hommes mariés, et ensuite on les imposera les trois quarts plus..... La crainte d'empêcher les mariages est chimérique. Le mariage est assez en vogue à cause de ses avantages, etc. »

LE PREMIER CONSUL : « Il y a à répondre à ce qu'a dit le citoyen Cambacérès. Ce qu'a dit le citoyen Thibaudeau me paraît plein de lumières et profond. En effet, l'adoption n'est qu'une fiction et un supplément aux effets du mariage. Elle ne peut donc pas être faite par le célibataire. Pour qu'un individu soit adopté avec honneur, il faut qu'il entre dans une famille. Autrement, vous mettriez l'adoption en parallèle avec la bâtardise qui est l'injure la plus grossière. Vous diminueriez le nombre des mariages, et par suite la population. Pourquoi se marierait-on si l'on pouvait avoir des enfants sans avoir les charges du mariage? On dit que ce sont des craintes chimériques. Il faut prévoir les choses de loin. Qui aurait dit à l'Espagne que la découverte du Nouveau-Monde détruirait sa population? Ces choses-là ne viennent pas tout de suite. Elles sont l'effet des siècles. C'est la goutte d'eau qui perce le granit. Ce ne serait pas une cause qui agirait immédiatement sur les mariages et la population; mais ils pourraient s'en ressentir dans la suite. Le mariage est, dit-on, assez en vogue. On a raison; mais il faut faire de manière qu'il y soit toujours. Pour que l'adoption soit dans nos mœurs actuelles, elle ne doit être qu'un supplément rare aux effets du mariage, et non un moyen de s'y soustraire. Elle ne devrait comprendre que des individus mineurs. »

A la séance du 14 frimaire, Berlier présenta une nouvelle rédaction d'après laquelle, entre autres dispositions, l'adoption était de la compétence des tribunaux ordinaires.

Le Premier Consul : « Il y a trois systèmes : un notaire, les tribunaux ordinaires, un corps politique. »

Portalis rejeta le notaire, dit qu'on ne pouvait choisir qu'entre les tribunaux et un corps politique, et opina pour ce dernier mode.

Cette opinion fut combattue : on opposa que son système avait pour but de favoriser l'aristocratie, de priver du bienfait de l'adoption la plus grande partie des citoyens, enfin qu'il était contraire à la constitution d'après laquelle les corps politiques ne devaient statuer que sur les choses d'un intérêt général.

Le Premier Consul : « Le citoyen Tronchet,

tout en rejetant l'adoption, a cité les Romains. Cependant, chez eux, elle avait lieu dans les comices, devant le peuple lui-même. Le citoyen Portalis vient de dire que les testaments se faisaient aussi devant le peuple romain. La raison en est que ces actes étaient des dérogations à l'ordre des familles et des successions. L'objection tirée de notre constitution n'est pas fondée. Tout ce qui n'est pas formellement défendu par la constitution est permis. L'adoption n'est ni un contrat civil, ni un acte judiciaire. Qu'est-ce donc? Une imitation par laquelle la société veut singer la nature. C'est une espèce de nouveau sacrement : car je ne peux pas trouver dans la langue de mot qui puisse bien définir cet acte. Le fils des os et du sang passe, par la volonté de la société, dans les os et le sang d'un autre. C'est le plus grand acte que l'on puisse imaginer. Il donne des sentiments de fils à celui qui ne les avait pas, et réciproquement ceux de père. D'où doit donc partir cet acte? d'en haut, comme la foudre. Tu n'es pas le fils d'un tel, dit le corps législatif; cependant tu en auras les sentiments. On ne peut donc trop s'élever. On craint que, de cette manière, l'adoption ne soit trop restreinte ; mais nous l'honorons. On oppose les difficultés qu'entraîne ce mode ; ce ne sera pas le corps politique qui entrera dans le détail de toutes les informations et des formalités préparatoires. On lui présentera les projets tous mûris. Il n'aura plus qu'à examiner et voter. On pourra lui en proposer trois cents à la fois, si cela se rencontre. Le législateur, comme un pontife, donnera le caractère sacré. Supposons qu'il y ait des disputes entre le fils naturel et le fils adopté. Celui-ci répondra : C'est la même autorité qui a établi le mariage d'où tu sors ; c'est la loi même qui m'a fait ton frère. On a objecté la révocabilité de l'adoption ; mais je ne voudrais point qu'elle fût révocable. On cite pour exemple le divorce. Comment peut-on comparer ce qui dissout avec ce qui crée ? Quand un corps politique aura prononcé l'adoption, certes on ne peut pas penser à en permettre la révocation. Il en serait autrement, si elle émanait d'un tribunal. Ce ne serait plus qu'une sentence. Lorsque le père voudrait faire des représentations à son fils adoptif, celui-ci pourrait dire : Tu n'es pas mon père ? L'adopté pourrait abuser du secret des affaires et de cœur de l'adoptant ? Non, cela n'est pas admissible. »

Tronchet appuya l'opinion du Premier Consul. Rœderer la combattit. « C'est surtout, dit-il, pour les classes inférieures que l'adoption est utile, pour le laboureur, par exemple, qui adopte l'enfant que l'administration des hospices lui a confié. Le Premier Consul veut donner à l'institution un caractère trop élevé. Cela ne touchera pas le laboureur et le retiendra au contraire. »

Le Premier Consul : « Il faut frapper fortement l'imagination. S'il y a des discussions entre le père naturel et le père adoptif; si, montés sur le même bateau, ils sont menacés de périr, le fils doit se déclarer pour le père adoptif. Il n'y a que la volonté du souverain qui puisse imprimer ce sentiment. Le corps législatif ne prononcera pas dans ce cas, comme il le fait en matière de propriété, de contributions, mais comme pontife de morale et d'une institution sacrée. Le vice de nos législations modernes est d'avoir rien qui parle à l'imagination. On ne peut gouverner l'homme que par elle ; sans imagination, c'est une brute. Si les prêtres établissaient l'adoption, ils en feraient une cérémonie auguste. C'est une erreur de gouverner les hommes comme les choses. Il faut que la société tout entière intervienne ici. Votre système vous mène à la révocabilité de l'adoption. »

Le Ministre de la justice : « Le corps législatif sanctionnera seulement, car le consentement suffit pour le contrat. »

Le Premier Consul : « Il n'y a point de contrat avec un mineur. Un contrat ne contient que des obligations géométriques, il ne contient pas des sentiments. Mettez *héritier* dans votre loi et laissez-nous tranquilles. Héritier ne porte avec soi que des idées géométriques ; l'adoption au contraire des idées d'institution, de morale et de sentiment. L'analyse conduit aux résultats les plus vicieux. Ce n'est pas pour cinq sous par jour, pour une chétive distinction qu'on se fait tuer ; c'est en parlant à l'ame, qu'on électrise l'homme. Ce n'est pas un notaire qui produira cet effet pour douze francs qu'on lui paiera. On ne traite pas la question, on fait de la géométrie. On l'envisage en faiseurs de lois et non en hommes d'état. L'imagination doit considérer l'adoption au milieu des malheurs de la vie. Je demande au rapporteur quelle différence il y a entre l'héritier et l'adopté ? »

Berlier : « Pour répondre à cette question, il faudrait être préalablement fixé sur la nature et les effets de l'adoption qu'on veut créer ; autrement les termes de comparaison manquent ; mais d'après mes propres idées, l'héritier légal ou du sang doit être à l'adopté ce que la réalité est à la fiction, sauf les modifications à introduire dans les droits et les devoirs respectifs. »

Le Premier Consul : « Si le père naturel de l'adopté devient riche, celui-ci abandonnera son père adoptif. Il doit être lié pour toujours, autrement ce n'est qu'un héritier. Qui tient lieu de Dieu sur la terre ? le législateur. Qui est fils de son père ?

personne n'en est sûr. C'est la volonté du législateur. Le fils adoptif doit être comme celui de la chair et des os. S'il y a la moindre différence, vous êtes hors du but, et je n'y conçois plus rien. Dans les mœurs de l'Orient, un esclave admis parmi les Mamelucks a pour son patron les mêmes sentiments qu'un fils. »

A la séance du 16, on lut une troisième rédaction du projet. La discussion s'ouvrit sur la question de savoir si l'adoption serait prononcée par les tribunaux ou par un corps politique.

Regnault opposa au dernier mode l'intérêt des tiers qui ne peuvent réellement se défendre que devant les tribunaux.

LE PREMIER CONSUL : « Je suis frappé de l'observation du citoyen Regnault; quoique de détail, elle se rattache aux considérations générales sur la compétence des corps politiques et la division des pouvoirs. L'inconvénient si immense de faire intervenir le corps législatif dans les intérêts des tiers pourrait tout bouleverser. Le législateur, trop occupé de l'intérêt général, ne peut soigner les intérêts des particuliers et des familles. Il en est autrement des tribunaux. Mais quand ils ont rempli tous les préliminaires, ils ne suffisent plus pour déranger l'ordre de la nature. Il faut le concours des deux autorités. Les tribunaux videraient les intérêts civils des tiers, et l'affaire serait ensuite envoyée par le Gouvernement au corps législatif, qui donnerait l'onction. Cela répond à l'objection du citoyen Regnault. Quand on a dit que l'adoption n'était point une affaire judiciaire, on a fait de l'esprit ; si le législateur intervenait d'abord, il y aurait tyrannie. Ce serait comme à la Convention nationale. En Orient, le dernier des sujets est maître dans sa famille, comme le souverain sur son trône. Il faut donc commencer par les tribunaux. »

Le second consul propose une instruction administrative.

Le Premier Consul : « Un particulier ne peut lutter contre un Gouvernement. Les tribunaux sont ses juges naturels. Les grands corps de l'état dans les affaires privées n'offrent point de sécurité aux citoyens. Je ne vois là ni voile ni rames pour arriver à une garantie. »

Le second Consul : « Vous subordonnez le pouvoir judiciaire au pouvoir politique, il y a confusion. »

Le Premier Consul : « Si le tribunal ne trouve pas qu'il y ait lieu à prononcer l'adoption, le souverain n'a pas le droit de léser l'intérêt des familles que j'appelle les tiers. Il n'y a rien de plus barbare que les rois de France jugeant sous un arbre. Les corps politiques ne peuvent juger. Je me récrie contre l'instruction administrative qui n'a point de formes. On y trouve, sans doute, des lumières ; mais il y a défaut de pouvoir. Un préfet n'est point juge de l'état des hommes. L'administration ne doit intervenir que là où elle est intéressée. »

Voilà comment le Premier Consul parlait au conseil d'état ; ce qui diffère un peu de la manière dont les procès-verbaux le font parler.

Séance du 16 thermidor an IX.

Parmi les effets de la mort civile se trouvait la dissolution du contrat civil du mariage. Cette conséquence répugnait au Premier Consul; il dit:

PROPRES PAROLES DU PREMIER CONSUL.	PROCÈS-VERBAL IMPRIMÉ.
« Comment ! lorsque le condamné est déporté, la justice et la vindicte publique ne sont-elles pas assez satisfaites? Tuez-le plutôt. Alors sa femme pourra lui élever un autel de gazon dans son jardin et venir y pleurer. La femme peut avoir été quelquefois la cause du crime de son mari : elle lui doit des consolations. N'estimerez-vous pas la femme qui le suivra?»	« La société est assez vengée par la condamnation, lorsque le coupable est privé de ses biens, lorsqu'il se trouve séparé de ses amis, de ses habitudes. Faut-il étendre la peine jusqu'à la femme, et l'arracher avec violence à une union qui identifie son existence avec celle de son époux? Elle vous dirait : « Mieux valait lui ôter la vie. Du moins me serait-il permis de chérir sa mémoire; mais vous ordonnez qu'il vivra, et vous ne voulez pas que je le console! »

Sur la question de savoir si la déportation serait établie comme peine, on proposait de ne rien préjudicier jusqu'au code criminel.

PROPRES PAROLES DU PREMIER CONSUL.	PROCÈS-VERBAL IMPRIMÉ.
« Le besoin de cette mesure est vivement senti. Elle est dans l'opinion publique et prescrite par l'humanité. Le cas est si gros qu'on peut le prévoir sans danger dans le code civil. Nous avons en prison 6,000 individus condamnés qui ne font rien, qui coûtent beaucoup et qui s'évadent journellement. Il y a dans le midi 30 à 40 brigands qui demandent à se rendre moyennant qu'on les déporte. Il faut donc régler cette matière pendant que nous sommes pleins de ces idées. La déportation est une prison, mais qui a plus de 30 pieds carrés. »	« Il est impossible qu'elle ne soit pas admise, puisqu'elle est tout ensemble humaine et utile. Les lois criminelles et les lois civiles ayant entre elles des rapports, il est indispensable de les combiner les unes avec les autres; on peut donc déterminer ici les effets qu'aura la déportation hors de France. »

Séance du 14 fructidor.

Il s'agissait des actes civils des militaires, notamment des mariages contractés à l'armée ; on leur appliquait cette rédaction : « Tous actes de l'état civil des Français, en pays étranger, sont valables, lorsqu'ils ont été rédigés dans les formes qui y sont usitées. »

PROPRES PAROLES DU PREMIER CONSUL.	PROCÈS-VERBAL IMPRIMÉ.
« Cette matière est très-importante ; ce n'est pas une petite	« Le militaire n'est jamais chez l'étranger, lorsqu'il est sous le drapeau. Où est le drapeau,

affaire. La guerre n'est pas un cas si rare qu'on ne doive pas le prévoir. Si l'armée est en France et qu'un militaire meure à l'hôpital, vous avez prévu cela par un article précédent. Mais l'armée étant même en France, un militaire peut périr dans un combat. Si l'armée est hors de France, un militaire peut mourir à l'hôpital ou dans une bataille. Ces cas sont très-communs, ce n'est pas une exception. Il faut regarder le drapeau comme le domicile. Partout où est le drapeau, là est la France. C'est à la vérité une fiction. C'est là où doivent être rédigés les actes et d'où ils doivent être renvoyés au domicile véritable. Il ne faut pas permettre d'hériter d'un militaire avant que son acte de mort n'ait été envoyé. Il est aussi nécessaire de s'occuper du mariage. D'après le principe que le drapeau est la France, les soldats se marient tout simplement devant le caporal. Il faut faire finir ce scandale.

là est la France. On se marie à l'armée devant le commissaire des guerres, et l'acte de mariage demeure inconnu; il est nécessaire qu'une loi statue à cet égard sur le passé; mais il faut des articles pour l'avenir, sur les mariages, les naissances et les décès à l'armée. »

Séance du 26 fructidor.

Sur l'âge auquel le mariage serait permis.

PROPRES PAROLES DU PREMIER CONSUL.

« Est-il à désirer que l'on « puisse se marier à 13 et à 15 « ans? »

On répond : non; et on propose 18 ans pour les hommes et 14 pour les femmes.

PROCÈS-VERBAL IMPRIMÉ.

« Puisqu'il ne serait pas avantageux que la génération tout entière se mariât à 13 ou à 14 ans, il ne faut donc pas l'y autoriser par une règle générale. Il est préférable d'ériger en règle ce qui est conforme à l'intérêt

« Pourquoi mettre une aussi grande différence entre les hommes et les femmes ? Est-ce pour remédier à quelques accidents ? Mais l'intérêt de l'état est bien plus important. Je verrais moins d'inconvénients à fixer l'âge à 15 ans pour les hommes qu'à 13 pour les femmes ; car que peut-il sortir d'une fille de cet âge qui a neuf mois de grossesse à supporter ? On cite les Juifs. A Jérusalem, une fille est nubile à dix ans, vieille à seize et non touchable à vingt. »

« Vous ne donnez pas à des enfants de quinze ans la capacité de faire des contrats ordinaires ; comment leur permettre de faire, à cet âge, le contrat le plus solennel ? Il est à désirer que les hommes ne puissent se marier avant vingt ans, ni les filles avant dix-huit. Sans cela nous n'aurons pas une bonne race. »

public, et de ne permettre que par une exception, dont l'autorité publique serait juge, ce qui ne sert que l'intérêt particulier. »

Il serait bizarre que la loi autorisât des individus à se marier avant l'âge où elle permet de les entendre comme témoins, ou de leur infliger des peines destinées aux crimes commis avec un entier discernement.

Ce système serait peut-être le plus sage qui n'autoriserait le mariage qu'à vingt et un ans pour les hommes et à quinze pour les filles. »

Séance du 4 vendémiaire an X.

Sur la nullité du mariage pour erreur de personne.

PROPRES PAROLES DU PREMIER CONSUL.

« L'erreur ne peut pas porter sur la personne physique ; elle ne peut porter que sur la qualité. Un contrat fondé sur l'erreur ou la fraude est nul et ne peut pas devenir valable. Je veux

PROCÈS-VERBAL IMPRIMÉ.

« Le nom et les qualités civiles tiennent aux idées sociales ; mais il y a quelque chose de plus réel dans les qualités morales, comme l'honnêteté, la douceur, l'amour du travail et autres semblables. Si ces qualités doivent

épouser ma cousine qui arrive des Indes, et l'on me fait épouser une aventurière; j'en ai des enfants, je découvre qu'elle n'est pas ma cousine; le mariage est-il bon? La morale publique ne veut-elle pas qu'il soit valable? Il y a eu échange d'ame, de transpiration. Dans le mariage, il y a autre chose que l'union de noms et de biens. Le législateur doit-il admettre qu'on s'est marié principalement pour cela, ou pour les formes physiques, les qualités morales et tout ce qui excite le sentiment et l'amitié animale? Si ces dernières qualités sont le principal fondement du mariage, ne serait-il pas choquant de l'annuler parce que la fille qu'on aurait épousée n'aurait pas les qualités accessoires? »

influer beaucoup sur le choix d'une épouse, pourra-t-on dire que celui-là a été trompé qui les trouve dans la personne qu'il s'est associée, quoiqu'il se soit mépris sur de simples accessoires? »

Séance du 24 frimaire an X.

Réal fit lecture d'une nouvelle rédaction sur les nullités du mariage. La discussion recommença sur cette question. Le procès-verbal n'en a point été imprimé; on en a recueilli les traits suivants:

LE PREMIER CONSUL : « Vous ne devez pas vous servir de ces termes, le *premier* mariage, puisque vous dites que dans ce cas, *il n'y a pas eu* de mariage. On a distingué deux cas dans la discussion. 1° Il n'y a pas de mariage à défaut de consentement devant l'officier civil, et si on a écrit que la femme a dit *oui*, quand elle a dit *non*. 2° Si la femme, ayant dit oui, prétend ensuite avoir été forcée, il y a mariage, mais il peut être annulé. Il en est de même par rapport à l'erreur de personne. Si lorsque je voulais épouser une blonde avec les yeux noirs, on m'a donné pour femme une brune avec les yeux bleus, il n'y a pas de mariage. S'il n'y a eu erreur que sur la qualité, il y a mariage, mais il peut être nul. Votre rédaction ne maintient pas ces distinctions. »

Réal : « J'ai cependant tâché de rendre les idées du Premier Consul. Il n'y a pas consentement, quand il y a violence. »

Le Premier Consul : « Si fait, il y a consentement, il suffit d'une minute. Seulement le consentement n'a pas été libre. »

La discussion continua sur l'erreur de personne.

Le Premier Consul : « On n'a pas d'idées de l'institution du mariage, ni des lumières du siècle. A présent qu'il n'y a plus de castes, c'est la plus imposante devant la nature humaine. J'ai épousé une femme brune, qui m'était bien connue depuis six mois, et je reconnais ensuite qu'elle n'est pas fille de celui que j'avais cru son père ; il n'y a point erreur de personne, il n'y en a pas moins mariage. Autrement ce serait un jeu. Il y a eu échange d'ames. Tant pis pour l'homme. Il ne faudrait pas que l'on permît le mariage à des individus qui ne se connaîtraient pas depuis six mois. Votre article est immoral, vous regardez le mariage comme une partie de pêche. Le législateur ne doit pas s'arrêter à ces considérations-là. Il doit supposer le mariage fait en connaissance de cause. Je n'excepte que le cas où la fille a été complice de la fraude. »

Le second Consul : « La loi ne doit pas statuer pour des cas rares. »

Le Premier Consul : « Ces cas seront très-communs. Pendant la révolution on a caché ses noms. Nous avons eu l'émigration. Tous les jours on trouve un tas d'enfants perdus. Vous regardez comme essentiel au mariage ce que je ne regarde que comme accessoire. Vous ne pouvez plus remettre la fille dans l'état où elle était. Je trouve cela immoral et contraire à la dignité de l'homme. On sifflerait un drame qui serait contraire à mon système. »

Le second Consul : « Je citerai le fait d'un militaire qui revient de l'armée après dix ans d'absence : il croit épouser sa cousine, mais le tuteur lui a substitué sa fille : il n'y a pas de consentement. »

Le Premier Consul : « Vous traitez cela en homme d'affaires : le mariage est bon ; car enfin la dot n'est que l'accessoire ; l'union des corps est le principal. »

Le second Consul : « Je fais une autre hypothèse. Le militaire voulait épouser une femme laide et pauvre. On lui en substitue une jolie et riche. Il n'en veut pas. Tous vos raisonnements croulent. »

Le Premier Consul : « Tout votre système a pris naissance quand on se mariait par procuration ; mais à présent, on se marie corps à corps. »

Séance du 4 vendémiaire.

On lit l'article suivant : Le mariage sera célébré devant l'officier civil du domicile des parties.

Le Premier Consul : « Est-ce que vous ne ferez pas promettre obéissance par la femme ? Il faudrait une formule pour l'officier de l'état civil, et qu'elle contînt la promesse d'obéissance et de fidélité par la femme. Il faut qu'elle sache qu'en sortant de la tutelle de sa famille, elle passe sous celle de son mari. L'officier civil marie sans aucune solennité. Cela est trop sec. Il faut quelque chose de moral. Voyez les prêtres. Il y avait un prône. Si cela ne servait pas aux époux qui pouvaient être occupés d'autre chose, cela était entendu par les assistants. »

Séance du 5 vendémiaire.

On consacrait le principe que les enfants doivent des aliments à leurs père et mère. On demandait que l'obligation fût réciproque. On proposait de s'en rapporter aux sentiments que la nature a mis dans le cœur des parents. On disait que, dans tous les cas, le fils majeur n'avait aucun droit à des aliments.

PROPRES PAROLES DU PREMIER CONSUL.

« Voulez-vous qu'un père puisse chasser de sa maison une fille de quinze ans ? Un enfant peut-être infirme, sourd-muet. Un père qui aurait 60,000 francs de rente pourrait donc dire à son fils : Tu es gros et gras, va-t-en labourer. Il pourrait abandonner ainsi à la misère celui qui doit lui succéder ? »

BERLIER : « Les tribunaux jugeront si le fils est invalide. »

LE PREMIER CONSUL : « Je vous arrête là. Qu'est-ce que valide ? Le père pourra-t-il envoyer son fils demander son pain ? S'il a été élevé dans l'aisance, le père doit lui continuer des secours tant qu'il en a les moyens. »

TRONCHET : « Il faut laisser cela aux tribunaux, etc. »

LE PREMIER CONSUL : « Le citoyen Tronchet vient de prouver qu'on ne pouvait pas fixer par la loi la quotité des aliments ;

PROCÈS-VERBAL IMPRIMÉ.

« Il serait révoltant de laisser à un père riche la faculté de chasser de sa maison ses enfants, après les avoir élevés, et de les envoyer pourvoir eux-mêmes à leur subsistance, fussent-ils même estropiés. Telle est cependant l'idée que présente la rédaction. Si elle pouvait être admise, il faudrait donc aussi défendre aux pères de donner de l'éducation à leurs enfants ; car rien ne serait plus malheureux pour ces derniers que de s'arracher aux habitudes de l'opulence et aux goûts que leur aurait donnés leur éducation, pour se livrer à des travaux pénibles ou mécaniques auxquels ils ne seraient pas accoutumés. Pourquoi, si le père était quitte envers eux lorsqu'ils les a élevés, ne les priverait-on pas aussi de sa succession ? Les aliments ne se mesurent pas seulement sur les besoins physiques, mais encore sur les

mais le père n'en doit pas moins élever son fils jusqu'à la majorité, et lui fournir ensuite des aliments. Un père riche ou aisé doit toujours à ses enfants la gamelle paternelle. Dans l'état actuel des choses, j'irais chez un avocat qui trouverait dans la jurisprudence les moyens de me faire obtenir des aliments ; si votre système passait, je ne pourrais plus en avoir, les tribunaux les refuseraient. »

Plusieurs membres insistèrent pour le respect dû à l'autorité paternelle.

Le Premier Consul : « Vous forcerez les enfants à tuer leurs pères. »

habitudes ; ils doivent être proportionnés à la fortune du père qui les doit, et à l'éducation de l'enfant qui en a besoin. »

Tronchet : « L'obligation imposée au père de fournir des aliments à son fils est absolue ; mais la loi doit se borner à en consacrer le précepte et laisser le juge l'appliquer suivant les circonstances. »

Le Premier Consul : « A la vérité la loi ne peut pas déterminer précisément la quotité des aliments qui seront dus par le père ; mais elle peut déclarer en général que le père est tenu de nourrir et d'élever ses enfants mineurs, et de les établir quand ils sont majeurs ou de leur fournir des aliments. Le fils, en effet, a un droit acquis aux biens du père. L'effet de ce droit est suspendu tant que le père vit ; mais alors même il se réalise dans la mesure des besoins du fils. Cependant si la loi déclare qu'il n'est point dû d'aliments au fils majeur, elle met les tribunaux dans l'impossibilité d'en adjuger. »

On lut l'article suivant : « Le mari doit protection à sa femme, la femme obéissance à son mari. »

Sur le mot obéissance.

Cretet : « Les lois l'ont-elle imposée ? »

Le Premier Consul : « L'Ange l'a dit à Adam et Éve. On le prononçait en latin lors de la célébration du mariage, et la femme ne l'entendait pas. Ce mot-là est bon pour Paris surtout où les femmes se croient en droit de faire ce qu'elles veulent. Je ne dis pas que cela produise de l'effet sur toutes ; mais enfin cela en produira sur quelques-unes. Les femmes ne s'occupent que de plaisir et de toilette. Si l'on ne vieillisait pas, je ne voudrais pas de femme. Ne devrait-on pas ajouter que la femme n'est pas maîtresse de voir quelqu'un qui ne plaît pas à son mari ? Les femmes ont toujours ces mots à la bouche : « *Vous voulez m'empêcher de voir qui me plaît !* »

Séance du 14 vendémiaire.

Le divorce fut adopté en principe. Il ne s'agissait plus que d'en déterminer les causes. Portalis voulait le rendre très-difficile. »

PROPRES PAROLES DU PREMIER CONSUL.

« Votre système est fondé sur ce qu'il y a des catholiques et des protestants ; mais vous rendez l'obtention du divorce si difficile qu'elle est inconciliable avec les bonnes mœurs. Si vous en étiez le maître, vous n'admettriez pas le divorce ; car ce n'est pas en vouloir que de le rendre déshonorant pour ceux qui le demanderaient, excepté pour les hommes à masque de bronze. Est-ce là votre système ? »

Portalis : « Si nous avions

PROCÈS-VERBAL IMPRIMÉ.

« Le système du citoyen Portalis se réduit à ceci. Le principe de la liberté des cultes exige qu'on admette le divorce. L'intérêt des mœurs demande qu'on le rende difficile. Ainsi, dans ce système, ce n'est pas par des vues politiques que le divorce est admis. Il ne le serait pas, s'il n'était dans les principes d'aucun culte. D'un autre côté, il deviendrait si difficile et si déshonorant qu'il serait en quelque sorte exclu. »

Portalis : « Je ne me pro-

affaire à un peuple neuf, je ne l'établirais pas. »

Le Premier Consul : « Vous avez fixé l'âge du mariage pour les filles à quinze ans. A cet âge, elle ne peuvent ni aliéner leurs biens, ni contracter ; tout ce qu'elles feraient serait nul. Ainsi le veulent la politique et la nature des choses. Vous faites cependant une exception pour le mariage.

« Un individu qui se sera marié mineur, dans un temps où il n'avait pas une grande prévoyance, s'apercevra par la suite qu'il s'est trompé, qu'il n'a pas trouvé dans l'être qu'il a choisi les qualités qu'il espérait, et il ne pourra dissoudre son mariage sans flétrir cet être et sans se déshonorer lui-même ? Si vous aviez fixé l'âge du mariage à vingt et un ans ce serait différent.

« Vous dites que le divorce pour incompatibilité est funeste aux époux, aux enfants et aux familles. Pour moi, je ne trouve rien de plus funeste qu'un mauvais mariage ou un divorce déshonorant. Il y avait autrefois autant de séparations qu'il y a de divorces. Je ne parle pas des premiers moments où il a été permis. Dans le cas de la séparation, les enfants et les familles ne sont-ils pas aussi lésés ? Il y a de plus l'inconvénient que la femme continue à mener une mauvaise vie sous le nom de son mari, ce qui est très-fâcheux pour lui. Tous pose point d'ôter le divorce à un peuple qui en est en possession depuis dix ans. Je ne crois point que toute demande en divorce soit déshonorante, mais si elle l'est, peu importe. Au surplus je ne veux le rendre ni déshonorant ni impossible. »

Le Premier Consul : « Il est permis de se marier à 15 et à 18 ans, c'est-à-dire, avant l'âge où il est permis de disposer de ses biens ; croit-on que cette exception, faite en faveur du mariage aux principes généraux sur la majorité, doive faire établir que, quoique l'un des époux ait reconnu l'erreur dans laquelle il est tombé à un âge aussi tendre, il ne pourra néanmoins la réparer sans se flétrir ? C'est tout au plus ce qu'on pourrait décider si le mariage n'était autorisé qu'à vingt ans et à vingt-un ans. On a dit que le divorce pour incompatibilité est contraire à l'intérêt des femmes, des enfants, et à l'esprit de famille ; mais rien n'est plus contraire à l'intérêt des époux, lorsque leurs humeurs sont incompatibles, que de les réduire à l'alternative, ou de vivre ensemble, ou de se séparer avec éclat. Rien n'est plus contraire à l'esprit de famille qu'une famille divisée. Les séparations de corps avaient autrefois, par rapport à la femme, au mari, aux enfants, à la famille, à peu près les mêmes effets qu'a le divorce. Cependant elles étaient aussi multipliées que les divorces

les jours il entend dire : Madame une telle a fait telle chose, etc., ce qui est toujours un nouvel outrage. Je veux bien la séparation de corps pour ne pas gêner les consciences ; mais il ne faut pas trop la protéger pour forcer tout le monde à se contenter de ce remède.

« Venons à l'article qui énumère les diverses causes de divorce. Quel est celui qui, comme cet ancien, voudrait que sa maison fût de verre pour qu'on vît tout son intérieur et ses moindres mouvements de nerfs? L'incompatibilité d'humeur n'a pas les mêmes inconvénients. Si une femme a été infidèle pendant l'absence de son mari, il peut la renvoyer sans la déshonorer. Il peut avoir la conviction qu'elle est adultère, sans être en état d'en faire la preuve, comme vous l'exigez. Enfin je crois que la séparation a les mêmes effets que le divorce sans en avoir les avantages, et que la rédaction proposée est faite pour forcer tout le monde à prendre la voie de la séparation. »

PORTALIS : « Les lois font tout ce qui est possible pour protéger le mineur. Il ne peut se marier sans le consentement de ses parents, etc. »

LE PREMIER CONSUL : « Souvenez-vous de ce que vous avez dit sur les nullités. L'erreur de qualité, que vous appelez erreur de personne, produit la nullité du mariage. Dans ce cas vous ne le sont aujourd'hui ; mais elles avaient cet inconvénient, qu'une femme déhontée continuait de déshonorer le nom de son mari, parce qu'elle le conservait. Le respect pour les cultes obligera d'admettre la séparation de corps; mais il ne serait pas convenant de restreindre tellement le divorce par les difficultés qu'on y apporterait, que les époux fussent tous réduits à n'user que de la séparation.

L'article 11 du projet spécifie les causes pour lesquelles il admet le divorce ; mais quel malheur ne serait-ce pas que de se voir forcé à les exposer, et à révéler jusqu'au détails les plus minutieux et les plus secrets de l'intérieur de son ménage! Le système mitigé de l'incompatibilité prévient, à la vérité, ces inconvénients. Cependant, comme il suppose des faits et des preuves, il est aussi flétrissant que le système des causes déterminées.

D'ailleurs ces causes, quand elles seront réelles, opéreront-elles toujours le divorce? La cause de l'adultère, par exemple, ne peut obtenir de succès que par des preuves toujours très-difficiles, souvent impossibles. Cependant le mari qui n'aurait pu les faire serait obligé de vivre avec une femme qu'il abhorre, qu'il méprise, et qui introduit dans sa famille des enfants étrangers. Sa ressource serait de recourir à la séparation de corps;

le respectez pas. Quand on se marie on est environné de tant de séductions! Il ne faudrait donc pas permettre de mariages d'âges disproportionnés. Deux individus dont l'un n'a que quinze ans et dont l'autre en a quarante ne peuvent pas voir de la même manière. Le plus souvent, on consulte plus dans le mariage les convenances des familles que celles des époux. Si l'union est malheureuse, la loi civile qui est étrangère aux idées sacramentelles exaltées ne doit-elle pas pourvoir au bonheur des individus? »

Portalis : « L'homme est le ministre de la nature. La société vient s'enter sur elle. On lit dans les livres le *pacte social* ; je n'entends pas cela, l'homme est sociable et le mariage est dans la nature. »

Le Premier Consul : « Je nie cela, le mariage ne dérive point de la nature, mais de la société et des mœurs. La famille orientale est entièrement différente de la famille occidentale. La première est composée de plusieurs épouses et de concubines ; cela paraît immoral, mais cela marche, les lois y ont pourvu. Je n'adopte point l'opinion que la famille vient du droit civil et le droit civil du droit naturel. Les Romains avaient d'autres idées de la famille. Son organisation vient des mœurs. Le citoyen Portalis n'a point répondu à l'objection résultant de l'âge mais elle n'empêcherait pas que son nom ne continuât à être déshonoré. »

Le Premier Consul demanda ensuite si les deux articles du projet devaient dispenser les personnes qui voudraient user du divorce, de recourir à la séparation de corps.

Portalis : « Les causes du divorce étant, d'après le projet, celles qui feraient obtenir la séparation, les difficultés et les facilités seront les mêmes pour les deux modes. La loi ayant exigé le consentement du père, pour le mariage du mineur, elle a pris des précautions pour l'empêcher d'être surpris.

Le Premier Consul : « Le mariage n'est pas toujours, comme on le suppose, la conclusion de l'amour. Une jeune personne consent à se marier pour se conformer à la mode, pour arriver à l'indépendance et à un établissement ; elle accepte un mari d'un âge disproportionné, dont l'imagination, les goûts et les habitudes ne s'accordent pas avec les siens. La loi doit donc lui ménager une ressource pour le moment où, l'illusion cessant, elle reconnaît qu'elle se trouve dans des liens mal assortis, et que sa volonté a été séduite. »

Portalis : « Il y a des inconvénients des deux côtés. Mais le mariage n'est pas seulement institué pour les époux. L'époux n'est là que le ministre de la nature pour perpétuer la société.

fixé pour le mariage. La plupart des unions sont faites par convenance. Il n'y a que le temps qui puisse les sanctifier. Proscrivez le divorce après un certain temps, quand on s'est connu, quand il y a eu échange d'amour et de sang, comme après dix ans de mariage, à la bonne heure. J'en conçois la raison. On ne doit pas chasser une femme dont on a eu des enfants, à moins que ce ne soit pour cause d'adultère. Alors c'est une affaire criminelle. Mais avant les dix ans, il faut que l'incompatibilité suffise, que l'affaire se traite devant un conseil de famille présidé par un magistrat, et qu'on ne puisse pas divorcer deux fois, car cela serait absurde et avilirait le mariage. Il faut que les individus divorcés ne puissent se marier qu'après un délai de cinq ans, afin que ce ne soit pas la perspective d'un autre mariage qui les porte au divorce. Alors vous aurez fait tout ce qu'exige la morale; mais vous n'aurez pas sciemment fermé les yeux sur les inconvénients de votre système. Chaque individu a une grande liberté dans sa famille, même sous le despotisme oriental. Il faut aussi considérer le bonheur des individus. Que direz-vous à une femme qui, se fondant sur le code romain, demandera le divorce pour impuissance de son mari? Vous n'en parlez pas. Cela arrivera cependant; en vain crierez-vous alors au scandale. Plusieurs membres

La société, dans ce contrat, vient s'enter sur la nature. Le mariage n'est pas un pacte, mais un fait; c'est le résultat de la nature qui destine les hommes à vivre en société. »

Le Premier Consul : « Le mariage prend sa forme des mœurs, des usages, de la religion de chaque peuple. C'est par cette raison qu'il n'est pas le même partout; il est des contrées où les femmes et les concubines vivent sous le même toit, où les esclaves sont traités comme les enfants. L'organisation des familles ne dérive donc pas du droit naturel : les ménages des Romains n'étaient pas organisés comme ceux des Français.

Les précautions établies par la loi pour empêcher qu'à 15 et à 18 ans on ne contracte avec légèreté un engagement qui s'étend à toute la vie, sont certainement sages; cependant sont-elles suffisantes? Qu'après dix ans de mariage, le divorce ne soit admis que pour des causes très-graves, on le conçoit; mais puisque les mariages contractés dans la première jeunesse sont si rarement l'ouvrage des époux, puisque ce sont les familles qui les forment d'après certaines idées de convenance, il faut que les premières années soient un temps d'épreuve, et que, si les époux reconnaissent qu'ils ne sont pas faits l'un pour l'autre, ils puissent rompre une union sur laquelle il ne leur a pas été

du conseil allèguent les bonnes mœurs pour rejeter le divorce pour cause d'incompatibilité. Cela n'est pas exact. Un mari sait que sa femme est adultère : s'il a des mœurs elle lui sera insupportable; il ne pourra pas vivre avec elle. Il ne veut pas, par pitié pour elle, demander le divorce pour cause d'adultère; il ne le veut pas pour lui, à cause du ridicule qui dans nos mœurs rejaillit sur le mari. Il ne le veut pas pour les enfants qui seraient déshonorés par la mauvaise conduite de leur mère. »

permis de réfléchir. Cependant, cette facilité ne doit favoriser ni la légèreté ni la passion. Qu'on l'entoure donc de toutes les précautions, de toutes les formes propres à en prévenir l'abus; qu'on décide, par exemple, que les époux seront entendus dans un conseil secret de famille, formé sous la présidence du magistrat; qu'on ajoute encore, si l'on veut, qu'une femme ne pourra user qu'une seule fois du divorce; qu'on ne lui permette de se remarier qu'après cinq ans, afin que le projet d'un autre mariage ne la porte pas à dissoudre le premier; qu'après dix ans de mariage, la dissolution soit rendue très-difficile. On a donc les moyens de restreindre les effets de la cause trop vague de l'incompatibilité d'humeur. »

Emmery proposa, comme cause de divorce, l'incompatibilité de caractère exprimée par le consentement mutuel.

Le Premier Consul admet ce principe, mais en outre avec le consentement des parents.

Les adversaires du divorce combattirent le principe.

PROPRES PAROLES DU PREMIER CONSUL.

LE PREMIER CONSUL : « Les lois sont faites pour les mœurs. Il y aurait de l'inconvénient à obliger un époux de poursuivre

PROCÈS-VERBAL IMPRIMÉ.

« On se méprend sur mon système. Ce n'est pas un tribunal de famille que je veux, c'est le consentement de la famille, ou plutôt des deux familles. Le tri-

devant les tribunaux le divorce pour adultère. Cette cause doit être couverte par le consentement mutuel qui n'est pas une raison de divorce, mais un indice de sa nécessité. Le conseil de famille examine les faits et décide. En procédant ainsi vous êtes bien éloignés du système de ceux qui admettent la simple incompatibilité et qui me paraît absurde. On craint d'ouvrir la porte au divorce pour des motifs trop légers. Si le mari et son père étaient, par exemple, d'accord, le père de la femme refuserait son consentement; il dirait : je m'oppose, ma fille est sage ; si je consentais, on la croirait coupable. Vous la menacez d'une action en justice ; eh bien, allez, elle ne craint rien ; nous soutiendrons le procès. Si au contraire la femme était coupable d'adultère, ses parents consentiraient au divorce. L'adultère qui dans un code civil est un mot immense, n'est dans le fait qu'une galanterie, une affaire de bal masqué. »

bunal public serait le seul qui prononcerait le divorce ; mais sans procédure et sans examen, quand les époux lui auraient justifié de ce double consentement. Il faudrait que les pères et mères, en un mot tous les parents, appelés des deux côtés, eussent été unanimes. Leur aveu serait une garantie suffisante ; car ils ont intérêt de maintenir un mariage qu'ils ont formé, et ils ne partagent pas l'égarement et les passions qui peuvent faire agir les deux époux. »

Séance du 16.

Portalis résume l'état où en est restée la discussion à la dernière séance. Tronchet lit une opinion contre le consentement mutuel et contre le divorce même. Plusieurs orateurs parlent pour et contre.

PROPRES PAROLES DU PREMIER CONSUL.	PROCÈS-VERBAL IMPRIMÉ.
Le Premier Consul : « J'ai entendu beaucoup d'objections qui n'ont pas une grande force. La matière est difficile. La loi autorise le mariage à un âge tendre. On suppose dans les époux volonté et consentement. L'expérience a souvent donné un démenti à cette supposition. La religion elle-même admet le divorce pour cause d'adultère dans tous les pays, dans tous les siècles. Il n'est pas vrai que le mariage soit indissoluble. Cela n'a jamais existé. Le projet du code prouve pour plusieurs cas qu'il peut être dissous. Le divorce étant admis, le sera-t-il pour incompatibilité? Il y aurait à cela un grand inconvénient ; c'est qu'en le contractant, on semblerait penser déjà qu'il pourrait être dissous. Ce serait comme si l'on disait : je me marie, jusqu'à ce que je change d'humeur. Ce n'est que la volonté d'une des parties. Deux individus qui se marient ont bien la volonté de cœur de s'unir pour la vie. Le mariage est bien indissoluble dans leur intention, parce qu'il est impossible qu'alors les causes de dissolution soient prévues. C'est donc dans ce sens que le mariage est indissoluble. Il ne peut pas y avoir eu d'autre pensée, quand on a contracté. La simple allégation d'incompatibilité est donc contraire à la nature du mariage qui est fait en	Le Premier Consul : « La question n'a pas encore été traitée dans son entier. Le projet de la section amènerait plus certainement les inconvénients dont a parlé le citoyen Tronchet que le système combattu par lui. Le mariage pourra-t-il être dissous pour cause d'incompatibilité? Voilà la première question. On a répondu que le mariage n'aurait plus de stabilité, s'il ne devait subsister que jusqu'au moment où les époux changent d'inclination et d'humeur. On a répondu encore qu'un contrat formé par le concours de deux volontés ne peut être rompu par la volonté d'un seul des contractants. Ces deux réponses sont fondées. Mais est-il également vrai que l'indissolubilité du mariage soit absolue? Le mariage est indissoluble en ce sens, qu'au moment où il est contracté, chacun des époux doit être dans la ferme intention de ne jamais le rompre, et ne doit pas prévoir alors les causes accidentelles, quelquefois coupables, qui, par suite, pourront en nécessiter la dissolution. Mais que l'indissolubilité du mariage ne puisse recevoir de modification dans aucun cas, c'est un système démenti par les maximes et par les exemples de tous les siècles. Il n'est pas dans la na-

intention pour toute la vie. Que ceux qui ne voient pas cette perpétuité dans l'intention, mais dans l'indissolubilité du mariage, me citent une religion sous l'empire de laquelle on n'ait pas cassé des mariages de princes ou de grands seigneurs, un siècle où cela ne soit pas arrivé. Est-il dans la nature que deux individus d'une organisation différente soient tenus de vivre ensemble? L'institution du mariage doit être telle qu'au moment où on le contracte on ne pense pas à le dissoudre. Mais la loi doit prévoir les cas où il doit et peut être dissous. Il n'y a point de mariage en cas d'impuissance. Le contrat est violé, quand il y a adultère. Ce sont deux cas de divorce convenus.

Les rédacteurs du projet ont énoncé des causes de divorce aussi vagues, aussi dangereuses que l'incompatibilité. Ils devraient opposer un système à celui que nous défendons. Tant qu'on ne fera que critiquer, on ne parviendra à aucune décision.

Les crimes sont des causes déterminées de divorce. Quand il n'y a point de crimes, c'est le consentement mutuel. Je crois ce système le meilleur. Le citoyen Tronchet dit que les parents consentiront toujours, quand les époux seront d'accord; je réponds qu'ils ont la faculté de refuser leur consentement. L'indissolubilité du mariage n'est qu'une fiction. La séparation a

ture des choses que deux êtres organisés à part soient jamais parfaitement identifiés : or le législateur doit prévenir les résultats que la nature des choses peut amener. Aussi la fiction de l'identité des époux a-t-elle toujours été modifiée; elle l'a été par la religion catholique, dans le cas de l'impuissance; elle l'a été partout par le divorce. Dans cette discussion même, on s'est montré disposé à admettre la séparation de corps, qui est une modification du mariage puisqu'elle en fait cesser les effets. On est convenu aussi, dans le cours de la discussion, que, lorsqu'il y a impuissance, la matière du mariage manque; que, quand il y a adultère, l'engagement du mariage est violé. Ces deux causes de divorce sont positives. Celles que propose la section sont au contraire indéterminées, et impriment au mariage le caractère d'incertitude que lui donnerait l'usage du divorce pour incompatibilité d'humeur.

C'est pour prévenir cette instabilité du mariage que les rédacteurs du projet de code civil ont proposé de n'autoriser le divorce que quand il y aurait crime : cependant, si l'un des époux rendait la vie insupportable à l'autre, il faut qu'il ait la faculté de s'en séparer.

Au surplus, pour suivre le véritable ordre de la discussion, il faudrait embrasser tous les

beaucoup d'abus, elle attaque aussi le mariage. »

systèmes, les comparer l'un avec l'autre; et si aucun ne paraissait entièrement admissible, les remplacer par un projet nouveau.

Quant à l'objection faite contre l'intervention de la famille, elle est fondée sur la fausse idée que la famille s'érigerait en tribunal. La famille ne serait pas appelée pour prononcer sur le divorce, mais pour l'autoriser par son consentement, ou pour l'empêcher par son refus. »

Boulay propose de faire précéder le divorce d'une séparation pendant cinq ans, comme épreuve.

Le Premier Consul : « Votre projet est plus serré, et il écarte le divorce. Il est impossible de dire que deux individus ne font qu'un pendant toute leur vie. Je veux bien qu'on respecte la sainteté du mariage, excepté dans les cas de nécessité. Je ne fais rien contre les époux, puisque je veux le consentement mutuel ; je ne fais rien contre la sainteté du mariage, puisque j'exige le consentement des parents. Je considère les époux qui veulent divorcer comme en état de passion et ayant besoin de tuteurs. S'il y a eu une époque où le mariage ait été absolument indissoluble, je serai de l'avis du citoyen Tronchet. Il n'y a plus de famille ni de mariage, quand il y a séparation de corps. Je me souviens assez de l'histoire ecclésiastique pour savoir qu'il y a eu des cas où les papes ont autorisé le divorce.

L'union que forme le mariage ne peut être comparée à une greffe entée sur un pommier qui ne font réellement qu'un. Mais la nature humaine est différente. Quand je propose le consentement des pères au divorce, on oppose que cette précaution sera illusoire, qu'ils seront trop sensibles, trop indulgents ; et quand il est question d'adopter le divorce, on oppose l'intérêt des enfants qui seront sacrifiés par leurs pères ; on leur fait alors des entrailles de plomb. Les Romains épousaient des femmes grosses, nous en sommes là. Il faut approprier les lois à nos mœurs. On a des femmes joueuses, débauchées, etc. : faudra-t-il aller plaider pour les chasser de sa maison ? »

Portalis, dans la nécessité de choisir entre l'incompatibilité et le consentement mutuel, préfère le dernier moyen, et propose des mesures pour en éviter l'abus.

Le Premier Consul : « Nous venons de dire qu'il y avait, lors de la célébration du mariage, l'idée de sa perpétuité. On pourrait admettre le divorce par consentement mutuel avec celui des parents, pour les causes détaillées dans l'article 2 du projet. Car si l'on ne parlait pas de ces causes, on ne serait pas assez clairement compris par le public qui croirait que le divorce est admis sans causes. On semblerait dire: on peut se marier jusqu'à ce que l'on change d'avis et que l'on soit d'accord pour divorcer. Mais je ne voudrais pas l'intervention des tribunaux. Les causes devraient être jugées par le conseil de famille, afin d'éviter le scandale des accusations d'adultère. »

Tronchet persiste dans son opinion. Bigot-Préameneu ne veut point du consentement mutuel.

PROPRES PAROLES DU PREMIER CONSUL.

Le Premier Consul : « C'est ne pas vouloir du divorce. On ne considère la question que sous un seul point de vue. Voyez l'inconvénient des séparations. Les deux époux se livrent au libertinage, la famille est dissoute, les biens sont mangés. Ainsi les bonnes mœurs et l'intérêt des enfants réclament le divorce. Si l'on exigeait le jugement d'un tribunal, le divorce serait illusoire. Vous placez le demandeur entre deux précipices. Ce n'est pas envisager la question du point le plus élevé. Elle est fort simple. On oppose les bonnes mœurs ; il n'y a de bonnes mœurs qu'à maintenir les bons mariages. Je le répète, les lois sont faites pour les mœurs. Il n'y a rien qui les blesse davantage qu'une loi qui rend le divorce impossible. Les avocats de l'indissolubilité marchent toujours à leur but sans considérer les besoins de la société. Mais l'indissolubilité n'est que dans

PROCÈS-VERBAL IMPRIMÉ.

« Vouloir n'admettre le divorce que pour cause d'adultère publiquement prouvé, c'est le proscrire absolument : car, d'un côté, peu d'adultères peuvent être prouvés ; de l'autre il est peu d'hommes assez déhontés pour proclamer la turpitude de leur épouse. Il serait d'ailleurs scandaleux et contre l'honneur de la nation de révéler ce qui se passe dans un certain nombre de ménages ; on en conclurait, quoiqu'à tort, que ce sont les mœurs des Français.

« Il importe de voir la matière sous ce point de vue. Si l'intérêt des mœurs et de la société exigent que les mariages aient de la stabilité, il exige peut-être aussi qu'on sépare des époux qui ne peuvent vivre ensemble, et dont l'union, si elle était prolongée, engloutirait souvent le patrimoine commun, dissoudrait la famille et produirait l'abandon des enfants. C'est offenser la sainteté du mariage

l'intention au moment du contrat ; elle n'existe pas malgré les événements imprévus, tels que la disparité de caractères, de tempéraments et les autres causes de désunion. Quand il y a réunion de volontés pour le divorce, cela prouve que le mal est grand. Quel homme sera assez éloigné des mœurs de son pays pour attaquer sa femme en justice ?

On cite l'exemple de l'Angleterre. Mais c'est la risée de l'Europe que ces discussions. Elles démoraliseraient nos provinces. Il y a à Paris plus de six cents mariages dont on n'a pas d'idée dans les départements. Il ne faut pas rendre publiques des manières de vivre dangereuses et qui y sont tout-à-fait inconnues.

Enfin la question, telle qu'on la traite encore actuellement, est de savoir s'il y aura ou s'il n'y aura pas de divorce. Que l'on consulte donc les mœurs de la nation ! Tout ce que l'on a dit est en opposition avec elles. On cède à des préjugés religieux et non aux lumières de la raison. J'ai été de bonne foi, je vous ai dit mon secret et vous en profitez pour attaquer le divorce. L'adultère n'est pas un phénomène, c'est une affaire de canapé, il est très-commun. Vous ne voulez absolument que l'action devant les tribunaux, et moi je n'en veux que comme un moyen d'amener au consentement mutuel. Les femmes ont besoin d'être contenues dans ce que de laisser subsister de pareils nœuds. »

temps-ci et cela les contiendra. Elles vont où elles veulent, elles font ce qu'elles veulent. C'est comme cela dans toute la République. Ce qui n'est pas français, c'est de donner de l'autorité aux femmes. Elles en ont trop. Il y a plus de femmes qui outragent leurs maris, que de maris qui outragent leurs femmes. Il faut un frein aux femmes qui sont adultères pour des clinquants, des vers, Apollon, les Muses, etc.

La seule séance qu'on trouve dans les procès-verbaux imprimés, où le titre *de la paternité* et *de la filiation* ait été discuté, est celle du 29 fructidor an X, et qui était présidée par le second Consul.

Cependant la matière avait été discutée dans une séance précédente, présidée par le Premier Consul. Il y prit une très-grande part, ainsi qu'on va le voir.

Le projet consacrait le principe que l'enfant conçu dans le mariage a pour père le mari, excepté les cas de l'adultère et de l'impuissance.

LE PREMIER CONSUL: « La conséquence de l'adultère n'est pas toujours un enfant. Si une femme couche avec son mari et avec un autre homme, on doit présumer que l'enfant appartient au mari. Il n'est pas évident qu'il n'est pas de lui, il est très-possible qu'il en soit le père. L'impuissance est un mot vague, elle peut n'être que temporaire. Il ne s'agit pas ici de l'intérêt de la femme, mais de celui de l'enfant. La puissance du mari se prouve par l'existence de l'enfant. Quel médecin pourrait dire quelle est la maladie qui rend impuissant, et assurer qu'il n'existe pas un germe de puissance? Il en est autrement quand on oppose le fait physique de l'absence du mari; il n'y a que l'imagination avec laquelle on ne puisse pas faire d'enfants. »

Le second Consul insiste sur ces deux exceptions dans certains cas.

Le Premier Consul: « Dès qu'il y a possibilité que l'enfant soit du mari, le législateur doit se mettre la main sur les yeux. L'enfant doit être regardé comme un tiers intéressé. »

Le second Consul s'élève contre l'inflexibilité du principe. Les femmes ne seront plus retenues, s'il leur suffit d'alléguer la possibilité.

Le Premier Consul: « Vous qui avez de l'expérience au barreau, vous n'avez jamais vu d'impuissance. Quand il faudra en venir à la preuve, la femme dira toujours: L'enfant prouve la puissance. Dans ce débat qui prendra donc l'intérêt de l'enfant, si ce n'est la loi? Il faut une règle fixe pour lever tous les doutes. On dit que c'est contre les mœurs. Non, car si le principe absolu n'était pas adopté, la femme dirait au mari:

Pourquoi voulez-vous gêner ma liberté? Si vous soupçonnez ma vertu, vous aurez la ressource de prouver que l'enfant n'est pas de vous. Il ne faut point tolérer cela. Le mari doit avoir un pouvoir absolu et le droit de dire à sa femme : Madame, vous ne sortirez pas, vous n'irez pas à la comédie, vous ne verrez pas telle ou telle personne; car les enfants que vous ferez seront à moi. Du reste, si le mari est impuissant et l'allègue, c'est le cas de dire : Il est fort heureux qu'un autre ait fait l'enfant. »

MALLEVILLE : « Mais si le mari devient impuissant par une blessure, un coup de feu? Il y en a des exemples. »

LE PREMIER CONSUL : On pourrait peut-être admettre l'impuissance accidentelle. Mais il faut que cela soit clair comme le soleil. Tout le reste n'est qu'illusion. Vous cherchez toujours l'intérêt du mari, des héritiers. Il n'y a pas compensation entre l'intérêt pécuniaire de quelques individus et l'existence légale d'un enfant. L'état gagnera un bon sujet, un citoyen, au lieu d'un membre vicieux, parce qu'on l'aurait flétri. Dans ce cas je refuserais toute action aux héritiers, je ne l'accorderais tout au plus qu'au mari, et je la limiterais à deux ou trois mois après l'accouchement, et encore s'il n'avait pas vécu avec l'enfant, car alors cela vaudrait au moins comme adoption. Quand l'impuissance est produite par suite de blessures, que devient le mariage ? Ne serait-ce pas le cas de l'admettre comme cause de divorce ? Cela peut s'alléguer; il n'y a rien de malhonnête. Cela pouvait m'arriver. »

§ *A quel terme doit naître l'enfant pour être légitime.*

Le Premier Consul : « Un enfant né à six mois six jours peut-il vivre ? »

Fourcroy : « Il est reçu que non. »

Le Premier Consul : « On part de données très-vagues. On n'a aucun intérêt à flétrir une créature innocente. Comment sait-on quand un enfant est conçu ? Quand les théologiens croient-ils que l'ame entre dans le corps ? »

Fourcroy : « Les uns à six semaines, d'autres à.....

Le Premier Consul : « Cette matière donne lieu à des observations de deux sortes : 1° le terme auquel naît l'enfant; 2° l'état dans lequel il se trouve en naissant. On dit que le fœtus est formé à six semaines, il peut donc naître à cette époque. Il naîtra mort, mais il sera né. *Né* est donc une mauvaise expression dont on se sert dans le projet. Il faudrait dire né *vivant*. Il peut aussi naître mort à neuf mois. Qu'est-ce qui constate que l'enfant est viable ou non ? Quand a-t-il vie dans le ventre de sa mère ? »

Tronchet : « On pourrait dire l'enfant *né à terme* avant cent quatre-vingt six jours. »

Le Premier Consul : « Qu'est-ce que *terme* ? »

Fourcroy : « De sept à neuf mois. »

Le Premier Consul : « Les gens de l'art peuvent-ils connaître si un enfant est né à neuf mois ? »

Fourcroy : « Non. »

Le Premier Consul : « Un enfant peut-il naître vivant à six mois ? »

Fourcroy : « Oui, mais il ne vit pas. »

Le Premier Consul : « J'adopterais que le père pourra désavouer l'enfant né avant cent quatre-vingt six jours et qui survit un certain temps. Mais quand l'enfant est né mort, il doit toujours appartenir au mariage. Quand les ongles viennent-ils aux enfants ? »

Fourcroy : « Avant six mois. »

Le Premier Consul : « Si un enfant me naissait à cinq mois, je le prendrais pour être de moi, et je le croirais malgré les médecins. »

CHAPITRE XX.

FONDATION DE L'EMPIRE.

Lors de la discussion du sénatus-consulte du 16 thermidor an X, le Premier Consul avait dit au conseil d'état, que *l'hérédité était absurde, inconciliable avec le principe de la souveraineté du peuple, et impossible en France.* Dix-huit mois seulement s'étaient écoulés depuis que ces paroles mémorables avaient été prononcées, et le Premier Consul relevait le trône, établissait l'hérédité en faveur de sa famille, et fondait une nouvelle dynastie. A chaque fois qu'il avait été question de fonder le pouvoir, on avait hasardé le mot *hérédité*. Depuis six mois on le prononçait hautement dans les salons. On attendait chaque jour que le Premier Consul se décidât enfin à *stabiliser* son gouvernement. La conspiration de Georges et Pichegru, qui venait d'être découverte, fut le prétexte ou l'occasion dont on se servit pour mettre à exécution un projet auquel on avait évidemment travaillé depuis trois ans.

Dans une adresse relative aux complots tramés par l'étranger, le sénat, qui avait reçu le mot du

Premier Consul, donna le signal, en le conjurant de ne pas différer et d'achever son ouvrage (6 germinal an XII).

Le Premier Consul répondit un mois après au sénat, et l'invita à lui faire connaître sa pensée tout entière.

Ces communications concertées n'avaient, pour ainsi dire, qu'un caractère officieux et confidentiel.

L'explosion devait avoir lieu au tribunat; les rôles y étaient distribués.

C'était l'objet des conversations dans les salons de Paris. La famille du Premier Consul y prenait part, et même les provoquait, sans doute pour préparer ou connaître les opinions. Joseph Bonaparte se montra, devant des républicains, contraire à l'hérédité.

Pour le succès de ce plan, on n'avait nul besoin du conseil d'état; cependant il fut jugé convenable de ne pas l'y laisser tout-à-fait étranger.

Dans une séance du conseil d'état tenue à la fin de germinal, Cambacérès, qui la présidait, annonça que le Premier Consul désirait connaître l'opinion de chacun de ses membres, sur une question qui, depuis quelque temps, occupait toutes ses pensées, et dont l'objet serait expliqué par Regnault de Saint-Jean-d'Angely.

« Le Premier Consul, ajouta Cambacérès, désire que vous discutiez cette matière, non dans la forme solennelle et ordinaire de vos délibérations, mais comme en *réunion privée* de citoyens dont il a su apprécier la sagesse et les lumières. Je me retire, et je vous invite à choisir, soit dans le palais, soit ailleurs, le local où il vous conviendra de vous assembler. »

Le consul Cambacérès se retira alors, suivi du citoyen Locré, secrétaire-général. De leur côté, et peu d'instants après, les conseillers d'état quittèrent la salle des séances, et se rendirent, au nombre de 27, dans le local qu'occupait ordinairement la section de l'intérieur.

Tous ces préliminaires, imaginés pour laisser, disait-on, plus de latitude à la liberté des opinions, faisaient assez pressentir le sujet que l'on allait traiter. En expliquant plus nettement le but de cette réunion, Regnault n'étonna donc personne. La question fut ainsi posée : *Convient-il de donner l'hérédité pour base au gouvernement de la France ?*

Regnault, premier opinant, prononça un long discours pour l'affirmative. L'hérédité était, à l'entendre, le seul moyen de préserver la France des déchirements attachés aux mutations et à l'élection du premier magistrat. L'hérédité n'était pas moins nécessaire, suivant lui, pour les relations diplomatiques ; plus homogène avec les autres gouvernements européens, le gouvernement français trouverait plus de facilité et de solidité dans ses traités de paix et de commerce ; d'où l'orateur concluait que l'hérédité était un besoin de la France, comme elle était dans le vœu de tous les citoyens éclairés.

Fourcroy, qui parla après Regnault, abonda dans son sens, et demanda qu'il fût rédigé un avis, ou une adresse en adoption de ce principe.

Un profond silence suivit cette proposition. Berlier entendant quelques-uns de ses collègues demander la mise aux voix, prit la parole.

Dans un court préambule, il exposa que sa conscience lui imposait le pénible devoir de combattre selon ses forces une mesure qui avait l'assentiment de tant d'hommes éclairés. Puis il entra plus particulièrement en matière et dit :

« Le titre IV du sénatus-consulte organique du 16 thermidor an X me semble avoir pourvu suffisamment à ce qui regarde les mutations du consulat, et obvié à leurs principaux inconvénients. Il n'y a pas de raison pour regarder comme insuffisant en ce moment ce qui a été jugé, dix-huit mois auparavant, très-propre à concilier la tranquillité publique avec les autres besoins de la société. Avec l'hérédité, il ne reste plus rien de l'état républicain pour l'obtention et la conservation duquel la France a épuisé ses trésors, et sacrifié des millions d'hommes ; au surplus, je ne crois pas le peuple français disposé à renoncer à ce qui lui reste d'un bien si chèrement acquis. Les considérations déduites des relations extérieures sont bien mal appliquées à un état dont le chef *à vie* a la faculté de désigner son successeur, sous la seule condition de l'approbation du sénat ; un pouvoir exécutif aussi fortement constitué offre, pour la solidité de ses engagements, plus de garanties que beaucoup d'autres. »

Berlier n'avait pas été partisan du sénatus-consulte du 16 thermidor an X ; mais telle était sa situation présente, qu'il se retrancha dans les concessions qu'avait faites ce sénatus-consulte, pour éviter d'en faire de nouvelles. Il insista aussi, et principalement sur la fausse position où le système héréditaire et monarchique mettrait tous les hommes qui avaient plus ou moins contribué à la révolution ; classe considérable, qu'on allait exposer à la risée et au mépris de ses ennemis, en lui faisant reconstruire de ses propres mains l'édifice qu'elle avait renversé. Cette dernière réflexion lui valut une apostrophe de la part de Regnault.

« Soyez tranquille, dit celui-ci, l'homme qui gouverne la France a le bras assez fort pour empêcher le triomphe d'un parti sur l'autre. Il est lui-même enfant de la révolution ; ainsi, bannissez vos craintes. » Et de suite, Regnault reproduisit, sous diverses formes, ses premiers arguments ; il répondit ensuite aux inductions tirées du sénatus-consulte du 16 thermidor an X, en disant qu'il ne fallait voir dans cet acte du sénat que des *pierres d'attente*; qu'on s'était, par prudence, abstenu de faire davantage alors ; mais que le moment était venu de compléter ce qui n'avait été qu'ébauché.

L'induction tirée du moment donna un nouveau tour à la discussion, et Berlier trouva quelques auxiliaires, sinon pour écarter purement et simplement la question de l'hérédité, du moins pour l'ajourner. Réal, Boulay, Bérenger, et après eux quelques autres, laissant de côté le sénatus-consulte du 16 thermidor, examinèrent seulement si le moment d'agiter la question était bien choisi, et ils manifestèrent l'opinion contraire. Voici les principales considérations sur lesquelles ils se fondèrent :

« Les citoyens ne sont pas disposés au grand changement qu'on médite. Il les étonnera tous et en mécontentera sans doute une partie, qui n'y trouvera ni cause ni prétexte dans les circonstances actuelles ; car la France est dans un état prospère ; nul danger prochain ne se montre ; le Premier Consul est dans la force de l'âge et de la santé ; il a atteint, *sous ce nom*, un degré de puissance qui ne saurait recevoir aucun accroissement du titre héréditaire. Le nom du Premier Consul est cher à la France et à l'armée; il est honoré de l'étranger; attendez donc, si vous voulez encore un changement, que le besoin, ou du moins la convenance en soient mieux sentis : dans le moment présent, croyez qu'on y apercevra plus d'ambition que de véritable amour du bien public; ce changement est donc intempestif et prématuré. »

A ces considérations, les partisans de l'hérédité répondaient que le calme était précisément le temps le plus propre à se prémunir contre les orages, et à donner de bonnes institutions.

Le débat ainsi établi devint assez animé; la situation particulière de la France, celle des pays voisins, enfin quelques exemples tirés de l'histoire, tout fut de part et d'autre passé en revue, et présenté sous les couleurs que chacun croyait propres à appuyer son opinion. Enfin une question sur laquelle on avait pensé qu'on pourrait s'accorder en moins d'une heure, donna lieu à une discussion qui en dura plus de six en quatre séances, qui se tenaient à l'issue de celles du conseil d'état.

L'adoption de l'hérédité passa à la majorité de 20 voix contre 7, qui prononçaient ou le rejet ou l'ajournement.

Il s'éleva alors un léger incident sur la manière de présenter les avis. Regnault avait rédigé une adresse conforme au vœu de la majorité, et il l'offrait à la signature de la réunion, lorsque les sept opposants firent observer qu'ils ne pouvaient signer un vœu contraire à celui qu'ils avaient émis; qu'il ne s'agissait pas d'une délibération authentique prise en conseil d'état, avec son président et son secrétaire; que c'était une simple réunion de conseillers, individuellement appelés à faire connaître leurs opinions; et que si la majorité signait l'adresse proposée, c'était aussi pour la minorité un droit incontestable que d'exprimer ses sentiments dans une *contre-adresse*.

Instruit de cet incident, le Premier Consul y mit fin en déclarant qu'il désirait avoir l'avis individuellement signé de chacun des membres.

Ces avis, au nombre de vingt-sept, furent inscrits sur des feuilles séparées, recueillis par les présidents des sections et portés par eux au Premier Consul alors à Saint-Cloud. Berlier se trouva, dans cette occasion, représenter le président de sa section, Bigot de Préameneu, absent, et en mission en Italie.

L'accueil du Premier Consul fut très-gracieux, et il ne montra point d'humeur de ce que son projet n'avait pas été admis par acclamation unanime dans la réunion de ses conseillers d'état. Il dit qu'il ne s'y intéressait que parce qu'il y voyait le plus grand bien de la France, et on recueillit de sa conversation ces mots : « Les citoyens ne deviendront pas *mes sujets*; le peuple français ne deviendra pas *mon peuple.* »

La position des sept opposants devint un peu embarrassante, lorsque, après le sénatus-consulte organique de l'Empire, il fallut passer de l'avis confidentiel au vote authentique. Quand le registre ouvert au conseil d'état leur fut présenté, l'Empire était déjà proclamé, et l'Empereur en exercice. Ce n'était plus qu'une vaine formalité. Un *vote* négatif n'eût offert qu'une résistance inutile : les signatures furent donc toutes approbatives et uniformes.

FIN.

TABLE DES MATIÈRES.

CHAP. I. Le Premier Consul aux Tuileries. — Cour. — Revues. — Étiquette. *Page* 1

CHAP. II. Explosion de la machine infernale, 4 nivôse. 23

CHAP. III. Le Roi d'Étrurie à Paris, au mois de mai 1801. 64

CHAP. IV. Listes de notabilité. 69

CHAP. V. Légion-d'Honneur. 75

CHAP. VI. Émigrés. 93

CHAP. VII. Conscription de terre et de mer. — École militaire. 106

CHAP. VIII. Colonies, projet de représentation coloniale. 110

CHAP. IX. Instruction publique. — Institut. — Académies. — École d'arts et métiers. 122

CHAP. X. Pamphlets. — Théâtres. 143

CHAP. XI. Concordat. — Affaires religieuses. 152

CHAP. XII. Objets divers. — Conseillers d'état en mission. — Ordre judiciaire, compte à rendre par le tribunal de cassation. — Domaines nationaux. — Rentes foncières. — Pensions. — Contributions et Cadastre. 169

CHAP. XIII. Sessions du Corps législatif. — Opposition du Tribunat. 181

CHAP. XIV. Consulat à vie. — Changements à la Constitution. — Projet d'hérédité. 234

Chap. XV. Opposition militaire. — Suppression du ministère de la police. — Mutations, promotions au sénat et au conseil d'état. — Tribunal. 321

Chap. XVI. Commerce de l'Inde. — Jurandes et maîtrises. — Soies du Piémont. 340

Chap. XVII. Actes de médiation de la Suisse. — Conférence du premier Consul avec les députés Suisses. 350

Chap. XVIII. Guerre et paix. 383
Chap. XIX. Code civil. 411
Chap. XX. Fondation de l'Empire. 455

www.ingramcontent.com/pod-product-compliance
Lightning Source LLC
Chambersburg PA
CBHW070205240426
43671CB00007B/555